Hunangofiant

ROBYN LÉWIS

BWYSTFILOD
RHEIBUS

Argraffiad cyntaf Mawrth 2008

ISBN : 978-1-904845-62-1

Mae'r cyhoeddwyr yn cydnabod cefnogaeth ariannol Cyngor Llyfrau Cymru.

Cyhoeddwyd ac argraffwyd gan Wasg y Bwthyn, Caernarfon.

CYNNWYS

GWEITHIAU BLAENOROL YR AWDUR

Od-odiaeth

Second-Class Citizen

Y Gymraeg a'r Cyngor

Iaith a Senedd

Ai dyma Blaid Cymru Heddiw?

Termau Cyfraith

Trefn Llysoedd Ynadon a'r Gymraeg

Esgid yn Gwasgu
[cyfrol Medal Ryddiaith Dyffryn Lliw, 1980]

Gefynnau Traddodiad

Tafod Mewn Boch?

Geiriadur y Gyfraith

Blas ar Iaith Cwmderi

Trioleg *Cymreictod Gweladwy:*
Rhith a Ffaith
Troi'n Alltud
Damcanu a Ballu

Geiriadur y Gyfraith (Atodiad 1af)

Cyfiawnder Dwyieithog?

Wedi'r Brifwyl

Geiriadur *Newydd* y Gyfraith

A *Fu* Heddwch?

DIOLCHIADAU

Diolchir i (*a/neu cydnabyddir hawlfraint*): Mark Abley; *Cambria;* O J G Cowell; yr Athro Hywel Teifi Edwards; Eisteddfod Genedlaethol Cymru; yr Anrh. Syr Roderick Evans; y Cynghorydd Seimon Glyn; Dr Bruce Griffiths; John Griffiths; J Elwyn Hughes; John Hughes, Dinas; Madge Huws; y Prif Lenor/Prifardd Dylan Iorwerth; Dafydd Glyn Jones; Stanley Jones; Maldwyn Lewis; John Lloyd; Elfyn Llwyd, AS; Dr Jan Morris; y Prifardd Twm Morys; Dennis Roberts; Dyfan Roberts; Byron Rogers; Yr Athro Dr Gwyn Thomas; y Gwir Anrh. Dafydd Wigley; Donald Williams a'r Diweddar W S Jones (Wil Sam).

Cyflwynir y gyfrol hon i'r teuluoedd.

RHAGAIR

Y Pin yn y dechreuad fu'n coffáu
Y drwg a'r da, heb gloffi na llesgáu ...
Dygymydd di â'th dynged – ni thry'r Pin
I newid un llythyren er dy fwyn.

o *Penillion Omar Khayyâm*
cyf. o'r Berseg gan J.M-J.

Pan ofynnodd Geraint Lloyd Owen a fyddwn i'n fodlon derbyn comisiwn gan Wasg y Bwthyn i sgrifennu hunangofiant, fy adwaith cyntaf oedd fy mod i wedi gwneud hynny eisoes. Canys rhwng pedwar o'm llyfrau a gyhoeddwyd, sef trioleg *Cymreictod Gweladwy* (1994-1997) ac *A Fu Heddwch?* (2006), yr oeddwn o'r farn fy mod i wedi gwasgu cymaint o sudd o'r ffrwyth fel nad oedd dim a fyddai at ddant neb ar ôl. Ond wele'r gyfrol hon wedi gweld golau dydd, a hynny heb ddim o'r ailadrodd a fawr ofnwn ac y llwyddais i'w osgoi.

Efallai y byddwch o'r farn fy mod i'n tueddu i frolio gormod arnaf fy hun – mae hynny wastad yn un o'r peryglon mawr i bob hunangofiannwr, dybia i. A hefyd i frolio cydnabod neu, ys dywed y Sais, i 'ollwng enwau'. Gadewch i mi felly, ymlaen llaw, roi pwysau trymion yn y glorian ar yr ochr arall. Mi garwn i fedru lleisio fel Bryn Terfel, cynganeddu fel Alan Llwyd, ieithydda fel Dic Aberdaron, chwarae rygbi fel JPR, golffio fel Tiger Woods (ond fe wnâi Woosnam y tro), actio fel John Ogwen, canu'r delyn fel Osian Ellis neu'r piano fel Llŷr Williams, coginio fel Dudley, rhedeg fel Colin Jackson a gwleidydda fel Dafydd Wigley. Ond fedra i ddim.

Mi garwn i hefyd fod wedi ennill pob achos cyfreithiol – a rhai etholiadau – y bûm ynglŷn â hwy erioed. Ond mae achosion cyfraith ac etholiadau fel Rhagluniaeth Fawr y Nef 'yn tynnu yma

9

i lawr, yn codi draw.' O ran hynny, dyna sut beth yw bywyd hefyd.

Pan glywodd Geraint fy adwaith negyddol i'w gais, meddai: 'Dos i gribinio dy gof; mi gei dy siomi o'r ochr orau, gei di weld.' Felly mi es i gribinio. Ac mi gefais weld. Deuthum o hyd i gnwd toreithiog o atgofion a hanesion, y ceisiaf eu hadrodd yma fel y cofiaf hwy. Rhaid bod yn ymwybodol bob amser mai offeryn ffaeledig yw'r cof dynol. Byddaf yn canmol rhai ac yn collfarnu eraill; wrth wneud hynny, mi geisiaf fod yn driw i mi fy hun ac iddynt hwythau. Mae gan ambell un y byddaf yn egr-feirniadol at waed ohono (neu ohoni) deulu neu gyfeillion sy'n dal ar dir y byw ac yn rhannu'r un filltir sgwâr â mi. Byddaf wedi pechu'n anfaddeuol yn erbyn rhai, mi wn, a'm hunig esgus ('rheswm' fyddai fy newis air i) yw mai fel yna yr ydw i wedi'i chofio hi.

Nid yw ond teg, mewn hunangofiant fel hwn, i mi syrthio ar fy meiau lu. Fe wneuthum bethau na ddylwn fod wedi'u gwneud. Megis bod 'yn gythraul bach mewn croen' i rai o'm hathrawon ac, reit aml, yn gryn ffŵl o fyfyriwr prifysgol. Rwy'n difaru i mi fod mor naïf â llyncu rhagrith y Blaid Lafur mewn modd mor hygoelus, i'r graddau fy mod wedi sefyll i geisio cael fy ethol i'r Senedd ar ei rhan. Ond, yn bennaf oll, mae arnaf gywilydd ohonof fy hun fy mod i erioed wedi gwisgo lifrai Siôr VI, Brenin Lloegr. Mae rhai o'r rhain yn brawf o fy meddylfryd anaeddfed ar adegau pryd y dylwn fod wedi gwybod ac ymddwyn yn amgenach. At hyn oll, bûm droeon yn or-blaen fy nhafod mewn mannau lle dylwn fod wedi arddel pwyll a sensitifrwydd.

At ei gilydd yr wyf wedi mwynhau fy mywyd hyd yma – yn sicr, bu'n ddiddorol. At hynny, wrth lunio'r gyfrol hon, cefais y wefr o'i ail-fyw o'r cychwyn cyntaf wrth i mi gloddio'r naill ddigwyddiad ar ôl y llall o'r cof i'w ddodi ar glawr. Gobeitho y cewch chithau, ddarllenwyr, serch yn ail-law, rhyw gymaint o'r mwynhad a'r diddordeb hwnnw.

ROBYN LÉWIS,
Nefyn, Llŷn.

10

Pennod 1

LLANGOLLEN
(1929-1933)

Pe bawn i'n dyst mewn llys barn, un math o dystiolaeth nas
caniatéid ar lw fyddai tystiolaeth achlust. Ystyr 'tystiolaeth achlust'
yw crybwyll rhywbeth nas gwelais â'm llygaid fy hun, neu ffeithiau
a glywais gan eraill. Fel, er enghraifft, dyddiad a man fy ngeni. Ond
serch mai tystiolaeth achlust ydyw, gan fod fy ngeni wedi digwydd
cyn cof – cyn fy nghof i, o leiaf – mae'n rhaid i mi, fel pob
hunangofiannwr, ei drin fel fy man cychwyn. Felly: ganed fi ar
bnawn Gwener, y pedwerydd o Hydref, 1929, yn Glan Ynys, Abbey
Road, Llangollen, Sir Ddinbych. Pam 'Glan Ynys', does gen i mo'r
syniad lleiaf – mae arfordir agosaf Ynys Prydain yn y Fflint, sydd
ddeunaw milltir i ffwrdd fel yr hed y frân.

Mae'r *'Abbey'* yn haws i'w ddeall. Hon yw'r ffordd sy'n arwain i
lawr o Ddyffryn Clwyd, trwy Fwlch yr Oernant, a heibio i'r enwog
Abaty Glyn-y-groes. Rheibiwyd a maluriwyd yr Abaty ar
orchymyn y brenin a larpiodd Gymru gyfan, Harri VIII, yn ystod
Diddymiad y Mynachlogydd – yn enw'r hyn a alwai ef 'y wir
grefydd newydd'. Wn i ddim pam, ond doedd wiw i'm rhieni fynd
â mi am dro yn y goets bach heibio'r adfeilion. O'u gweld fe awn ati
i weiddi a sgrechian nerth fy mhen, i'r graddau y bu rhaid iddynt
fynd â mi am dro i gyfeiriadau eraill. Pan oeddwn i'n aros gyda
theulu Nhad yn Amlwch yr oedd adfail o hen felin wynt gerllaw eu
tŷ hwythau yn codi'r un ofn arswydus arnaf. Does gen i hyd
heddiw ddim eglurhad.

Tipyn o ffliwc mwnci oedd mai yn Glan Ynys y'm ganed; yn y tŷ, gartref, y genid y rhan fwyaf o fabanod yr adeg hynny. Ond yn adran famolaeth Ysbyty'r Waun yr oeddwn i fod i ddod i'r byd 'ma. Eithr roedd Nhad wedi cymeryd i'w ben fod yr Ysbyty honno yn ymylu â'r ffin ar yr ochr Seisnig, ac roedd yn styfnigol-bendant fod ei gyntaf-anedig ef – mab, wrth gwrs – i'w eni yng Nghymru. Nid unrhyw chwiw wleidyddol-genedlaethol ar ei ran oedd yn gyfrifol: eithr y penderfyniad y byddai ei fab ef yn gymwys i chwarae pêl-droed i Gymru. (Fel y digwydd, mae ysbyty'r Waun yng Nghymru, serch gwta lathenni o'r ffin.) Nid ar Nhad y bu'r bai na chiciais i erioed bêl dros Gymru na thros neb arall, eithr arnaf fi fy hun, na fu gen i erioed mo'r diddordeb lleiaf mewn pêl o unrhyw siâp, boed gron neu hirgron.

Cofrestrwyd a bedyddiwyd fi (achlust eto) â'r llond ceg anwreiddiol 'John Robert Jones Lewis', ar ôl aelodau o'r ddau deulu. Fel 'Robert' yr adwaenid fi. Maen nhw'n dweud mai 'Obŵ' oedd fy ymdrech lafar gyntaf i ymdopi â 'Robert'. A byddai Nhad, yn eithaf aml, yn talfyrru'r 'John Robert' i'r anwylach 'Jac Bobs'. Mi eglurf maes o law sut y troes Robert yn Robin ac wedyn yn Robyn. Hefyd, sut y mabwysiadodd y 'Léwis' ei acen lem: bu honno'n destun chwilfrydedd i laweroedd.

*   *   *   *

Y peth nesaf i hunangofiannwr ei wneud yw olrhain ei achau, debyg. Pennog Nefyn trwy fabwysiad – a dymuniad – ydwyf. Rhaid i mi addef fy mod i'n rêl mwngrel mewn gwirionedd, ar y ddwy ochr, â llinyn – neu'n hytrach, wedi'r breuo, edau – yn fy nghlymu wrth Siroedd Dinbych, Caernarfon, Meirionnydd, Môn, Ceredigion, Caerfyrddin a Phenfro, heb sôn am tu hwnt i'r Clawdd, onid Cefnfor Iwerydd yn ogystal.

Ochr Nhad
Cardi oedd Nhaid ochr Nhad. O Langrannog (lle deil Lewisiaid) â thropyn o waed y Cilie yn ei wythiennau. Fy awdurdod dros hyn, sef y gwaed, oedd Alun Cilie ei hun, na chyfarfûm ag ef ond unwaith. Cyflwynodd y Prifardd T Llew Jones fi iddo mewn carafán ar Faes rhyw Brifwyl, a bu Alun wrthi'n hel fy achau am

ddwyawr. Rwy'n difaru i'r byw na chroniclais mo'r trywydd ar bapur yn y fan a'r lle, ond meddai T Llew wrthyf fwy nag unwaith wedyn: 'Os o'dd Alun Cilie'n gweud bo chi'n perthyn, o'chi'n perthyn!'

Sut bynnag, Cardi oedd John Lewis, a ddaeth yn brifathro ysgol Llanfihangel Ysgeifiog, Y Gaerwen, Ynys Môn. Yr oedd wedi ymgeisio am swydd yn Sir Ddinbych ac wedi methu â'i chael. Yn ôl y sôn, yr oedd pob un o'r tri a'i cyfwelodd yn gwisgo coler gron, ac roedd arno yntau (Annibynnwr swil) ofn rhoi ei droed ynddi – yn enwadol felly. Gan hynny, llwyddodd i osgoi dweud nac awgrymu i ba enwad y perthynai.

Erbyn gweld, o'r tri, yr oedd un yn Hen Gorff, yr ail yn Annibýn, a'r trydydd yn ficer. Ar ôl iddo fethu cael ei benodi, daeth y gweinidog Annibynnol ato a dweud, 'Chi fyddai wedi'ch penodi, pe baen ni ond yn gwybod nad oeddech chi ddim yn Fethodus!' Clywais rywun yn dweud un tro, pe rhoid to dros Ynys Môn a'i throi'n adeilad, y gwnâi gapel Methodus rhagorol. Bid a fo am hynny, John Lewis yr Annibynnwr a gafodd Ysgol y Gaerwen. Atebodd hysbyseb yn y *Schoolmaster* ac yn *Y Genedl*. Daeth saith ymgeisydd ymlaen. Ef, John Lewis, a benodwyd 'a thalwyd ei dreuliau o 19 swllt a 9 ceiniog yn ôl iddo.' Hefyd 'penderfynwyd tacluso tŷ'r ysgol ar ei gyfer hefo paent, papur a *varnish*.'

Ymhen tair blynedd, rhoddwyd cyfle iddo i ymgeisio am godiad cyflog. Dyma'i lythyr ymbilgar:

> *Gentlemen,*
> *Dear Sirs,*
>
> *Having served under you for a period of three years with considerable success, I beg to make an application for an increase in salary. I believe that my salary at present is considerably below the average head teacher's and below what some schools pay their assistant teachers.*
>
> *I can assure you, that as in the past, neither time nor labour shall be spared by me in order to give the children the best education possible.*
>
> *Hoping this will receive your favourable consideration.*
> *Yours respectfully,*
> *J. Lewis*

Caniatawyd ei gais a chodwyd ei gyflog i £104 y flwyddyn. Cadwodd wraig a chwech o blant, maes o law, ar ddwybunt yr wythnos. Cais i'r *School Board* oedd hwn; dim ond ym 1904 y cymerwyd yr ysgol drosodd gan y Cyngor Sir yn Llangefni.

Yn syth wedi'i benodi, piciodd yn ôl i'r de, i Gapel Soar (A), Llanbedr Pont Steffan, ym 1896, i briodi 'Miss Margaret Anne Phillips, Brynach House', a hanai o Grymych, Sir Benfro. Deil rhai o Philypiaid y teulu yng Nghrymych; credaf fod y Parchg F M Jones yn un ohonynt. I mi, 'Taid Môn' a 'Nain Môn' fu'r ddau. Ganwyd iddynt chwech o blant: Nhad, John Idris, oedd yr ail. Ysywaeth, ar enedigaeth y cyw melyn olaf, Trefor, ym 1908, bu farw Nain Môn. Monwysion oedd y plant i gyd, a bûm innau'n bwrw gwyliau plentyndod difyr yn eu cartrefi ym Mhorthaethwy, Tynygongl ac Amlwch. Dim ond unwaith y cofiaf weld Taid Môn ac yn Llangollen yr oedd hynny. Bu farw pan oeddwn i rhwng tair a phedair oed. Saif ei ddesg yn fy stydi; mae arni blât arian bychan, lle ysgythrwyd:

> CYFLWYNEDIG I
> MR J. LEWIS
> YSGOLFEISTR Y GAERWEN GAN
> ARDALWYR A HEN FYFYRWYR
> AR ACHLYSUR EI YMDDISWYDDIAD [sic]
> WEDI 33 MLYNEDD O WASANAETH GWERTHFAWR
> GORFF. 19EG 1929

Ochr Mam

Hanes tra gwahanol oedd i deulu Mam, Elizabeth Mary ('Betty', wedyn 'Beti'). Tua chanol y 19eg ganrif symudodd hynafiaid ei thad o Hafodruffydd, ger Beddgelert, i weithio i'r chwarel ym Mlaenau Ffestiniog. Cofnodais mewn man arall sut y bu iddynt godi tŷ â'u dwylo eu hunain ar dir prydles a sut y meddiannwyd y tŷ gan ystâd Arglwydd Newborough yn ddi-dâl maes o law. Hanes o lafurio caled a thlodi. Roedd fy nhaid (tad Mam) wedi ceisio dianc rhag y cyni trwy fynd i Awstralia i chwilio am aur cyn dod yn ôl yn waglaw, a chyn dloted. Ni wn ai yn Awstralia y cyfarfu â Nain, a Saesnes oedd hi. Ganed fy mam, hithau hefyd yn un o chwech, yn Fenny Stratford yn Swydd Buckingham, lle na wn i ddim oll

14

amdano oddigerth fod y trên o Fangor i Euston yn rhuo drwyddo heb stopio. Magwyd Mam, fel y gweddill, yn Saesnes uniaith.

Bu Nhaid farw o'r llwch ychydig cyn y Rhyfel Mawr. Claddwyd ef ym Mynwent Bethesda, Manod, ger y Blaenau. Ymfudodd Nain a'r pum plentyn arall i Toronto, Canada. Ni wn sut ond medraf ddyfalu pam. Daeth Mam i fyw i Flaenau Ffestiniog at frawd a chwaer i Nhaid, y ddau yn ddi-briod, sef Robert Owen Jones ac Elizabeth Mary Jones, a gadwai siop groser *Compton House* yn y Stryd Fawr. O ganlyniad, fel 'Beti Compton' yr adwaenid hi gan lawer o'i chyfoedion. Serch y bu Mam yn gohebu'n bur selog â'i mam weddill ei hoes, ni welsant mo'i gilydd byth wedyn. Yr oedd croesi'r Iwerydd yn fwy o gamp nag a fedrai'r naill na'r llall ei hwynebu, na'i fforddio o bosibl, cyn y dyddiau hawdd-i-hedfan hyn. Magwyd chwaer a phedwar brawd Mam yn Ganadiaid pur, a dyna yw eu disgynyddion hyd heddiw. Mae pob cysylltiad wedi'i dorri ers blynyddoedd, er y bu ambell gyffyrddiad yn ystod y ddau Ryfel Byd, fel y cawn weld. Dyma'r esgus y byddaf weithiau yn ei fenthyg pan na ddymunaf addef fy mod yn chwarter Sais, sef mai chwarter Canadiad ydw i; barnwch chi i ba raddau y mae hynny'n gywir.

Daw brawd a chwaer fy niweddar Daid i'r blaendir i raddau mwy o lawer na'm gwir daid a nain. I ddechrau, hwy a droes Mam, y Saesnes uniaith, yn Gymraes Gymraeg. Ni fedrai air o'r iaith nes oedd yng nghanol ei harddegau, a chan iddi fynd yn athrawes Ffrangeg a Lladin, medrwch gredu ei bod yn fwy rhugl ei Ffrangeg na'i Chymraeg o leiaf tan ganol ei thri degau. Yn wir, hyd ddiwedd ei hoes yr oedd ei chystrawen braidd yn wan a'i threigladau yn rhai 'diddorol' iawn.

Ar ôl iddynt ymddeol daethant i Langollen at Nhad a Mam, a buont yn rhan o deulu tŷ ni weddill eu hoes. Arferai Mam alw ei hyncl a'i modryb yn 'Ync' a 'Mod' ond pan aned fi, penderfynwyd, gan nad oedd gen i daid (nac, yn ymarferol, nain ychwaith) mai 'Taid' a 'Nain' fyddent. I bwrpasau'r cronicl hwn dodaf y ddau mewn dyfynodau.

Meri a Wiliam

Yr oedd un person arall a ddaeth yn rhan o'r teulu er nad oedd defnyn o berthynas gwaed. Mary Samuels oedd honno. 'Meri' a ddywedem, felly 'Meri' a sgrifennaf. Daeth acw i helpu gweini a nyrsio pan oeddwn i'n ddim o beth ac acw y bu hi'n byw weddill ei hoes hithau. Aelod o deulu mawr o frodyr a chwiorydd o Ben-y-cae oedd Meri, a'i thad yn löwr yn un o byllau Rhosllannerchrugog. Nid oedd erioed wedi cael diwrnod o addysg ffurfiol, a serch y medrai lafurus-dorri ei henw, roedd hi'n anllythrennog. Ond heb fedru darllen na sgrifennu, yr oedd Meri'n ddwyieithog. Ceisiwch egluro i Sais ei bod yn bosibl cael rhywun sy'n anllythrennog-ddwyieithog!

Mae Meri'n bwysig iawn i'r hanes. I ddechrau cychwyn, fe arbedodd fy mywyd – droeon. Rhedai'r ffordd fawr, a honno'n ddibalmant, heibio i giât ffrynt Glan Ynys. A'r ochr draw i honno yr oedd Camlas enwog Llangollen, a mwy na digon o ddŵr yn honno i foddi catrawd. Yng ngwaelod yr ardd gefn, wedyn, rhedai cledrau rheilffordd y *GWR* o Riwabon i Bwllheli. A thu draw i'r cledrau rhuai Afon Dyfrdwy mewn cerhyntau cored (gorad) a throbwll. Yn ei thro, haliodd Meri fi gerfydd fy ngwar rhag syrthio naill ai o dan fodur neu drên, neu i dranc dyfrllyd. Nid wyf yn cofio dim oll am yr achubiadau hyn ond sicrhaodd fy rhieni fi fod Meri wedi mwy nag ennill ei lle yn y teulu am sawl gwrhydri.

Rhaid sôn am Wiliam y ci. Roedd Wiliam yn aelod o'r teulu cyn i mi gyrraedd. Bu Nhad a Mam yn bryderus braidd ynghylch sut groeso, os croeso hefyd, a gâi'r babi newydd gan y ci. Pan welodd Wiliam fi, neidiodd ataf gan siglo'i gynffon a chydag awch amlwg i'm llyfu gan groeso. Pe bai'n ddewis rhyngom, mae'n debyg mai'r ci fyddai wedi gorfod mynd (rwy'n gobeithio, o leiaf!). Ond buom yn bennaf ffrindiau o'r eiliad cyntaf. Daeth Wiliam i'n canlyn pan ddaethom i Nefyn. Erbyn gweld, ac yn ddiarwybod i'm rhieni – y Nef a ŵyr pam – gast oedd Wiliam; dylai fod yn 'Wilhelmina'. Datblygodd Mam ryw ddamcaniaeth gymhleth mai greddf famol yn 'Wiliam' oedd i gyfri ei bod yn gymaint llawiau efo'r babi. Ond stori Mam oedd honno.

16

Y pâr

Dyn banc oedd Nhad, a dreuliodd ei oes yn trin arian pobl eraill yn y *Midland*, sef, yn ôl eu hymffrost ddiweddarach, 'y banc sy'n gwrando', a elwir bellach yr *HSBC*, neu'r 'Aitsh Es Bî Ec', ys gelwais ef wrth gydnabod ei nawdd i'r Cadeirio pan o'n i'n Archdderwydd. Temtiwyd fi'n egr i'w alw wrth ei briod enw, sy'n gudd a gwaharddedig, sef Banc *Hong Cong-Shanghai* – ond ymataliais rhag i mi bechu'r sanhedrin Eisteddfodol a chael y bai am golli'r nawdd. Cychwynnodd ei yrfa ym Mlaenau Ffestiniog yn 16 oed fel *'junior'* – y radd a roddid i brentisiaid bancio am ddegawdau. Cipiwyd ef o'r banc i'r Rhyfel Mawr yn Ffrainc am ddwy flynedd ac wedyn i'r Rhyfel llai, ond chwerwach, yn Iwerddon am ddwyflwydd arall. Daeth yn ôl i'r Blaenau, yna i Ben-y-groes yn Arfon, ac wedi hynny i Langollen. Oddi yno gyrrwyd ef i Nefyn lle treuliodd weddill ei yrfa a gweddill ei oes yn ŵr dedwydd. Cafodd ei nefoedd yng Nghapel Annibynwyr Soar lle daeth yn Ben-Blaenor, ac yn y Clwb Golff lle bu'n Drysorydd Mygedol am ddegawdau, yn Gapten ac yn un o ddau Aelod Anrhydeddus am Oes. Er mwyn aros yn Nefyn gwrthododd gymeryd ei symud i Ben-y-groes drachefn ac i'r Bermo. O ganlyniad, bu'n rhaid iddo hepgor y dyrchafiad yr oedd yn sicr wedi'i haeddu trwy deyrngarwch blynyddoedd i'w fanc.

Ar fy mhen-blwydd yn un oed prynodd Nhad set drên-bach *Hornby* – y cledrau a'r cyfan – i mi. Bu Mam wrthi'n rhefru am y peth, gan ddweud mod i'n llawer rhy ifanc i'w werthfawrogi ac mai er mwyn medru chwarae trêns-bach ei hun yr oedd Nhad wedi'i brynu. Synnwn i ddim nad oedd hi'n iawn, serch y bu gen innau ddiddordeb ysol mewn trenau stêm o'r foment gyntaf y deuthum yn ddigon hen i hobïa i'r cyfeiriad hwnnw. Digwyddiad a gofiaf – ond nid yn un oed, chwaith – oedd cael reid mewn caban trên go iawn gyda Nhad a rhyw Mister Smith, hen gydymaith o'r fyddin a oedd yn yrrwr trenau i'r *GWR*. Aethom o Langollen cyn belled â'r Bala ac yn ôl. Rwy'n siŵr fod ein presenoldeb ni'n hollol anghyfreithlon, ond bu'n ddiwrnod i'w gofio, yn llythrennol, ac rwy'n dal i'w gofio ar ôl yr holl flynyddoedd.

*   *   *   *

Tipyn o 'glasur' oedd Mam. Llwyddodd yn yr ysgol i'r graddau y cafodd, gyda chymorth 'Taid' a 'Nain', fynd i'r Coleg Ger y Lli yn Aberystwyth. Hi oedd y gyntaf, o'r naill ochr a'r llall o'r teulu, i dderbyn addysg prifysgol. Ystyrid hynny'n llwyddiant garw, yn enwedig i ferch yn ei chyfnod ac o'i chefndir hi. Graddiodd mewn Ffrangeg a Saesneg gyda mymryn o Ladin, ac wedyn aeth i Rydychen am flwyddyn i ddilyn cwrs hyfforddi athrawon. Cafodd ei swydd gyntaf (ei hunig swydd erbyn gweld) yn athrawes Ffrangeg a Lladin yn Ysgol Sir Aberteifi (neu *Cardigan County School*, i roi i'r lle ei unig deitl y pryd hwnnw). Pan briododd bu rhaid ymddiswyddo; dyna oedd arfer gwrthun a gwastraffus y cyfnod.

Arferai Mam siarad llawer iawn am Aber a Rhydychen, nes deuthum i gredu, bron, fy mod i wedi bod yn y ddeule fy hun. Ac yn llawnder yr amser, treuliais innau bedair blynedd yn Aber – ni feddyliais erioed am fynd i unrhyw goleg arall – ond ni fûm yn Rhydychen. Fel yr oedd pethau, roeddwn yn 26 oed yn dechrau gweithio. Pe bai cyfnod fy addysg wedi bod yn hirach byddwn wedi cyrraedd oed pensiwn cyn i mi ddechrau ennill! Fe hoffwn i fod wedi mynd i Rydychen, neu i'r Sorbonne, neu i Ddulyn neu Heidelberg. Rwy'n credu mai amheuthun yw gwneud peth felly; ond credaf lawn cyn gryfed y dylai pob Cymro a Chymraes yn gyntaf oll ennill gradd yng Nghymru er mwyn medru adnabod a gwerthfawrogi'r graig y naddwyd ef neu hi ohoni.

Cefais un fantais aruthrol ac anghyffredin gan Mam, sef – yn llythrennol wrth ei thraed – fy magu'n dairieithog. Arferem sgwrsio â'n gilydd mewn lobsgows o Gymraeg, Saesneg a Ffrangeg, na fedrai hyd yn oed Nhad mo'i ddeall. Cynhwysai hyn wrando arni'n darllen straeon yn yr ieithoedd hynny ac wedyn eu darllen drosof fy hun. Dysgodd reseidiau o hwiangerddi i mi, o 'Dacw Mam yn dŵad' a 'Jî ceffyl bach' i '*Sur le pont d'Avignon*' ac '*Au clair de la lune*'. Arferem ganu tôn gron '*Frère Jacques*' bob yn ail â'n gilydd. Medrwn ganu 'Hen Wlad Fy Nhadau', ac '*Allons enfants de la Patrie*' ar dôn y *Marseillaise*, fel ei gilydd. (Medraf honni yr achubwyd fy mywyd gan fy ngwybodaeth o'r Ffrangeg, lai nag ugain mlynedd yn ddiweddarach; cawn weld.) Ond gwyddai Mam fod Nhad wedi cael mwy na llond bol o ddôs o *God Save* yn ystod ei bedair blynedd mewn siwt gaci, felly chefais i ddim dysgu honno. Wn i ddim pa faint o genedlaetholreg yn union oedd Mam ond roedd hi'n weriniaethreg ddiflewyn-ar-dafod ar hyd ei hoes. Pe bai hi hanner cenhedlaeth yn hŷn medrwn yn hawdd iawn ei dychmygu yn swffragét filwriaethus. Synnwn i ddim nad ganddi hi yr etifeddais fy lletchwithdod a'm pengaledwch.

Bu'r tair iaith fel ei gilydd yn gaffaeliad o'r mwyaf i mi ar hyd fy oes, heb sôn am fod yn sail gadarn i ymdopi â mymryn, o leiaf, o Sbaeneg ac Almaeneg yrhawg. Ac i feistroli techneg y glust o fynd i'r afael ag ynganu (heb eu dysgu) ieithoedd hollol ddieithr megis Gwyddeleg, Llydaweg, Rwseg ac ati. A'r cyfan dim ond er mwyn llefaru ychydig frawddegau ar lwyfan neu mewn gwesty ynddynt; gwnes hynny lawer tro wrth grwydro'r gwledydd Celtaidd fel dirprwy ar ran Gorsedd y Beirdd. Yn union fel y gwnaeth neb llai na Carlo, sef ynganu seiniau gweigion ei araith Gymraeg heb wir werthfawrogi eu hystyr, pan ddaeth draw i agor Cynulliad Crand Caerdydd sy'n celu dan gochl 'Senedd'. Rhyfygodd un tro adrodd 'Gwinllan a roddwyd i'm gofal yw Cymru fy ngwlad ...' o sgript hollol ffonetig ac mewn tôn gwbl ddiddeall.

Cyfarfu fy rhieni ei gilydd pan gychwynnodd Nhad yn brentis-bancar yn y Blaenau. Clywais stori, unigryw debyg, am un o'r troeon cyntaf y buon nhw allan gyda'i gilydd. Fel llawer o fanciau yn y trefi, yr oedd gan y Midland, Blaenau, is-gangen yn Nolwyddelan, rhyw bum milltir i ffwrdd. Lleolid honno ym mharlwr ffrynt tŷ preswyl ac arferai un o staff y Blaenau agor y gangen am ryw deirawr, ddwywaith yr wythnos. Ar ôl iddo ennill peth cyfrifoldeb a sadrwydd yng ngolwg y Rheolwr anfonwyd Nhad yno un diwrnod. Yr arfer oedd cario llond bag Gladston o arian, a hynny'n ôl a blaen. A theithio gyda'r trên, wrth gwrs, â'i fwg trwchus, taglyd. Ceir twnnel rheilffordd tua thair milltir o hyd rhwng Blaenau a'r Ddôl a chymer y trên funudau lawer i fynd trwyddo. Trên stêm a redai ym 1915, wrth gwrs, a phob cerbyd wedi'i rannu yn wyth cwmpartment, a'r rheini heb goridor. Yn amlach na heb ni fyddai'r giard yn trafferthu i roi'r goleuadau ymlaen, yn enwedig a hithau'n amser rhyfel. Un tro tua dechrau eu carwriaeth, aeth Nhad â Mam i Ddolwyddelan i'w ganlyn.

Wrth deithio'n ôl i'r Blaenau drwy'r twnnel penderfynodd Nhad, a hithau'n dywyll fel bol buwch, drio'i lwc i gael cusan gan Mam. Mae'n rhaid ei bod yn sws go danbaid, canys fe giciwyd y bag Gladston o'i le ar y sedd; rhywfodd fe agorodd ac arllwys yr holl arian hyd lawr y cwmpartment. Nid oedd dim i'w wneud nes cyrhaeddwyd golau dydd drachefn ac erbyn hynny roedd y trên wedi cyrraedd stesion Blaenau. Wrth geisio casglu pob dimai ynghyd, darganfuwyd bod gwresogyddion eithaf sylweddol o dan y ddwy sêt a'r rheini wedi casglu llwch holl saint yr oesoedd a heb eu cymoni ers misoedd lawer. Diwedd y gân fu i Nhad gyrraedd banc y Blaenau tuag awr yn hwyr, a'i wyneb a'i ddillad yn ddu gan huddugl a baw. Bu ond y dim iddo golli ei swydd yn y fan a'r lle. Fel yr oedd, bu'r Rheolwr â'i lygad barcud arno am fisoedd lawer ar ôl hynny. Gan Mam y cefais i'r stori ond pan ofynnais i Nhad a oedd hi'n wir, gwadodd yn ffyrnig. Mae gen i syniad go dda p'un o'r ddau sy'n haeddu coel.

Mân-straeon

Prin y cofiaf fynychu'r ysgol yn Llangollen. Gan nad oeddwn wedi cyrraedd fy mhedair pan symud'som i Nefyn, mae'n rhaid mai rhyw fath o ysgol feithrin oedd hi. Yr athrawes oedd Miss Blodwen Parry-Williams o Ryd-ddu yn Arfon. Oedd, roedd hi'n chwaer i'r gŵr a ddaeth wedyn yn Syr Thomas. Roeddwn i'n gryn ffefryn ganddi am mai fi oedd yr unig blentyn a fedrai Gymraeg. Yn wir, cofiai Mam ryw fachgen bach o'r un oed â fi ar y bws yn pwyntio ataf gan ddweud wrth ei fam, *'Look Mummy! That's the little Welsh boy who climbs on top of the piano!'* O sylweddoli mai dechrau'r Tri Degau oedd hi, mae tristwch yn y dweud. Roedd Miss Parry-Williams yn ffefryn gen innau, hefyd. Dywedais hynny wrthi un tro. 'Yr ydw i *yn* ych lecio chi, Miss Parry-Williams!' 'O,' meddai, 'pam ydych chi'n fy lecio i, Robert?' Datgelais y rheswm wrthi heb swildod: 'Am fod gynnoch chi sbectol, r'un fath â Mam!' Teyrnged yn wir.

Dychwelodd nifer o frithgofion am Langollen yn fyw ryfeddol rhyw bedair blynedd yn ôl pan wnaeth Ffilmiau'r Bont un o'u rhaglenni *Portreadau* arnaf. Euthum draw i Langollen i recordio yng nghwmni Vaughan Hughes a'r tîm. Wrth fynd o fan i fan, a gweld y lle a'r lle, llifodd atgofion yn ôl i'r meddwl gan wneud i mi deimlo'n agos at ddagrau droeon. Un peth a gofiais oedd sut yr oeddwn, fel arfer, yn mynychu Capel Glanrafon (A) efo Nhad a Mam ac weithiau Capel Rehoboth (MC) efo 'Taid' a 'Nain'. Wrth gerdded heibio i Gapel Glanrafon – sy'n llythrennol ar lan y Ddyfrdwy – a chanfod ei fod bellach wedi troi'n addoldy i ryw sect Haleliwia Saesneg, rhoddodd dro poenus o chwithig yn fy nghof a'm hamgyffred.

Un tro, tua 1927 a chyn fy ngeni i, prynodd Nhad a Mam gar – Morys-trwyn-tarw, yn ôl y sôn. Nid oedd yr un o'r ddau erioed wedi cael gwers wrth olwyn; y cyfan oedd angen ydoedd talu pum swllt am drwydded yrru. Prynwyd hefyd lawlyfr, *How to Drive a Car*, ac i ffwrdd â nhw! Prin iawn oedd y traffig ar yr A5 yn y dyddiau hynny, mae'n siŵr, ac nid oes sôn eu bod wedi cael damwain sut yn y byd. Ar ôl moduro rhai milltiroedd daeth yr amser i droi tua thref. Ond methodd y ddau yn llwyr â gosod y car yn y gêr rifyrsio. O ganlyniad, bu rhaid wrth ddargyfeiriad o ddeng milltir cyn y llwyddwyd i gyrraedd adre'n ôl. Ni fuont yn berchen car wedi hynny. Mae'n rhaid eu bod wedi dod i'r casgliad bod gofalu am fabi, pan gyrhaeddais i, yn rhatach ac yn llai o drafferth. Tybed? Ond fe dal'son y pum swllt blynyddol i gadw'u trwyddedau mewn grym weddill eu hoes. A minnau wedi ymlafnio i basio praw gyrru i yrru un dosbarth o gerbyd yn unig, roedd yn eironig braidd fod gan fy nau riant – na fedrai'r un ohonynt yrru o gwbl – drwyddedau a'u galluocai i yrru unrhyw beth o feic modur i danc! Efallai mai mater o ddewis rhwng car a babi a barodd hepgor y cerbyd; wel, diolch i'r drefn mai'r babi (sef myfi) a ddewiswyd.

A dyna fi wedi torri'r garw a chyflwyno fy nheulu, fy Llangollen, a mi fy hun.

Pennod 2

BWYSTFILOD RHEIBUS

(1933-1939)

Nefyn a'i phobol

'Dim trên! Dim gas-wyrcs!' oedd fy ebychiad ffieiddiol cyntaf pan
ofynnodd fy rhieni a oeddwn i'n hoffi ein cartref newydd yn Uwch-
y-Don, Nefyn, un tŷ mewn pâr o dai pâr – a enwyd mewn cyfres
gydweddog: Tâl-y-Don, Ael-y-Don, Uwch-y-Don a Min-y-Don. Pa
fath dwll o le oedd y Nefyn 'ma, nad oedd ynddo na thrên na gas-
wyrcs, deudwch?

Mae i Nefyn (yn swyddogol, yr erchyll 'Nevin' hyd 1955) wrth
gwrs, laweroedd o nodweddion amgenach na nwy a rheilffordd.
Mae'n bennaf pwysig oherwydd y môr a roes iddi ei ffurf a'i hanes
ac a fowldiodd ei thrigolion a'u cymdeithas ar hyd y canrifoedd. Ar
un adeg, a hyd yn gymharol ddiweddar, yr oedd mwy o gapteiniaid
a chyn-gapteiniaid môr i'r filltir sgwâr yn Nefyn, meddid, nag yn
unrhyw ardal arall yn Ynys Prydain. Efallai fod rhaid wrth binsiad
o halen i gredu hynna; fe hawlid yr un anrhydedd gan leoedd megis
Amlwch, Cei Newydd a Phorthmadog.

Bu dau ohonynt, Capten Richard Jones, Glynllifon (taid i'r Prif
Lenor Annes Glynn) yn cadw siop groser, a Chapten Bob Hughes
yn cadw siop grîn-groser gyferbyn. Roeddwn i'n bresennol yn
angladd yr olaf o'u plith, Capten Raymond Rice-Hughes, a fu farw
yn 2005. Nid yw'n syndod fod enwau llawer mwy o forwyr nag o
filwyr wedi'u cerfio ar Gofgolofn Ryfel Nefyn o ganlyniad i'r ddau
Ryfel fel ei gilydd. Mae arni enw un llongwr a foddwyd pan

suddwyd yr *Hampshire* ym 1916, yr un pryd â'r Aglwydd Kitchener. Enghraifft o drasiedïau'r byd mawr oedd i'w teimlo'n llym mewn cymdeithas fach.

Yr oedd hyd yn oed ein meddyg teulu, y Doctor Gareth Hughes Thomas – brodor o Sir Gaerfyrddin, a'm ffrind agosaf fel oedolyn – wedi bwrw talm yn feddyg yn y Llynges. Dechreuodd yma'n feddyg yn yr un flwyddyn (1956) ag yr ymsefydlais innau'n gyfreithiwr ym Mhwllheli. Bu'n aelod brwd a ffyddlon o griw Bad Achub Portin-llaen am flynyddoedd. Roedd ei ddiweddar briod, Aisla, hithau, yn ferch i gapten môr o Aberaeron. Ar ôl i Gareth ymddeol yn gynnar o bractis meddygol Nefyn aeth yn ôl i'r môr yn feddyg am rai blynyddoedd. Roedd yr halen yn eu gwaed hwythau ill dau, ymhell cyn iddynt erioed gyrraedd Nefyn.

Pan oedd llongau hwyliau yn eu bri yr oedd Nefyn a Phortin-llaen hefyd yn enwog am eu hadeiladu ar y traethau. Weithiau, âi'r gwragedd i ganlyn eu gwŷr ar fordeithiau i bellteroedd daear. Roedd Rio, Callão, Hamburg a Sydney yn enwau cyfarwydd-bob-dydd i niferoedd o bobl Nefyn. Doedd rhai ohonynt erioed wedi bod hyd yn oed ym Mhwllheli. Roedd angen ceffyl a choetsh, neu gerdded saith milltir, i fynd i fanno; roedd y gwynt yn rhad ac am ddim. Cofiaf y Capten Rowland (Rô) Davies, a aethai i'r môr flynyddoedd cyn 1914, yn cael ei drip cyntaf i Aberdaron ar ôl iddo ymddeol!

Un canlyniad i 'blwyfoldeb' Nefyn oedd fod tuedd yn y trigolion i briodi ei gilydd; felly roedd pawb yn perthyn i bawb arall, yn un teulu mawr, mor gymhleth â chortyn nionod. A ninnau, bobl ddŵad, yn perthyn i neb. Pan oeddwn i'n gyfreithiwr ac yn astudio gweithredoedd eiddo, yr oeddwn yn dysgu am ryw berthynas neu'i gilydd na wyddwn i ddim oll amdani. Hyd heddiw, rydw i'n dal i ddarganfod am y tro cyntaf fod hwn a hwn yn perthyn i hon a hon, fel a fel.

Doedd pobl Nefyn ddim yn mynd allan o'u ffordd i helpu neb i ddarganfod eu henwau. Yr oedd – ac y mae – arferiad yn Nefyn i hepgor y cyfenw, gan ddefnyddio'r ddau enw cyntaf yn unig. Felly, dôi 'John Davies Evans' yn 'John Defis' ac 'Annie Roberts Griffith' yn 'Anni Robaitsh' nes peri dryswch mawr i bawb sy'n ceisio olrhain achau. Wedyn cyplysid enwau cyntaf ag enw tŷ, neu stryd, neu ran o Nefyn, neu alwedigaeth un o'r teulu: megis John Bryncynan; Glyn Maes; Meirion Fron; Huw Bryn Beuno; Gwilym Siop Newydd; Robin Stryd Llan; Wil Felin; Dic Pant; Wil Pen Palmant; Ifan Wern; John Tŷ Canol; Twm Gydros; Jini Castle (cyn-dafarn oedd y *Castle*); Jên Bocs (planhigyn bocysen ger drws ffrynt y teulu); Margret Telynfa (cyn-dafarn oedd *The Harp* hefyd); Robin Colej (*College House*); Idris Tynnu Llynia (ei dad yn ffotograffydd).

Y categori olaf oedd y rhai hynny a adwaenid â llysenw, nad oedd wiw ei ddefnyddio yn eu gŵydd, nac yng ngŵydd neb o'r teulu. Roedd ambell un yn od ryfeddol: Wil Bo-Bo; Tomi Sowldiwr Mawr; Shoni Modryb; Robin Satan; Doli Din Bren; Gidi-Gidi; Mari Ffaro. Doedd y Saeson dŵad a'r ymwelwyr haf yn deall dim ar y dull yma o enwi. Ceir hanes am un ohonynt yn codi ei gap i Mari Ffaro ac yn dweud, 'Good morning, Mrs Farrow. And how is Mr Farrow today?' Fe ymunodd ein teulu ninnau yn y rhestr hirfaith hon pan gefais i'r cwestiwn: 'Nid hogyn Lewis Banc wyt ti, dŵad?' Mae yna nifer o bobl Nefyn yr ydw i'n eu hadnabod yn dda ers blynyddoedd ond nad oes gen i mo'r syniad lleiaf beth yw eu gwir enwau – a does dim modd i mi feiddio gofyn!

* * * *

Treflan yw Nefyn – does wiw dweud 'pentref', neu mi bechwch yn anfaddeuol. Ymwelodd Gerallt Gymro un tro, meddir, 'yn dilyn ysbryd Myrddin'. Dywed yr hanesydd, y Doctor Huw Pryce, y bu yma gastell Normanaidd (castell 'mwnt a beili') a gwympodd i filwyr Gruffudd ap Cynan ym 1094. Bu Edward I, Brenin Lloegr, yma yn cynnal twrnamaint 'Bord Gron Arthuraidd' ym 1282, 'lle ildiodd y llawr o dan y gyfeddach'. Goroesodd yr enwau 'Bryn Cynan', 'Cae Iorwerth' a 'Plas Iorwerth' i'n hatgoffa o hynny. Breiniwyd Nefyn yn fwrdeistref â siarter ym 1355 gan y Tywysog Du. Bu ganddi ei Maer a'r trimins i gyd.

Collwyd y statws hwnnw ym 1881. Rhan o'i hanes hefyd oedd fod ymgecru mawr wedi digwydd yn ystod y 19eg ganrif rhwng Portin-llaen a Chaergybi i gael bod yn brif borthladd i longau Iwerddon; er mwyn hybu achos Portin-llaen yr adeiladodd Maddocks y Cob ym Mhorthmadog. I'm tyb i, Portin-llaen a gafodd y fargen orau. Mae o ddiddordeb hefyd i mi i'w nodi, y bu'r Prifardd Pedrog yn byw yn Nefyn – rhyw wyth tŷ o'm cartref yn Rhodfa'r Môr – am sbel yn y Ddau Ddegau, rhyw bum mlynedd cyn iddo ddod yn Archdderwydd Cymru. Mynn ei Chyngor presennol bod Nefyn yn 'dref', a phwy ydw i i anghytuno? Ond arhosodd yn 'fwrdeistref' i bwrpasau etholiadau Seneddol hyd Etholiad Cyffredinol 1945.

Gŵyr pawb mai'r Aelod, o 1890 hyd ei ddyrchafiad i Dŷ'r Arglwyddi yn Iarll Dwyfor wythnosau cyn ei farw, oedd David Lloyd George. Mae un ffaith syfrdanol nad yw'n wybyddus o gwbl am Lloyd George a Nefyn. Ar ddiwrnod ei Etholiad cyntaf ym 1890 roedd hi'n chwythu storm. Roedd gan y diweddar Ddoctor W R P George ddamcaniaeth fod ei ewythr wedi cipio'r Sedd am fod cychod pysgota Nefyn wedi methu â dod i'r lan am ddeuddydd. Dim ond o 18 pleidlais yr enillodd LL-G. Mae'n ddiddorol dyfalu beth fyddai'r effaith ar Hanes Cymru, Iwerddon a'r byd pe bai Penwaig Nefyn wedi helpu i ethol y Tori. Pan oedd Rhyfel y Boeriaid ar ei anterth coelcerthwyd delw o LL-G ar goedd yn Nefyn, lle ystyrid ef yn Fradwr.

A LL-G yn Aelod drosom, deuai i Nefyn yn lled aml. Cofiaf gael fy nghodi a'm pasio fel parsel o law i law a thros ysgwydd i ysgwydd uwchben pennau nifer o gefnogwyr a ddywedai 'Mae'r hogyn bach isio ysgwyd llaw efo Lloyd George': roedd yn eistedd gyda'i wraig yng nghefn car to agored. Wn i ddim a oedd 'yr hogyn bach isio', chwaith: chafodd yr hogyn bach ddim dewis. A cofiaf Nhad yn mynd â fi i wrando arno'n areithio yn Neuadd Madryn, Nefyn; yr unig gof sy'n aros oedd fod ganddo ffon fain yn ei law i bwyntio at fap mawr y tu cefn iddo ar y llwyfan. Torrais innau i feichio crïo am fy mod i'n credu mai i'n bygwth ni yr oedd yn chwifio'i ffon! Efallai fy mod tua phump oed ar y pryd.

Yn Etholiad 1935 nid oedd gan LL-G ond un gwrthwynebydd, rhyw A R du Cros a safai fel Tori. Tybiaf ei fod yn ŵr tebyg i Boris Johnson – rhyw 'Harri Hwrê' o Eton neu Harrow a wthiwyd i'r dwfn trwy ei anfon i'r Gymru Gymraeg heb air o'r iaith na chrebwyll – i herio Lloyd George o bawb! Mi wn y pleidleisiodd pawb acw – ar wahân i mi a Wiliam y ci – i LL-G, nid am eu bod yn ei hoffi, ond er mwyn peidio rhoi croes i'r Tori. Byddai Nhad yn cloffi rhwng dau safbwynt lle'r oedd LL-G dan sylw: rhwng y gwladweinydd mawr ar y naill law, a'r gŵr a berswadiodd John Williams Brynsiencyn i wneud y gwaith budr yn ei le ar y llall. Roedd Nhad, welwch chi, yn gybyddus â llaweroedd a ddenwyd, neu a yrrwyd, i'w tranc yn ffosydd Fflandrys.

Y bwystfilod

Roedd Nefyn yn dra gwahanol i Langollen mewn nodwedd hollbwysig arall. Tra oedd Llangollen yn Seisnigaidd, roedd Nefyn yn dreflan gyfan gwbl Gymraeg. Pan euthum i Ysgol y Babanod (lle âi Meri â fi serch nad oedd tŷ ni ond pedwar drws o'r lle) y Gymraeg oedd ar wefusau pawb, yn blant ac athrawon. Yn wir, yn ystod fy chwe blynedd yn Ysgol Nefyn, nid wyf yn cofio'r un plentyn na siaradai Gymraeg yn iaith gyntaf. Prifathrawes y Babanod oedd Miss Jennie Jones, Glandŵr, cenedlaetholwraig i'r carn pan oedd y Blaid Genedlaethol yn gyff gwawd hyd yn oed gan Gymry uniaith bron. (Roedd gan Miss Jones nith, Eleri Wynne, a ddaeth wedyn yn wraig i'r diweddar Athro Bedwyr.) Fel y soniais, Cymry oedd yr athrawon. Ond roedd un o'u plith, Miss Lloyd-Jones, yn dod o Dywyn, Meirionnydd, ac yn siarad fymryn yn wahanol i'r lleill. Wrth gwrs, i ni'r plant, roedd Miss Lloyd-Jones yn 'siarad sowth'. Diolch bod rhaglenni megis *Pobol y Cwm* wedi helpu i ddiddymu plwyfoldeb ieithyddol o'r math yna.

Credai Miss Jones yn angerddol mewn Cymreigio'i dosbarth. A minnau wedi arfer chwarae â phlant di-Gymraeg yn Llangollen, dyma fi'n cyrraedd adref ar ôl fy niwrnod cyntaf. 'Be wnei di ar ôl te heno?' gofynnodd Nhad. A'm hateb hyderus innau oedd, 'Rydw i'n mynd i'r mynydd hefo Gwynn Defis *i hela bwystfilod rheibus!*' Ar ôl iddo glywed y llond ceg o Gymraeg yna, gwenodd Nhad yn fodlon, a dweud wrth Mam, 'Mi fydd ei Gymraeg o yn ddigon saff yn Nefyn 'ma.' Tybiaf fod y geiriau trawiadol ac annisgwyl, 'i hela bwystfilod rheibus', a glywais gan Miss Jones ar fy niwrnod cyntaf yn ei hysgol y fath garreg filltir yn fy natblygiad ieithyddol nes eu bod wedi llawn deilyngu cael eu dewis yn deitl i'm hunangofiant. Mae'n debyg mai'r rheswm pam eu bod yn sefyll mor glir yn fy nghof yw mai 'anifeiliaid gwylltion' – yn sicr nid 'bwystfilod rheibus' – a ddywedid yn Llŷn.

Mi ddysgais Gymraeg o fath arall hefyd yn Ysgol y Babanod. Geiriau nad oeddwn erioed wedi'u clywed o'r blaen, ac y cefais gebyst o drefn am eu defnyddio gartref. Doedd waeth heb i mi geisio pledio mai wedi eu clywed gan ryw fachgen arall oeddwn i. Serch mod i'n egluro 'Mae Edi yn deud "diawl", ac "uffar" a "blwmars" a "cachu" ', doedd y dyfynodau o ddim help i mi, a chefais fy anfon i'r llofft â bara-a-dŵr i swper fel pe bawn i wedi bathu'r cyfryw eiriau fy hun. Ddegawdau'n ddiweddarach, wrth adolygu *Geiriadur Briws* ar gyfer *Taliesin*, sylwais fod y dysgedig Ddoctor wedi eu cynnwys yn eiriau Cymraeg dilys. Ond dydw i ddim yn meddwl y byddai hyd yn oed eglurhad felly wedi cyfiawnhau'r mater i Nhad a Mam.

Roedd Miss Jones hefyd yn credu y dylai plant bach ddysgu bihafio. A minnau un tro wedi mynd dros ben llestri, rhoddodd fi i eistedd gyda'r genethod – sarhad mawr i hogyn pedair neu bump oed – a pheri i mi afael mewn gweill ac edafedd, a dechrau gwau. Ymhen rhyw ddeng munud neu chwarter awr dyma hi'n ôl i weld sut hwyl yr oeddwn i'n gael. Hwyl anfarwol! Roeddwn i wedi difa a difetha pelenni cyfan o edafedd gwerthfawr trwy eu plethu'n gylymau annatod. Ches i mo fy rhoi i eistedd efo'r genod wedyn!

Y Watkin-Jonesiaid

Menyw arall a gafodd ddylanwad trwm arnaf – a holl blant eraill Nefyn – oedd yr awdures Elizabeth Watkin Jones, priod prifathro Ysgol Nefyn, John Watkin-Jones ('John Wác'), fel y digwyddai. Gwyddai pob plentyn a ddarllenai Gymraeg am ei chyfrolau anturus a hudolus *Luned Bengoch*, *Plant y Mynachdy*, *Lois* ac eraill. Yn enwedig plant Nefyn. I ddechrau cychwyn, yr oedd wedi eu lleoli yn Nefyn a'r cyffiniau, mewn lleoedd a oedd yn hollol gyfarwydd i ni.

Ond yn llawer gwell na hynny, yr oedd yn arferiad ganddi fynychu Seiat Capel Soar bob nos Iau ac, ar ôl y rhannau agoriadol, i fynd â'r plant i gyd drwodd i ystafell arall. Yno byddai'n darllen penodau o'i straeon diweddaraf; hynny cyn iddynt gael eu cyhoeddi. Nid yn unig ni'r Annibynwyr bach fyddai'n heidio yno i wrando a mwynhau: byddai bron holl blant Nefyn, o bob enwad, yn edrych ymlaen yn awchus at straeon nos Iau Mrs Watkin-Jones.

Yr hyn nad oeddem yn sylweddoli, wrth gwrs, oedd mai dyma oedd ei ffordd hi o arbrofi gyda'i straeon trwy eu darllen, ymlaen llaw, i blant go iawn o gig a gwaed. Bu hyn yn digwydd am rai blynyddoedd a bu'n llwyddiant mawr i'r awdur, ei chynulleidfa a'i darllenwyr fel ei gilydd. Hi hefyd fyddai'n sgrifennu dramâu un act i ni, blant Soar, i'w hactio yn Neuadd Madryn ar noson Nadolig.

Tua thri degawd ar ôl ei marw hi, cefais y fraint, fel Llywydd Cyfeillion Llŷn, o arwain cyfarfod pryd y dadorchuddiwyd plac ar ei chyn-gartref, Y Garth, gan y diweddar Gruffudd Parry, Botwnnog, a phryd y cawsom hefyd sgwrs ddiddorol am ei buchedd gan yr hanesydd Maldwyn Thomas. Dyma eiriad y plac:

> CARTREF
> ELIZABETH WATKIN-JONES
> 1887 - 1966
> LLENOR : CYMWYNASWRAIG PLANT
> gosodwyd gan Gyfeillion Llŷn
> a Chyngor Cymdeithas Nefyn

Un diléit arall a gâi plant Nefyn, o bob enwad, fyddai cael mynd i Gapel Bedyddwyr Seion ar noson y 'trochi' yn y tanc anferth a leolid o dan y Sêt Fawr. O ystyried fel yr oedd enwadaeth ar y pryd, rwy'n synnu fod ein rhieni yn caniatáu i ni fynd. Ond roedd o'n sbort fawr!

Roedd John Watkin-Jones, y prifathro, a Nhad yn bennaf ffrindiau. Y ddau yn Annibynwyr, a Mr Jones hefyd yn bancio yn y *Midland*, yn genedlaetholwr arall, a ryfygai sgrifennu ei sieciau yn Gymraeg, a hynny mor bell yn ôl â'r Tri Degau. Roeddwn i'n teimlo, weithiau, mai'r top-lein i Nhad oedd (a) bod yn Annibýn a (b) bancio gyda'r *Midland*. Roedd Methodistiaid a fanciai â'r Midland, neu Annibynwyr a fanciai â *Barclays*, yn iawn, ond dim cweit. Ac roedd, dyweder, Bedyddwyr a fanciai yn y *National Provincial* y tu hwnt i'r ffin, bron. Wrth gwrs, ddywedodd Nhad erioed ffasiwn beth. Fi oedd yn dychmygu. Efallai. Yn ddiweddarach mewn bywyd, ag uno'r enwadau yn bwnc trafod, roedd Nhad yn gredwr cryf yn yr uno – ar yr amod y dôi pawb arall i'n capel ni.

Byddigions ar olwynion

Yn bennaf ffrindiau, 'Mistar Jones' a 'Mistar Lewis' fuon nhw i'w gilydd tan y diwedd; mae pawb yn 'chdi a chdithau' o'r eiliad cyntaf y dyddiau hyn. Nid wyf yn siŵr pa begwn yr ydw i'n ei hoffi leiaf. Ond fel yna yr oedd pethau. Wedyn roedd Nhad yn llawiau â'r dirprwy brifathro, Owen Roberts, hefyd. Aderyn braidd yn frith, a hollol wahanol oedd 'Now Robaitsh', ys gelwid. Fo oedd Ysgrifennydd y Clwb Golff, a Nhad oedd y Trysorydd. Roedd gan Watkin-Jones gar. Gyrrai'n ôl a blaen i Gaernarfon yn y gêr isaf am ei fod yn drwm ei glyw ac o ganlyniad roedd angen newid y gerflwch bron cyn amled ag y newidiai ei grys. Yna roedd gan Owen Roberts gar.

Bron na fedraf gyfrif ar fysedd dwy law faint o geir oedd yn Nefyn y dyddiau hynny. H Llewelyn Roberts, Rheolwr y Midland; Wynne Griffith y twrnai; y Doctoriaid Lloyd-Hughes a Hughes-Jones; Griff Hughes, Rheolwr y *National Provincial* (y *NatWest* heddiw); R J Jones y Fferyllydd; Parry-Jones, dilledydd a phenblaenor yr Hen Gorff; John Turner, swyddog iechyd Cyngor Llŷn; Owen Williams, Sarnlys (rhagflaenydd Watkin-Jones yn brifathro'r ysgol) a oedd yn '*JP*' (ddefnyddid mo'r llythrennau YH y dyddiau hynny). Fedra i ddim cofio neb arall ar wahân i ryw Gyrnols a Mejors a ballu a oedd yn Saeson, yn byw ym Morfa Nefyn ac yn hoelion wyth yn y Lleng Brydeinig, Eglwys (Saesneg) Morfa Nefyn a'r Clwb Golff. Ac un cyn-awyrennwr, y *Squadron-Leader* Sleigh a oedd yn byw mewn lle a alwai '*Cliff Castle*' ond sydd hyd heddiw yn 'Castell Pentraeth' ar y map. O ie, a'r Ficer.

Un o'r Saeson oedd yn berchen car oedd rhyw 'Mistar Goff', a ddeuai i'w dŷ crand hanner-ffordd rhwng Nefyn a'r Morfa o bryd i'w gilydd. Erbyn gweld, nid 'Sais-go-iawn' ydoedd o gwbl, ond Eingl-Wyddel a nai i'r Cadfridog Gough oedd yn ail i'r Iarll Haig yn ystod y Rhyfel Mawr. Roedd llun o'i dad mewn coler gron, '*The Rev. Prebendary Gough*', yn oriel yr anfarwolion, sef cyn-gapteiniaid y Clwb yn y Golff. Bûm am flynyddoedd yn meddwl mai '*Prebendary*' oedd enw cynta'r dyn, a heb sylweddoli mai teitl ar ryw fath o ganon yn Eglwys Loegr ydoedd. Ond yr hyn sy'n gwneud Mistar Goff yn werth sôn amdano yw'r ffaith ei fod yn gysylltiedig â'r Swyddfa Dramor yn Llundain ac wedi bod yn Llysgenhadaeth

Prydain, Berlin yn nyddiau Hitler. Ceir sôn ei fod wedi dod â Llysgennad yr Almaen, Herr Joachim von Ribbentrop, a grogwyd ym 1946 ar ôl treial hirfaith Nürnberg, draw i Nefyn i fwrw penwythos unwaith. Clywais amryw yn dweud eu bod wedi gweld von Ribbentrop yn Nefyn.

Un arall o'r Saeson – ymwelydd haf y tro hwn – a ddôi yma'n rheolaidd oedd rhyw ddyn bach moel efo sbectol a mwstash du. Mynnai fynd o gwmpas mewn trowsus cwta a dangos ei goesau matshys i bawb. Ei enw oedd Clement Attlee. Un o Nefyn – ond Saesnes ddŵad, nid Cymraes – oedd ei wraig. Mae ei chyn-gartref hi, Caeau Capel, rhyw bedwar can llath o'r tŷ yma ac yn westy ers cyn cof i mi. Bu Attlee'n dal i ddod i Nefyn am flynyddoedd, hyd yn oed pan oedd o'n Brif Weinidog. Rwy'n cofio ei weld yr adeg honno hefyd ond erbyn hynny yr oedd dau neu dri ditectif wedi dod i'r fargen, i'w hebrwng i bobman a'i warchod rhag eithafwyr y werin datws.

Cyn dychwelyd at ddiffyg trafnidiaeth Nefyn, un gair bach am yr ymwelwyr haf. Mi grybwyllaf Stewart Jones, fel Ifas y Tryc, yn ei fonolog enwog *Fisitors: Hwnna ydi o!* Lluniodd Wil Sam y cameo perffaith o'r sefyllfa yn y brawddegau: 'Meddyliwch am y sitiweshion-sefyllfa! Fi a Musus Ifas 'cw'n gorfod crafu lodjio'n y washws gefn, tra bod rhyw dwmpath uffar o Sais yn'i rhochian hi'n parlwr ffrynt! Lac o' digniti, hwnna ydi o!' Felly'n union yr oedd hi yn Nefyn. Does dim llawn gymaint o hynna erbyn heddiw; mae'r ymwelwyr yn berchenogion ar eu tai haf eu hunain a brynwyd ar draul cartrefu pobl Nefyn yn y pen draw. Ond mi ddywedaf un peth am y tai haf, gweigion: maen nhw ganmil gwell na'r tai gaeaf, gythraul, sy'n llawn rownd-y-rîl ac yn tagu ein cymdeithas.

Roedd gan ambell un lori neu fan, i gario glo neu fara, mae'n wir. Ond trol-ceffyl-gwedd fyddai'n hel sbwriel, a chert a cheffyl a ddefnyddid gan Evan Roberts, fferm Y Wern, i ddod â'i lefrith o gwmpas. Mewn casgen fawr fetel efo tap ar ei gwaelod, a mesuryddion chwart a pheint a hanner a chwarter peint i'w alluogi i arllwys yr union faint i jygiau'r merched a ddôi, yn eu bratiau, o ben drws at gefn y cert. Roeddwn i'n bennaf ffrindiau efo Gwilym, ei fab, ac yn mynd draw i chwarae i'r Wern, gwta filltir o Nefyn, ar foreau Sadwrn. Y fferm nesaf wedyn yw Bodeilias lle ganed y Parch. Tom Nefyn Williams, a oedd yn perthyn i deulu'r Wern.

Yn y buarth y chwaraeai Gwilym a fi, neu'r tŷ gwair os oedd hi'n glawio. Yno y dysgais i ffeithiau bywyd trwy wylio defaid yn ŵyna neu wartheg yn mynd at y tarw. Bu Richard fy mrawd hefyd yn gyfaill mynwesol i Gwilym, a fu farw'n annhymig. Cofiaf yr eironi o weld hanner modryb iddo yn ei chadair olwyn, yn ei hangladd, a hithau'n ymylu ar fod yn gant oed. Mi fydden ni'n arfer dilyn y dyrnwr hefyd. Cofiaf ei ddilyn i fyny lôn gul a arweiniai i Fynydd Nefyn a cheisio mynd dros y clawdd er mwyn rhedeg i fyny'r cae i gael y blaen arno. Ond och ac ow! Rhoddais fy llaw mewn nyth gwenyn meirch a'm pigodd yn ddifrifol. Pigwyd nifer ohonom ni'r hogiau ond fy llaw a'm braich i yn waeth na neb. Bu'n rhaid mynd â fi, yn gweiddi crïo, at y meddyg, a bûm yn fy ngwely am wythnos.

Brawd bach

Ddiwedd 1934, a minnau wedi cael fy mhump oed, anfonwyd fi i aros i 'Llyndŵr', Amlwch, tŷ Anti Nita ac Anti Bronni, chwiorydd Nhad. Yr oeddwn i fod i aros yno dros y Nadolig a'r Calan, ac ychydig yn rhagor. Y rheswm – na wyddwn i mohono – oedd fod Mam yn mynd i gael plentyn arall ddechrau'r flwyddyn ac mai purion peth fyddai fy nghael i allan o'r ffordd. Nawr roedd y ddwy anti, Neta a Bronni, yn athrawesau ysgol. Nita ym Mhorth Amlwch a Bronni yn Rhos-y-bol. Bûm yn mynd efo Anti Bronni i Ysgol Rhos-y-bol am sbel, ar garier ei beic, yr holl ffordd dros Fynydd Parys. Roedd y ddwy ohonyn nhw hefyd yn athrawesau ysgol Sul yng Nghapel Saron. Y ddwy yn ddibriod a'r ddwy braidd yn bropor, ysgolfeistresaidd ac yn ymylu ar eu canol oed.

Roeddwn i'n hoff iawn o fynd i aros efo modryboedd Amlwch; roedd yno ryfeddodau lu i grwtyn pump oed. Yn un peth, doedd yno ddim trydan ac roeddwn i wrth fy modd yn eu gwylio yn llenwi a thanio'r lamp baraffîn. Wedyn, doedd yno ddim dŵr chwaith ac roedd rhaid pwmpio cyflenwad o'r ffynnon ym mhen draw'r ardd i'r tanc yn y groglofft; roedd y pwmp yn y gegin gefn. Doedd dim byd felly yn Uwch-y-Don.

Un diwrnod, a'r ddwy fodryb heb fod yno, euthum i browla o gwmpas y tŷ. Yr oeddwn i dan waharddiad chwyrn rhag gwneud y fath beth. Wrth gwrs, mae yna wastad elfen o antur mewn torri gwaharddiad. Euthum i mewn i lofft un o'r modryboedd. A beth oedd yno ond tair sach lawn, un ar ben y wardrob, un dan-gwely ac un y tu ôl i'r drws. Dyma lwyddo i gael y sach o ben y wardrob, a'r sach arall allan o dan-gwely, a mynd ati i agor y tair. Roedd llond pob un ohonyn nhw o deganau, o drêns bach i het plismon i wn cowboi, a'r cyfan y tu hwnt i'm dychymyg. Euthum ati i wagio'r sachau ac i agor pob parsel. Sut oeddwn i i wybod mai sachau Nadolig Ysgol Porth Amlwch, Ysgol Rhos-y-bol ac Ysgol Sul Saron oedden nhw? Cefais amser bendigedig nes daeth un o'r modryboedd i mewn a chael hyd i mi yn fy ogof Aladin, yn hapus chwarae yng nghanol llond tair sach o deganau. Rhoddodd sgrech annaearol.

Canlyniad y cyfan oedd fy mod wedi fy rhoi ar y bws i Fangor, wedyn Caernarfon, wedyn Nefyn, a hynny yng ngofal un tocynnwr ar ôl y llall, a'm hanfon adref yn ddisymwth a diseremoni. Nid wyf yn cofio a fu chwip din ond am unwaith mae'n siŵr fy mod i wedi'i hen haeddu. Felly, yr oeddwn i yn ôl yn Uwch-y-Don, o dan draed pawb, pan gyrhaeddodd y babi, Richard, neu Dic, fy mrawd, ar y 9fed o Ionawr, 1935.

Wrth gwrs, byddai ffws a ffwdan yn yr ysgol pan gâi rhywun frawd neu chwaer bach. Gofynnodd Miss Jones i mi a oedd o'n fabi bychan iawn, ac atebais, meddid wrthyf, 'Ydi, Miss. Dydi o ddim mwy na ffwl-stop!' Roedd Dic wedi'i eni yn un o 'Benwaig' Nefyn; 'Penogyn' trwy fabwysiad oeddwn ac ydw i. Tua phymtheng mlynedd yn ddiweddarach, a minnau'n bwrw gwyliau yn Amlwch, euthum ar feic i Fangor ac yn ôl. Mae'r pellter oddeutu ugain milltir bob ffordd. Peidied neb byth eto â dweud wrthyf fod Sir Fôn yn ynys fflat.

Cyn y Nadolig wedyn yr oeddwn wedi sgrifennu at Siôn Corn i ofyn am bresantau, nid yn unig i mi fy hun ond hefyd i'm brawd bach na fedrai eto sgrifennu fel y medrwn i. Mae'n rhaid fy mod i wedi ei bostio yn y lle rhesymegol, sef i fyny'r simnai. Ac yno y bu nes i lanhäwr simnai, rhyw dro ymhen hanner canrif, ei ddarganfod. Mae'n darllen fel hyn:

> Robert Lewis
> Rhagfyr 24 Nos 1935.
> Posman set a Plysman set a
> Red Indian set a llong
> Stemar a dilld [*sic*] llongwr
> A corn dand [*band*]
>   I Ritiard
> Camal mawr a fedar
> o fynd ar i gefno.
> a cwningan yn Rhed-
> eg hyd y llawr ond rhoi
> goriad.

Fy ymdrech lenyddol gyntaf erioed, mi dybiaf. Llenyddiaeth y gallesid bod wedi ei cholli am byth. Fe sylwch fy mod wedi sgrifennu 'Robert'. Ar fy niwrnod cyntaf yn ysgol y Babanod yr oedd tri Robert. Arhosodd un yn 'Robert', bedyddiwyd yr ail yn 'Bob' ac ailenwyd finnau yn 'Robin' – ymhen blynyddoedd y Cymreigiais y 'Robin' yn 'Robyn'. Ond nid hawdd tynnu cast o hen deulu. 'Robert' oeddwn iddyn nhw o'r cychwyn, a 'Robert' yr arhosais.

Tân mawr

Ar 7fed Medi 1936 cynheuwyd tân yn Llŷn. Cofiaf glywed am y mater er na ddeallwn fawr ddim. Ond roedd gŵr un-fraich o Nefyn, David Davies, wedi bod yn wyliwr nos ym mhle bynnag yr oedd y tân wedi digwydd. Yr oeddwn i'n gwybod pwy oedd David Davies, neu 'Macani' ['Machgan i], ys gelwid ef, ac yn ei adnabod o ran ei weld. Yr oedd o leiaf ddau o'i deulu yn ddisgyblion yn ysgol Nefyn. Yr oedd rhyw stori ei fod wedi ei glymu gan y bobol a gynheuodd y tân ac yr oedd rhyw stori arall nad oedd wedi ei glymu. Doeddwn i ddim yn deall.

Ar 13eg Hydref 1936 cynhaliwyd achos llys yn erbyn tri gŵr yng Nghaernarfon. Mae'n rhaid fod y mater yn bwysig, achos roedd 'Taid' (a oedd yn byw efo ni) wedi mynd i Gaernarfon efo rhyw bobl eraill. Roedden nhw wedi bod yn canu mewn tyrfa fawr am fod rhyw bobol ddrwg ddim yn ddrwg wedi'r cyfan a heb gael eu cosbi am nad oedden nhw'n ddrwg. Ond roedd 'Taid' yn gwybod.

Roedd o wedi bod draw yng Nghaernarfon yn canu ar y stryd; felly roedd *o* yn deall. Roeddwn i wedi mynd i'm gwely ac yn cysgu'n sownd. Pan ddeffrois i y bore wedyn eglurodd Mam yn dawel wrthyf fod 'Taid' wedi marw yn ystod y nos ond nad oeddwn i ddim i grïo gan mai wedi mynd at Iesu Grist yr oedd o mewn gwirionedd.

Wedi i mi gyrraedd oedran deall, cefais yr eglurhad fod gan 'Taid' galon wan a'i fod wedi gorgynhyrfu ar y Maes yng Nghaernarfon ac wedi cael trawiad – a'i lladdodd – yn ystod y nos. Fedra i ddim peidio â chofio amdano bob tro y byddaf yn clywed sôn am y Tân yn Llŷn. Gorwedd 'Taid' gyda'i frawd, fy ngwir Daid, ym mynwent Manod. Un o'm hoff bleserau yn ei gwmni oedd cael mynd draw gydag ef i siop Griffith Parry'r Barbwr bob yn ddeuddydd, pryd y byddai'n cael ei siafio â rasel hogi. Gwyliwn y broses yn gegrwth, o drwchu'r ewyn sebon ar y brwsh yn y jwg dŵr-poeth i'r sŵn crafu cras a ferwinai'r glust wrth i'r barbwr lyfnhau ei gorn gwddw â'i lafn awchlym.

Waeth i mi orffen y stori am David Davies, ddim. Ein gweinidog yn Soar oedd y Parch. O M Lloyd (Dolgellau wedyn). Ffrindiau mawr â'n teulu ni, gyda llaw, gan mai un o 'Stiniog oedd o. Ym 1974 cafodd OM a minnau ein hurddo i'r Orsedd yr un bore glawog yng Nghaerfyrddin. Wrth i ni aros ein tro yn y stafell wisgo, adroddodd wrthyf sut y bu'n gweld David Davies – yntau yn aelod yn Soar – ychydig cyn ei farw. Buont yn trafod y Tân yn Llŷn. Mewn ateb i gwestiwn gan OM, cyfaddefodd Davies wrth ei weinidog nad oedd wedi gweld neb na dim am nad oedd ar gyfyl y lle; roedd ef a'i gi hanner milltir a mwy i ffwrdd, yn potsio cwningod. Celwydd o'r dechrau i'r diwedd oedd y dystiolaeth a roesai ar ei lw yn Ynadlys Pwllheli, Brawdlys Caernarfon a'r *Old Bailey* yn Llundain. Dyma atgof bach, bach arall sy'n ymwneud ag O M Lloyd. Roedd yna actor ffilmiau yn y dyddiau hynny o'r enw Harold Lloyd a wisgai sbectol eithaf tebyg i sbectol OM. Credem ni'r plant yn gydwybodol eu bod yn frodyr.

Roedd OM, yntau, yn Gymreigiwr mawr. Fo a'n dysgodd ni, blant Ysgol Sul Soar, fod y Gymraeg yn rhagori ar y Saesneg lle'r oedd sôn am ddyddiau'r wythnos dan sylw, yn enwedig os dymunech chi sôn am ddiwrnodau heb orfod eu henwi. Ni fedrai

Sais ond dweud 'Ddoe, Heddiw ac Yfory'. Os mynnai fynd yn ôl neu ymlaen mewn amser yr oedd rhaid iddo ddweud 'y diwrnod cyn ddoe' neu 'y diwrnod ar ôl yfory'. Ar ôl dwys ystyried, wn i ddim pa rinwedd neu ffaeledd sydd mewn medru neu fethu gwneud hynny, chwaith. Ond dyma ni'r plantos i gyd yn ymroi i gyfri ar ein bysedd wrth geisio ymdopi â'r pos newydd yma. Felly: Echdoe, Ddoe, Heddiw, Fory, Drennydd, Dradwy – ie, ond chwech oedd hynny. Beth am y seithfed? Dyma hen grafu pen, nes i rywun godi llaw. 'Mistar Lloyd! Mistar Lloyd! Mi wn i!' 'Wel?' gofynnodd y Gweinidog. 'Mistar Lloyd! Echdoe, Ddoe, Heddiw, Fory, Drennydd, Dradwy, a'r seithfad: "Drannoeth"!' O ystyried, wn i ddim ydi o'n hollol gywir, chwaith. Ond mae'n profi un peth, sef bod Ysgol Sul Soar yng ngofal y Parchedig O M Lloyd yn ddiddorol ac yn sbort.

Clytwaith cofio

Af ati i ddirwyn y bennod hon, o'm hanes yn y cyfnod pell cyn y Rhyfel, i ben â mân atgofion, fel y dônt i'r meddwl. O bryd i'w gilydd byddai'r Doctor O Wynne Griffith ('Doctor Mela'), Pwllheli, tad Wynne Griffith y twrnai a thaid Owen Cowell y deintydd, yn dod i Nefyn ac yn hel tai. Un o Nefyn ydoedd yn wreiddiol ac roedd o'n adnabod pawb; roedd wedi'i eni ym 1856 a bu farw'n 98 oed ym 1954. Dywedodd ei ŵyr, Owen, wrthyf un tro fod ei daid, yn ei icucnctid, yn adnabod ambell un a oedd wedi ymladd ym Mrwydr Waterloo ym 1815. Wn i ddim sut y digwyddodd ddod i weld 'Nain' gan ei fod wedi ymddeol ers blynyddoedd. Ond pan fyddai'n gofyn 'Sut ydach chi, Miss Jones?' byddai hi, o gofio ei fod yn feddyg, yn adrodd ei symptomau i gyd. Byddai'n canmol neu'n cydymdeimlo a byddai Meri wedyn yn dod â the i'r ddau i'w helpu i roi'r byd yn ei le. Ond un tro, a'r Doctor ar fin gadael, gofynnodd 'Nain', yn hollol ddi-dact, 'Tra boch chi yma, Doctor, tybed a fuasech chi'n cael golwg ar y gath 'ma? Dydi ddim yn edrach yn dda iawn i mi.' Mae'n amlwg ei bod wedi pechu. 'Nid "doctor cathod" ydw i!' brathodd y meddyg yn ôl. Ddaeth o ddim acw am sbel go dda wedyn.

*   *   *   *

A'r holl filoedd newydd lenwi Pafiliwn Caernarfon i groesawu tri gwron Penýberth o'r carchar ym 1937, nid syn oedd y ffaith fod y Sefydliad Prydeinig, hyd y medrai, yn dymuno lliniaru effeithiau llesol eu gweithred ar y genedl Gymreig. Gan hynny, un o'r pethau a ddigwyddodd yn fuan wedyn oedd ymweliad brenhinol â Chaernarfon. Newydd esgyn i'r orsedd yr oedd y pâr brenhinol; pa ryfedd eu bod am ymweld â phob cornel o'u teyrnas newydd? Un o'r lleoedd a ddewiswyd, wrth gwrs, oedd Caernarfon. Yr hyn sydd yn fy synnu i hyd heddiw oedd fy mod i a Gwilym Wern wedi cael y lleoliad gorau posibl i wylio'r orymdaith a'r sbloet, sef balconi Clwb y Rhyddfrydwyr, lle'r oedd y cerbyd brenhinol i basio o dan ein trwynau. Aethant heibio, tan chwifio, mewn cerbyd agored mor agos atom nes y medrem bron eu cyffwrdd. Ni chofiaf ai *Rolls-Royce* agored ynteu cerbyd-ceffylau ydoedd.

Ni fedraf feddwl ond am un eglurhad, sef fod asiant Lloyd George, y Cynghorydd Sirol J T Jarrett o Nefyn, wedi trefnu'r peth. Mae'n rhaid ei fod yn ŵr oedd yn medru tynnu gwifrau neu ni fyddai wedi cael ei ddewis yn asiant seneddol i LL-G. Roedd John Jarrett yn perthyn i deulu fferm Y Wern; yn wir, ac yntau'n hen lanc, yn Y Wern yr oedd yn byw. Medraf wrthgyferbynnu'r ymweliad brenhinol â Chaernarfon ym 1969, pryd yr arwisgwyd ŵyr y pâr brenhinol a welais i; cawn hanesion am hynny yn nes ymlaen. Ar lefel fwy lleol eto ac yn ddiweddar iawn, medraf ddweud â llaw ar galon y gwrthodais wahoddiad i gyfarfod yr ŵyr hwnnw pan ddaeth i Nefyn i lansio gwasanaeth ceir-i'r-cyhoedd *O Ddrws i Ddrws* rhyw ddwy neu dair blynedd yn ôl, seremoni a gynhaliwyd rhyw bedwar neu bum can llath o'r tŷ 'ma.

Byddwn wrth fy modd yn cael mynd i Gaernarfon efo Mam yn y dyddiau hynny; âi bws o Nefyn i Gaernarfon heb orfod newid. Dau brif atyniad i'r llygad fyddai'n fy hudo, sef y Llew Mawr ar ben porth giatiau Plas Glynllifon wrth i ni fynd heibio, a'r Ffownten ar y Maes yng Nghaernarfon wedi i ni gyrraedd. Mae honno wedi hen fynd, a heddiw mae'n sefyll yn hollol hesb ym mhen uchaf Stryd y Llyn.

Y brith gof arall sydd gennyf o Gaernarfon, ar wahân i'r Castell bondigrybwyll, yw bod yn y Pafiliwn adeg Eisteddfod Genedlaethol 1935, a minnau'n bump oed. Yr unig gof sydd gen i yw gweld niferoedd o bobl wedi'u gwisgo mewn gwyn ac un ohonyn nhw'n dod at y meicroffon er mwyn cyhoeddi (am y meicroffon ei hun): 'Dydi'r peth ddim yn gweithio!', a'r dyrfa yn gweiddi 'Uwch! Uwch! Uwch!' Doedd gen i ddim syniad pwy na beth oedd y bobl dillad gwynion. Fel y gwyddoch, mi ddysgais. Aeth deng mlynedd heibio cyn i mi fynd i Eisteddfod Genedlaethol arall.

*   *   *   *

Yn yr Ysgol yr oeddem dan orchymyn llym i alw pob athro'n 'Syr'. Un tro, a minnau'n fân iawn mae'n debyg, euthum i mewn i ddosbarth Owen Roberts yn Ysgol Nefyn ar ryw gennad gan un o'r athrawon eraill. Gofynnodd i mi, yn ddiamynedd, 'Be' 'di dy enw *di*?' 'Robert Lewis', atebais innau'n swil. Edrychodd arnaf a bloeddiodd: 'SYR!' Triais drachefn. 'Syr Robert Lewis', meddwn yn ddiniwed. Nid wyf yn cofio'r achlysur ond mae sawl un a oedd yno wedi dweud wrthyf eu bod nhw'n ei gofio'n dda iawn, eu bod yn dal i chwerthin a'u bod wedi adrodd y stori wrth eu plant ac wrth blant eu plant.

*   *   *   *

Soniais am fy ymadawiad sydyn o dŷ fy modryboedd yn Amlwch. Roedd gen i fodryb arall, Anti Dilys, chwaer ieuenga' Nhad, a oedd yn wraig i Emrys Jones, Ysgolfeistr Tynygongl, ger Benllech. Cofiaf aros am ryw dair wythnos yno hefyd, yn Nhŷ'r Ysgol, a oedd drws nesaf i'r ysgol. Yr oeddwn i fynd i ysgol fy Ewyrth fy hun. Yr oeddwn i'n meddwl y byd o Yncl Emrys ond cyn i mi gamu draw o'r tŷ i'r ysgol, siarsiodd fi nad oeddwn i'w alw yn 'Yncl Emrys' yn y dosbarth, eithr yn 'Syr' fel pawb arall. Aeth pethau braidd o chwith pan ddefnyddiais 'Syr' ar ddechrau ac ar ddiwedd pob brawddeg nes oedd y plant eraill i gyd yn cael sbort fawr. Ar un achlysur, baglais dros fy ngeiriau a'i gyfarch fel 'Syr Emrys'! Y siars a gefais ar ôl i ni fynd adref oedd, 'Paid ti byth â gneud hynna i mi eto, y cythraul bach!'

Cyn ymadael â Thŷ'r Ysgol, Tynygongl, carwn sôn mai yn y tŷ drws-nesaf y magwyd Gwyn Llewelyn. Doeddwn i fawr feddwl y byddem ill dau, rhyw ddydd yn y dyfodol pell, yn teithio o Wladfa Patagonia i lawr i Waelod y Byd yn Tierra del Fuego gyda'n gilydd.

Ni chefais erioed mo'r gansen gan Yncl Emrys ac ni welais neb arall yn ei chael chwaith. Yn ôl a glywais gan Nhad, byddai ei dad ef, fy Nhaid Môn i, yn rhoi'r gansen iddo fo ar yr un tir â phawb arall yn ysgol y Gaerwen.

Cyn hynny, yr oeddwn wedi bod yn aros yn Glanrafon, tŷ Yncl Emrys ac Anti Dilys ym Mhorthaethwy, lle dysgai cyn ei benodi i ysgol Tynygongl. Cofiaf ef yn mynd â fi ar Fferi Moel y Don, drosodd o Fôn i flaen Pier Bangor. Un tro, aeth â fi draw i weithdy ei dad a oedd yn saer coed yn y Borth. Rhyw ddeuddydd neu dri wedyn, a minnau ar fy mhen fy hun a heb ddim arall i'w wneud, penderfynais fynd am dro i'r gweithdy unwaith yn rhagor. Mae'n rhaid ei bod yn awr ginio pan gyrhaeddais, gan fod y lle'n agored, ond doedd neb ar y cyfyl. I mewn â mi a phrowla yn ôl fy arfer. Gwelais risiau a arweiniai ar i lawr ac i lawr â mi. Grisiau'r pwll llifio oeddynt ac roedd yno lif gron fawr, a llond y gwaelod o flawd llif.

Eiliadau yn ddiweddarach, daeth sŵn traed, a chychwynnwyd y llif gron er mwyn i rywun lifio estyllau. Glawiodd cawodydd o flawd llif drosof a dechreuais sgrechian. Ond doedd waeth i mi heb: roedd sgrech y llif gron yn boddi pob sŵn arall. Penliniais ar fy nghwrcwd yn y gornel, yn crynu gan ofn, ac yno y digwyddodd rhywun fy ngweld ond nid am sawl munud, rwy'n siŵr. Stopiwyd y llif a daeth tad Yncl Emrys i lawr i'm halio allan. Roedd yntau'n crynu fel deilen. Aethpwyd â fi'n ôl i dŷ'r teulu, lle cefais fy hyd a'm lled gan fy modryb a'm hewyrth. Cefais hynny eilwaith gan Nhad a Mam pan ddychwelais i Nefyn – yn hollol haeddiannol y ddeudro.

Un cof arall sydd gennyf am Borthaethwy, sef bod Yncl Emrys wedi mynd â fi i'r enwog Ffair Borth, lle'r oedd pob math o ryfeddodau i'w gweld. Flynyddoedd yn ddiweddarach, a minnau mewn llety ym Mangor pan oeddwn yn bwrw fy erthyglau cyfraith, clywais rywun yn sôn am 'Menai Bridge Fair'. Cymerodd eiliadau i mi gyfieithu'r ymadrodd fel ag i sylweddoli mai at Ffair Borth yr oedd yn cyfeirio. Rwy'n dal i deimlo'n chwithig pan glywaf yr ymadrodd 'Menai Bridge Fair'; nid yr un ffenomen mohoni i mi â 'Ffair Borth'.

* * * *

Tra oeddwn i yn Ysgol Nefyn cafwyd dau ddigwyddiad trist: bu farw dau o'n cyfoedion (nid ar yr un achlysur). Neli Williams, tua phump oed oedd y naill a John Tecwyn, tua wyth neu naw – nai i'r Parch. Tom Nefyn – oedd y llall. Trefnodd yr athrawon yn ddoeth, sef ein cael i sefyll yn rhes ar y palmant wrth i'r angladd fynd heibio; yr oedd pob angladd yn pasio'r ysgol. Felly, buom yn rhan o'r deyrnged; ond heb fod yn rhan o'r cynhebrwng. Byddaf yn cofio'r rhain bob tro y clywaf neu y gwelaf hanes am ysgolion yn gorfod ymdopi â cholli plentyn neu blant o'r oedrannau ifanc hyn trwy ddamwain, esgeulustr neu lofruddiaeth.

*   *   *   *

Dau fath o ddigwyddiad arbennig a gofiaf ar Y Groes, sef y groesffordd sydd yng nghanol Nefyn. Y naill yw hen wreigan o'r enw Margiad, o Efailnewydd mi gredaf, a arferai sefyll yno'n canu pan fyddai wedi meddwi. Roedd peth felly'n siocio pobl barchus Nefyn ond fe âi'r neges o'n cwmpas ni'r plant fel tân gwyllt 'fod Margiad wedi meddwi ac yn canu ar Y Groes'. Heidiem yno nerth ein traed i wylio'r perfformiad.

Yr ail ddigwyddiad gweddol reolaidd a gofiaf ar Y Groes oedd y Parch. Tom Nefyn Williams yn eistedd wrth ei harmoniwm fach, yn canu ac yn ledio emynau ac wedyn yn pregethu a gweddïo. Roedd Tom Nefyn yn denu tyrfaoedd tipyn yn fwy na'r hen Fargiad druan. Erbyn hyn mae'r rhod wedi troi yn llwyr, a bellach mae llowc-feddwon y fro yn cadw reiat ar y Groes yn Nefyn ar benwythnosau. Ond ddaw neb o stamp Tom Nefyn yno i arwain y gân mwyach.

*   *   *   *

Ar un adeg, tua'r cyfnod hwn, lledwyd y briffordd o Nefyn i Forfa Nefyn, heibio i Uwch-y-Don. Un bore Sadwrn, a minnau ar sgawt, deuthum o hyd i ffos yn y lôn, a lamp oel gwydr-coch yno i'w goleuo. Codais y lamp a mynd â hi adref. Pan ofynnodd Mam ble'r oeddwn wedi ei chael dywedais fy mod wedi cael hyd iddi ar ochr y ffordd. Aeth Mam â fi a'r lamp, un ym mhob llaw, yn syth yn ôl i'r fan lle'r oeddwn i wedi cael hyd iddi. Honno oedd y wers gyntaf, hyd y cofiaf, a'm dysgodd nad gwir mo'r ymadrodd 'a gaiff a geidw'.

Medrwn adrodd llawer am nifer o'm cyfoedion yn Ysgol Nefyn, fel y medrent hwythau amdanaf i, rwy'n siŵr. Ond soniaf am ddau yn unig. Y naill oedd Eirwyn Evans, brawd i'r enwog Idris Evans, y pêl-droediwr a anfarwolwyd fel 'Tarw Nefyn'. Roedd Eirwyn yn fachgen mwy hamddenol ei natur. Mae'n haeddu sôn, gan ei fod yn dad i ddau actor adnabyddus dros ben, Rhys a Llŷr Ifans.

Y llall oedd Herbert Wilson, bellach yr Athro Emeritws Herbert Wilson, DSc, PhD. Mae'n byw yn Stirling, yr Alban. Roedd yn un o'r gwyddonwyr a ddarganfu *DNA*, a wnaeth gymaint o wahaniaeth, er lles, i'n cymdeithas ac i'n byd. Beti Turner, hithau o Nefyn, yw ei briod a byddant yn dod i Nefyn ac i'r Eisteddfod yn lled fynych. Pan oeddwn yn Archdderwydd cefais y boddhad o'i urddo'n Dderwydd yng Ngorsedd dan yr enw barddol 'Herbert Wyddonydd'. Roedd Herbert a Beti'n byw yn Dunblane ym 1996, y dreflan gerllaw Stirling na chlywsai'r byd erioed mo'i henw ond a ddaeth mor ddrwgenwog ag Aberfan pan saethodd rhyw ŵr gorffwyll 16 o blant ysgol ac athrawes yn gelain. Bu'r ddau yn adrodd yr hanes yn ddyddiol, yn Gymraeg, ar Radio Cymru – profiad y buasai'r ddau ohonynt wedi ei hepgor yn llawen.

Mae llawer o enwau dieithr megis Baum, Dobson, Green, Olsen, Swingler, Trenholme, Turner, Wilson ac ati i'w canfod yn Nefyn a'r cylch, ac maen nhw'n deuluoedd sy cyn Gymreiced â'r gweddill. Eu hynafiaid, genedlaethau'n ôl, wedi dod i'r ardal – ardal bron uniaith-Gymraeg – ac wedi ymdoddi i'r gymdeithas yn gyfan gwbl. Ysywaeth, nid felly ymfudwyr heddiw.

*   *   *   *

Yn y cyfnod hwn o'm hoes, hefyd, y bu plant Nefyn, a phob Nefyn arall, ym Mabolgampau Urdd Gobaith Cymru ar faes pêl-droed Dinas Bangor, achlysur a drefnwyd gan Syr Ifan ab Owen Edwards ym 1937; a minnau'n saith. Ceir llun o'r digwyddiad, lle daeth miloedd ynghyd, i gyd yn Gymry Cymraeg, nes llenwi'r cae i'r ymylon. Dylwn ddweud hefyd y bu gan yr Urdd Wersyll ym Mhortin-llaen cyn y Rhyfel. Dôi'r bechgyn a'r merched yno am yn ail â'i gilydd! Ar dir ystâd Cefnamwlch yr oedd, tir a berthynai i'r Cyrnol (wedyn y Brigadydd) W H Wynne-Finch. Ysywaeth, roedd y Cyrnol o'r farn fod yr Urdd naill ai yn rhy Gymreig neu wrth-Brydeinig, a bu rhaid i'r Urdd ymadael.

Dyma fi'n cloi'r bennod trwy nodi fy mod wedi cyrraedd yr amser pan oeddwn yn gorffen yn Nosbarth Pedwar (neu *Standard Four*) yn Ysgol Nefyn. Felly, roeddwn i ar fin mynd i'r Pumed Dosbarth. Hwnnw oedd dosbarth 'y Sgolarship', ys gelwid yr arholiad hollol dyngedfennol a benderfynai a oedd disgybl yn mynd ymlaen i'r Ysgol Sir, neu'n troi yn ei ferddwr nes câi adael ysgol a mynd i weithio. Diwedd Tymor Haf 1939 oedd hi.

Pennod 3

Y RHYFEL
(1939-1945)

Dim ond unwaith erioed y gwelais i Nhad yn beichio crïo fel plentyn blwydd. Naw oed oeddwn ar y pryd ond mi gofiaf y digwyddiad tra byddaf byw. Bore Sul oedd hi, y trydydd o Fedi, 1939. Does dim rhaid i mi atgoffa neb – gan gynnwys y rhai na welodd olau dydd am ddwy genhedlaeth a mwy wedi hynny – beth oedd neges radio dyngedfennol Neville Chamberlain ar fore'r trydydd o Fedi hwnnw.

Eithr ymateb Nhad sy'n llenwi'r cof. Yn wir, yr unig gof sy gen *i* am y bore hwnnw yw i Nhad ddechrau wylo'n hidl a gafael am Mam, tan riddfan, 'Dduw mawr! Maen nhw'n mynd i ddechrau mwrdro'r hogia unwaith eto, yn union fel y gwnaethon nhw'r tro-blaen! Mi fedrwn ni ddiolch i'r Drefn bod y ddau yma'n rhy ifanc.' Cyfeirio yr oedd, wrth gwrs, ataf fi a'm brawd bach Richard. Nid a ddigwyddodd ac a ddywedwyd yn Llundain a Berlin y diwrnod hwnnw sy'n fyw i mi – clywais, fel chithau, fwy na digon am hynny. Adwaith Nhad, nid ystrydebau Mr Chamberlain, sy'n peri i mi feddwl yn ôl fel hyn. O ran hynny, nid oeddwn erioed wedi clywed enw'r Chamberlain hwnnw.

Roeddwn i'n naw oed pan gyhoeddwyd y Rhyfel; yr oeddwn i'n bymtheg pan ddarfu'r brwydro, yn gyntaf yn Ewrop, ac wedyn yn y Dwyrain Pell. Yn yr ysgol y bûm i trwy gydol y cyfnod. Dim ond rhannau ohono a gofiaf. Yn sicr ni sylweddolais ar y pryd yn union beth oedd yn digwydd, na phaham, nac ychwaith beth oedd ei arwyddocâd a'i oblygiadau, na beth fyddai ei ganlyniadau. Wrth gwrs, gellir dadlau na ŵyr neb yn gyflawn mo'r un o'r pethau hynny hyd heddiw. Digwyddais sylwi mai dim ond ym mis Rhagfyr 2006 – 61 mlynedd ar ôl diwedd y Rhyfel – y talodd y Deyrnas Gyfunol y rhan olaf o'i dyled ariannol i'r Unol Daleithiau am yr Ail Ryfel Byd.

Drannoeth, yr oeddem i fod i ddychwelyd i'r ysgol ar gyfer tymor y Nadolig. Yr oeddwn innau ymhlith y rhai a oedd i fynd i Safon Pump, sef dosbarth y 'Sgolarship', a ddysgid gan Mr H M Jones. Ond arhosodd yr ysgol ar gau am wythnos yn rhagor oherwydd y Rhyfel. Mae arnaf ofn mai teimlad o lawenydd ein bod yn cael wythnos yn rhagor o wyliau haf oedd uchaf ym meddyliau fy nghyfoedion a minnau.

Ymdopi â Saeson

Bron yn syth ar ôl i Ysgol Nefyn ailagor ym Medi 1939, a thrwy benderfyniad y Llywodraeth, sumudwyd cannoedd o filoedd o blant o'r trefi mawrion. Cawsant eu hanfon i rannau o gefn gwlad a ystyrid yn 'ddiogel' rhag unrhyw gyrchoedd awyr a allasai ddigwydd. Yr *'evacuees'*, a droswyd i Gymraeg swyddogol yn 'noddedigion'. Mae 'plant cadw' – bathiad symlach Gruffudd Parry – yn rhagori arno, ac mae'n llawer nes at galonnau pobl Llŷn. Plant o Lerpwl fu ein cyfran ni yn Nefyn. Plant heb air o Gymraeg yn dod i blith plant heb air o Saesneg. Trwy drugaredd, yr oedd ganddynt eu hathrawon a'u hathrawesau eu hunain a chawsant festrïoedd y capeli'n stafelloedd dosbarth. Ond yn ein tai *ni*, a chyda'n teuluoedd *ni*, yn driphlith-draphlith, yr oeddynt yn lletya. Cofiaf ddau fachgen, o'r un oed â fi, a luestwyd gyda Mrs Willams a'i chwaer Miss Evans, drws nesaf. Billy ac Eric, o Bebington; hen hogia iawn. Bûm yn chwarae llawer yn eu cwmni.

Ymhen cwta flwyddyn, yr oedd y plant cadw yn gystal Cymry Cymraeg â neb, gyda'r gwahaniaeth eu bod *nhw* yn medru Sgowseg hefyd. Fe soniais o'r blaen fy mod i'n rhugl fy Saesneg oherwydd fy nghefndir teuluol. Dylwn bwysleisio nad oeddwn i, dim mwy na'r un crwtyn arall o'm hoed, eisiau ymddangos yn wahanol i'r lleill yn y manylyn lleiaf. Am hynny, nid oeddwn wedi siarad gair o Saesneg â neb (doedd dim angen) nac wedi datgelu y medrwn. Ond un diwrnod cefais fy nal. A minnau'n sgwrsio â rhai o'r plant cadw, daeth un o hogiau Nefyn o'r tu ôl i mi a chlywodd ein clebran. Gwaeddodd ar draws y stryd, 'Arglwydd! Gwrandwch ar Robin Lewis yn siarad Sais!' Embaras, hwnna ydi o, chwedl Ifas y Tryc.

Cefais yr un math o anhawster yn Ysgol Sir Pwllheli. Ar wahân i wersi Cymraeg, roedd y dosbarth hefyd yn dysgu Saesneg a Ffrangeg. Lle'r oedd y Ffrangeg dan sylw, doedd dim ots. Pa wahaniaeth a oedd yr acen briodol gen i? Doedd neb ddim callach. Ond stori arall oedd y Saesneg. Ni fynnwn fod yn wahanol, felly siaradwn yr hyn a alwaf 'Saesneg Pen Llŷn' yn y dosbarth, yr un fath â phawb arall. Ond roedd y ddwy athrawes, Miss Williams *English* a Miss Williams *French* wedi bod wrthi'n cymharu. Un diwrnod gofynnodd Miss Williams *English* i mi, a hynny – och ac ow! – yn y dosbarth, *'Robin, why do you insist on mumbling English with such elementary mistakes and that dreadful Welsh accent?'* Cododd ei chwestiwn gywilydd mawr arnaf. Embaras eto, llawer mwy na'r tro cynt. Hyd heddiw, teimlaf y dylai hi fod wedi deall pethau'n well.

Ar ddiwedd y Rhyfel arhosodd rhai o'r plant cadw, yn Gymry Cymraeg trwyadl erbyn hynny ac wedi hen blwyfo, yn Llŷn. Naill ai yn rhan annatod o'u teuluoedd 'newydd', neu, maes o law, yn briod â rhywun o'r ardal. Digwyddodd hynny hefyd yn hanes rhai hŷn, a ddaeth i Lŷn ac Eifionydd yn rhan o'r lluoedd arfog, yn Gymry, Saeson, Gwyddelod, Sgotiaid, Pwyliaid, Norwyaid ac Iseldirwyr. Hyd yn oed cyn-elynion, yn Eidalwyr ac Almaenwyr. Mae eu disgynyddion, sy'n dwyn enwau hollol anghymreig, wedi ymdoddi i'r gymdeithas fel y gwnaeth y teuluoedd enwau-dieithr yn Nefyn, a grybwyllais yn y bennod flaenorol.

Camfa'r 'Sgolarship'

Yna, dosbarth y 'Sgolarship', efo Mr H M Jones – 'Sambo' i ni'r plant yn ei gefn, oherwydd ei wallt crych. Addysgwr da, os disgyblwr; ond disgyblwr disgyblus. Os caech chi gosb gan HM, fe wyddech ei bod hi'n gosb deg ac wedi'i haeddu. Nid gŵr y gansen mohono ond dyn y glusten (neu fonclust). Dau brif nodwedd a gofiaf am ei ystafell ddosbarth: map Cymraeg o Gymru ar un wal a chwpwrdd gwydr yn erbyn wal arall. Yn y cwpwrdd hwnnw arddangosid nifer o drysorau a chlamp o wy estrys yn eu plith. Meddai Gwilym Wern: 'Roedd isio uffar o iâr i ddodwy hwnna!'

Roedd hi'n dipyn o jôc fod HM yn 'canlyn' – ys dywedid yn bropor reit – Miss Catherine Thomas, un o'r athrawesau ('Kate' i'r plant). Roedden nhw'n 'canlyn' ers cyn cof i mi, a dim ond sbel ar ôl y Rhyfel y bu iddyn nhw briodi. Parhaodd eu dyweddïad o leiaf ddeng mlynedd. Mi ddysgais lawer gan HM; rwy'n cofio ffeithiau hyd heddiw gan wybod mai ganddo ef y clywais hwy gyntaf. Felly, pan ddaeth diwrnod mawr y Sgolarship, bûm yn llwyddiannus.

Ond lle bo heulwen, mae cysgod. A'm cysgod i, fel cysgod llawer ohonom, oedd athro arall a alwaf 'Hwn'. Hawdd fyddai credu mai defnyddio'r gansen oedd ei brif ddiléit. Mi wn mai oes y gansen oedd hi ac mi addefaf yn rhwydd fy mod innau'n haeddu'r gansen o bryd i'w gilydd lawn gymaint â neb, ac yn amlach na llawer. Ond hen gythraul o fwli creulon, cas oedd Hwn.

Nid cansen am drosedd oedd yn brifo ond cansen ar gam. Roedd pawb yn ei chael hi. Ond roedd y plant mwyaf bregus yn ei chael hi'n amlach. Os oedd gwendid mewn plentyn, câi ei wawdio'n gyhoeddus gan Hwn, yng ngŵydd pawb. Ni welais erioed enghraifft fwy cysáct o'r hen air 'trechaf treised, gwannaf gwaedded'. Dim ond yn ddiweddarach y clywais am Wackford Squeers a Robin y Sowldiwr: pan wnes, am Hwn y meddyliais yn syth bìn.

A'r 'sgolarship' drosodd, a'r rhan fwyaf ohonom wedi llwyddo, daeth Hwn i mewn i'n dosbarth ni. Cyhoeddodd ei fod am fynd â 'phlant y sgolarship' o gwmpas yr ysgol er mwyn i'r plant llai ein gweld a chael edmygu ein hesiampl. Ond ystyr 'plant y sgolarship' oedd pawb a oedd wedi sefyll yr arholiad gan gynnwys y rhai oedd wedi methu. Cawsom ein harwain ganddo o ddosbarth i ddosbarth, lle canodd glodydd y rhai llwyddiannus. Yna aeth ati i ddifrïo'r lleill, yn eu gŵydd, gan ddweud, 'Os na fyddwch chi'n gweithio, fe fyddwch chi r'un fath â'r pum twpsyn diog yma, na fyddan nhw byth yn tywyllu'r *County School!*' Yr oedden ni, yn ddeg oed, yn gwrido gan gywilydd o glywed hyn. Ond ailadroddodd Hwn ei berfformiad ym mhob dosbarth drwy'r ysgol.

Ac nid ni'r plant yn unig a gafodd flas ei awdurdod. Pan

ffurfiwyd yr Hôm Gârd, penodwyd Hwn yn brif swyddog. A oedd yn arweinydd teilwng ar ddynion? Wel, pan orffennodd y Rhyfel, cynhaliwyd parti mawr awyr-agored a chynheuwyd clamp o goelcerth mewn cae yn Nefyn. Yr oeddwn i yno. Roedd Hwn yno hefyd. A thri gŵr y bu'n swyddog drostyn nhw am sawl blwyddyn. Mewn ymgais i ddial am ba driniaeth bynnag a gawsant, gafaelodd y tri ynddo, a chafodd grasfa hegar. Gwn mai un o'r drygau yn y caws oedd sut y difrïodd hwy am feiddio siarad Cymraeg yng ngŵydd rhyw Gadfridog o Sais yr oedd seiniau'r iaith yn merwino'i glust. Dygwyd y tri o flaen eu gwell yn Llys Pwllheli a bu ond y dim iddynt gael eu hanfon i garchar. Fel yr oedd pethau, cawsant ddirwyon sylweddol. Barn angharedig pobl Nefyn am Hwn oedd: 'Eithaf tro â fo!'

'Byddin Dadi'

Mae Hôm Gârd Nefyn yn haeddu paragraff neu ddau. Doedd y Capten Mainwaring a'i ddewrion o Walmington-on-Sea ddim ynddi o'u cymharu â'n rhai ni. Bu un digwyddiad ar ôl fföedigaeth Dunkerque ym 1940, mi gredaf, ar adeg pan oedd pawb yn disgwyl, bron yn ddyddiol, i fyddinoedd Hitler heidio dros Fôr Udd i Ynys Prydain. Yn Nefyn, yr oedd rhyw dân wedi bod yn mudlosgi ar ochr y Mynydd. Erbyn iddi dywyllu, roedd y fflamau i'w gweld yn eglur am filltiroedd, dros dir a môr. Penderfynodd Mr Jones y Plismon frysio draw i weld beth oedd yn digwydd. Perswadiodd ffermwr cyfagos – 'Now Tai'r Caea' – i fynd gydag ef. Aeth Now â rhaw i'w ganlyn. Digwyddai fod yn nos Sadwrn. Ar ôl stop-tap yn y tafarnau (naw o'r gloch yn y dyddiau hynny) daeth nifer o'r Hôm-Gardwyr allan o dafarn Yr Heliwr, wedi cael tropyn neu dri. Gwelsant y tân, a rhywun yn symud o'i gwmpas. Cydsyniwyd mai 'Y Jyrmans, myn diawl!' oedd wedi glanio. Felly aeth y criw, pob un i'w gartref i nôl ei reiffl. Aethant draw nes eu bod o fewn dau led cae o'r tân. Wrth weld rhywrai yn symud, dyma ddechrau gweiddi: '*Come down here, you Jerry bastards!*' Gan na chafwyd ymateb, dyma danio.

Cofiaf glywed sŵn y tanio a minnau gartref, o leiaf hanner milltir i ffwrdd. Ymhen munudau, dyma Wynne Griffith, y twrnai, acw efo'i wn yntau – yr oedd o, fel Nhad, yn Llifftenant ym Myddin

Dadi. Ac allan â'r ddau. Erbyn iddyn nhw gyrraedd gweddill y gatrawd, roedd y Plismon a 'Tai'r Caea' wedi cropian i lawr y ddau gae ar eu boliau ac roedd twll bwled wedi'i ddrilio yn llafn y rhaw. Dyma'r Cwnstabl yn gweld Nhad ac yn dod ato. Roedd o mor gynddeiriog nes ei fod o'n siarad Saesneg. Meddai: *'Lewis! These men have been shooting at me! And worse than that, they called me a bastard!'* Mae'n amlwg pa un o'r ddau beth a ystyrid waethaf. Roedd hi'n drugaredd nad oedd hogia Byddin Dadi'n anelwyr cysáct. A hwythau'n ymarfer saethu, ar achlysur arall, dyma rhywun yn gweld morlo yn y bae. Defnyddiwd ef yn darged a saethwyd o leiaf ddwy fil o fwledi ato. Fore trannoeth, cafwyd y morlo druan yn gelain ar y traeth. Un belen oedd wedi ei daro.

Dafis

Carwn sôn am bennaf cyfaill fy mhlentyndod, Gwynn Davies. Yr oeddem bron mor anwahanadwy â dau efaill, i mewn ac allan o dai ein gilydd, a gwnaem bopeth, yn gymwynasau ac yn ddrygau, ar y cyd. Mab i gapten môr oedd Gwynn, sef i'r Capten Rowland ('Rô') Davies, a oedd wedi cychwyn ei yrfa mewn llongau hwyliau ond a brofodd erwinder tywydd a chreulondeb Iwerydd trwy gydol dau ryfel. Pur anaml y dôi adref ond roedd fel Siôn Corn i Gwynn, ei frawd bach Wmffra, a minnau. Yng nghanol prinderau'r rhyfel, deuai'r Capten Rô â danteithion, siocled, ffrwythau, a chomics i ni o'r Unol Daleithiau. Cymwynaswr hollol ddiymhongar; dim ond ar ôl ei farw y deuthum i wybod ei fod yn ystod y Rhyfel Mawr wedi ennill y *Lloyd's Silver Medal for Gallantry* – sydd ar gyfer aelodau'r Llynges Fasnach yn unig, a'r prinnaf ei dosbarthiad – am arbed nifer o fywydau a mentro'i einioes ei hun. Dwed y rhai sy'n deall y pethau hyn ei fod yn cyfateb i'r *VC*, na ddyfernir ond i'r lluoedd arfog.

Adroddaf un stori – o'r myrddiynau – am y pâr ohonom. Mae'n rhaid mai rhyw dro tua dechrau'r Rhyfel y digwyddodd, gan fod potiau jam, fel popeth arall, wedi mynd yn bethau prin. Dechreuodd un groser yn Nefyn ofyn i'w gwsmeriaid eu dychwelyd, gan addo dimai (½d, hanner hen geiniog) am bot jam hanner pwys, a thair ffyrling (¾d, tri chwarter hen geiniog) am bot pwys. Dyma Dafis a minnau ('Lewis' y galwai yntau fi) yn rhoi ein lifrai Sgowtio amdanom, ac yn mynd o gwpas y tai efo tryc olwyn i hel potiau jam. Ar ôl i'r tai ildio'u heithaf, mae'n rhaid i mi gyfaddef y buom wedyn yn y Fynwent lle'r oedd cyflenwad pellach o botiau jam i'w cael heb ofyn i neb. Gwnaethom arian mawr; wel, bron i ddeg swllt (50 ceiniog heddiw: gwerth 240 o botiau hanner pwys). Ond diwedd y gân oedd i'r siopwr ein troi ymaith trwy ddweud nad oedd ganddo ragor o le yn ei stôr i un pot jam arall.

Wedi dyddiau ysgol gwahanodd llwybrau Dafis a fi. Ym Mhrifysgol Bangor y bu ef, a minnau yn Aberystwyth. Treuliodd ei yrfa yn athro Saesneg mewn ysgolion yn Lloegr, 'er mwyn dysgu i rai o'r diawliaid sut i siarad eu hiaith eu hunain', ys dywed ef. Bûm yn was priodas iddo ef ac Eirlys – a fu farw'n annhymig, ysywaeth – a bu yntau'n was priodas i minnau a Gwenan. Bydd yn dal i alw acw am sgwrs pan fydd ar un o'i ymweliadau anfynych â Nefyn.

A Dafis a minnau ar y pryd yn fyfyrwyr, daeth trasiedi i'w deulu. Roedd ei frawd bach, Wmffra, mewn ysgol forwrol yn South Shields ar y pryd, ac yma dros y Nadolig. Hefyd gartref o'r môr – am y tro cyntaf ers tair blynedd ar ôl bod ddwywaith rownd y byd – yr oedd Hefin, prentis morwr fymryn yn hŷn nag Wmffra. Cofiaf ei bod yn fore hyfryd heulog o Ddydd Calan. Ychydig wedi hanner dydd, newidiodd y tywydd yn sydyn, a daeth storm o wynt ac eira. O'i gweld hi'n fore mor fendigedig, roedd Wmffra a Hefin wedi mynd allan i'r bae mewn cwch gweddol fychan, ac allan ar y môr yr oedd y ddau pan drodd y tywydd. Ymhen ychydig sylweddolwyd eu bod ar goll.

Bu chwilio dyfal amdanynt a galwyd Badau Achub Portin-llaen a Chaergybi allan – doedd dim hofrenyddion achub y pryd hynny. Cofiaf fod yn nhŷ Gwynn a'i fam, yn gobeithio'r gorau ond yn ofni'r gwaethaf. Aeth dyddiau heibio, ond ni chafwyd dim. Ymhen rhyw ddeng niwrnod golchwyd y cwch i'r lan gerllaw Rhosneigr ym Môn. Ni ddaethpwyd o hyd i'r cyrff. Yr eironi ydoedd eu bod ill dau'n dra phrofiadol o'r môr mewn mannau dieithr, ac wedi dod adref i foddi gerllaw Bae Nefyn. Roedd y Capten Rô ar fordaith yn ôl o Awstralia ar y pryd. Daw hen air llongwyr Llŷn i'r meddwl: 'Y môr ydi'r mistar, bob amser.'

Pib y Post

Yr oedd modd arall hefyd o ennill ceiniog neu ddwy. Wastad, fe welid criw o hogiau'n hofran o gwmpas Swyddfa'r Post, yn y gobaith o gael cludo telegram. Dôi'r Postfeistr, John Ellis Jones, i'r drws a chwibanu pib: o glywed honno, rhedai pawb nerth ei goesau at y Post. Y cyntaf i'r felin gâi falu, sef cludo'r telegram, mewn ysgrepan ledr arbennig wedi'i marcio 'Royal Mail', a châi'r tâl penodol am fynd â'r weiar i ben ei daith. Ceiniog a dimai (1½d) oedd y tâl ar gyfer canol Nefyn, ond cynyddai hwn yn ôl y pellter, hyd at y swm anferth o chwe cheiniog (2½ ceiniog newydd) os oedd rhaid mynd tua milltir dda dros Fynydd Nefyn! Weithiau ceid bonws – cil dwrn o ddimai, weithiau geiniog, os teimlai'r derbyniwr yn hael ar ôl derbyn newydd da.

Ond sbel ar ôl dechrau'r rhyfel dechreuodd y 'telegramau du' gyrraedd o'r Swyddfa Ryfel. Ar ôl i hynny ddigwydd ddwywaith neu dair, pallodd yr awydd ymysg yr hogiau i gludo telegramau, arian mawr neu beidio. Gŵr o Gefnddwysarn, Meirionnydd, oedd Mr Jones, wedi dod i Nefyn yn Ebrill 1899 i gadw'r Post. Teithiodd cyn belled â Phwllheli yn y trên ac ymlaen i Nefyn yn y goitsh fawr. Cofiai Nhad ef yn sôn wrtho fod pawb arall yn teithio'r ffordd groes, ar eu ffordd i angladd T E Ellis, AS, yng Nghefnddwysarn. Nid oedd Mr Jones wedi rhoi troed allan o Nefyn, dim hyd yn oed i Bwllheli, o'r diwrnod y dechreuodd ei ddyletswyddau ym 1899.

Ysgol Dre'

Cyn gadael Ysgol Nefyn – gair am ddiwrnod arholiad y Sgolarship. Yr oedd tri llond tacsi ohonom, yn ddeg neu un ar ddeg oed, wedi'n hanfon draw i Ysgol Sir Pwllheli ('Ysgol Dre'). Dyma'r unig dro i neb ohonom fynd i'r ysgol mewn tacsi; erbyn hyn mae'n beth cyffredin. Ond i ni, y *Crosville* fu hi wedyn, mewn hindda a drycin, weddill ein blynyddoedd yno. Cofiaf yr holl athrawon ac athrawesau yn eu gynau academaidd duon. Doedd yno ddim plant, ar wahân i ni blant y Sgolarship; roedd y disgyblion rheolaidd wedi cael diwrnod o wyliau ar ein traul. Y diwrnod hwnnw, yr oedd pob aelod o'r staff yn siarad â ni – Cymry bach Pwllheli, Llŷn, ac Eifionydd – yn Gymraeg. I ni, dyna oedd y drefn naturiol.

Ond dyna sioc a gawsom, o fynd i'r Ysgol Sir ym Medi 1940. Pob athro ac athrawes – Cymry trwyadl Gymraeg fel ninnau, at ei gilydd – yn mynnu siarad pob gair â ni yn Saesneg, ac yn mynnu ein bod ninnau yn siarad yn Saesneg yn ôl. Fe gaech chi'r sefyllfa hollol hurt o ddau (neu ddwy) aelod o'r staff yn sgwrsio â'i gilydd yn Gymraeg ac, ynghanol y sgwrs, yn troi at blentyn a siarad yn Saesneg. Hwnnw neu honno'n ymateb yn Saesneg, ac yna'r sgwrs rhwng yr athrawon yn mynd yn ei blaen yn Gymraeg. Ac roedden ni'n derbyn hynny yn rhan o'r drefn!

Roedd y dirprwy-brifathro, T H Jones, yr athro Cemeg ('Yncl Tom' i'r plant) yn hanu o Sir Fôn ac yn adnabod Nhad o ddyddiau ysgol. Roedd yn bregethwr cynorthwyol gyda'r Annibynwyr, a dôi draw i Soar, Nefyn yn eithaf rheolaidd. Yn sgîl yr adnabyddiaeth, acw i Uwch-y-Don y deuai rhwng y moddion am ginio a the. Gan hynny, yr oeddwn yn ei adnabod yn dda; ni fu gair rhyngom erioed ond yn Gymraeg. Yn sicr, felly, nid oeddwn yn disgwyl gorfod siarad â T H Jones, o bawb, yn Saesneg. Ond ni thorrodd erioed air â mi yn Gymraeg o fewn muriau'r Ysgol. Daliai i ddod i Nefyn i bregethu, ac i'n tŷ ni am ei brydau bwyd – Cymraeg bob gair. Drannoeth, yn yr Ysgol: Saesneg.

Ond roedd un eithriad: Ednyfed Jones ('Edni' i ni). Mewn dosbarth a thu allan, siaradai â ni bob amser yn Gymraeg ac atebem ninnau yn yr un iaith. Wedyn, os byddai ef yn un o ddau athro, byddai'r plentyn yn siarad Cymraeg ag Ednyfed Jones a Saesneg â'r athro arall, a hynny i gyd o fewn yr un sgwrs! Ond medrem synhwyro nad oedd peth felly wrth fodd rhai o'r athrawon eraill a bod cryn ddicllonedd ynghylch y ffaith fod Ednyfed Jones yn benderfynol o siarad Cymraeg efo'r plant. Yr oedd braidd yn *persona non grata* hefyd am ei fod yn heddychwr.

Ganddo ef y cawn wersi Cymraeg, a Lladin o ran hynny. Ef a'm cyflwynodd i *Telynegion Maes a Môr*, *Aberdaron*, a *Rhys Lewis*. Pan fu farw yn 2004, yn 96 oed, gofynnodd ei weddw, Glenys, i mi dalu'r Deyrnged Gyhoeddus yn ei angladd – yr unig dro erioed i mi gael anrhydedd o'r fath.

Un o nodweddion y Rhyfel oedd bod nifer o athrawon ysgol wedi gorfod mynd i'r lluoedd. Felly, bu rhaid i'r ysgolion ailgyflogi rhai o'r athrawesau a oedd wedi eu diswyddo wrth briodi. Cafodd

Mam swydd yn Ysgol Pwllheli ond rhwystrodd ei hiechyd hi rhag ailddechrau dysgu. Mae'n resyn.

Rhag cyrchoedd awyr

Nodwedd arall oedd Gwardeiniaid y Cyrchoedd Awyr, neu'r *ARP*. Dynion a grwydrai'r strydoedd ar ôl iddi dywyllu, yn awchu am ddod o hyd i agen yn llenni'r blacowt. Os ceid cip ar y fath agen, bloeddiai'r warden hyd nerth ei ben, *'Put that bloody light out!'* Am ryw reswm ni chlywais erioed mo'r gorchymyn hwn yn Gymraeg: Saesneg oedd iaith Awdurdod i bawb a phopeth, hyd yn oed yn y Gymru Gymreicaf.

Ar gopa'r tir uchaf yn Nefyn, Pen Bryn Hobwrn, lleolid pencadlys Corff yr Arsyllwyr (yr *Observer Corps*). Yr oedd dau neu dri ynddo drwy'r nos, bob nos, trwy gydol y Rhyfel. Y bore wedyn sgrifennid eu hadroddiad am yr hyn oedd wedi digwydd yn ystod y nos. Yn ddi-feth, a diolch am hynny, *'Nothing to report'* fu hi yn Nefyn, o'r dechrau i'r diwedd. Ac eithrio un brawd, rhyfelgar ei naws, a sgrifennai bob tro: *'Heavy gunfire in all directions.'*

Roedd gan Ysgol Sir Pwllheli ei Swyddog Cyrchoedd Awyr ei hun. Hwnnw oedd yr athro Mathemateg a Materion Cyfoes, Caradog Jones, sylfaenydd Cymdeithas Addysg y Gweithwyr (yr *WEA)* yn Llŷn. ('Seu' oedd ein henw ni arno, am mai dyna oedd ei ynganiad Saesneg unigryw o'r llythyren 'C' neu 'Sî'.) Lleolid yr Ysgol ar ben bryn uwchlaw tref Pwllheli lle mae Coleg Meirion-Dwyfor yn awr. Ar un ochr i'r llethr a redai tuag i lawr, yr oedd planhigfa goed. Yn 'guddiedig rhag y gelyn', dan frigau'r coed, ceid nifer o ffosydd ar ffurf ffosydd milwrol. Pan ddeuai Mr Jones o gwmpas yr ysgol yn seinio chwythiadau byr, bachog ar ei whistlen, dyna oedd yr arwydd i'r holl ysgol, ddosbarth wrth ddosbarth, gerdded yn hamddenol allan o'r adeilad ac i lawr i'r ffosydd.

Yna, pan fyddai'r ffug-gyrch awyr drosodd, chwibanai Mr Jones nodyn hir, a dychwelai pawb i'r dosbarth. Neu dyna oedd yr egwyddor. Yn ymarferol, byddai'r ymarfer yn cychwyn yn unol â'r rheolau ond ar ôl y 'cyrch awyr' yr oedd y plant wedi diflannu trwy'r goedwig i lawr i'r dref neu i chwarae mig o goeden i goeden ac o ffos i ffos. Yn fyr, unwaith yr oedd yr holl ysgol wedi diflannu i'r coed, roedd yn amhosibl cael y disgyblion yn ôl i drefn. Byddai

Mr Pierce y Prifathro ('Y Bós', neu 'Bós Bach') yn taranu ac yn cansenu y bore trannoeth ond digwyddai yn union yr un peth yn y 'cyrch awyr' nesaf. Mae lle i ddiolch na chawsom erioed gyrch awyr go iawn.

*   *   *   *

Ailgydiwyd yn ein cwlwm teuluol Canadaidd adeg y brwydrau awyr ffyrnig a marwol ym 1940-41. Un o frodyr Mam oedd Yncl Bob, o Toronto. Roedd gan Bob ferch, Betty, ac roedd hithau'n briod â Laurie Cryderman, a hwnnw, erbyn 1940, yn beilot yn y Llu Awyr. Nid oedd ganddo unman yn Ngwledydd Prydain i roi ei ben i lawr. Felly, pan gâi seibiant, gwahoddem ef i ddod atom i Nefyn; bu acw ddwywaith. Ar yr 8fed o Ionawr, 1941 saethwyd ei *Hurricane* i lawr dros Fôr y Gogledd ac ni ddaethpwyd o hyd i'r awyren nac i'w gorff. Yr eironi oedd bod *'Cryderman'* yn ffurf Seisnigedig o'r enw Almaenig *'Kreidermann':* mewnfudwyr i Toronto o Bafaria oedd ei rieni.

*   *   *   *

Er fy mod i'n credu fod Mam yn ddynes a hanner roedd hi'n medru mynd yn groes iawn i'm graen i ar adegau. A minnau tua'r tair ar ddeg, yr oeddwn wedi cael gwisgo trowsus llaes am y tro cyntaf – uchelgais pob bachgen o'm hoed. Ond wedi i mi ei wisgo am ddau dymor ysgol, y Nadolig a'r Pasg, pan ddaeth tymor yr Haf mynnodd Mam fy mod i'n mynd yn ôl i drowsus cwta. Roeddwn i'n gynddeiriog. Mi stranciais; mi es ar streic; mi hefrais ac mi bwdais. Roedd gwisgo trowsus cwta yn un peth, ond roedd mynd yn ôl i drowsus cwta ar ôl bod mewn trowsus llaes yn rhoi halen ar friw. Roeddwn i'n destun gwawd i'm cyfoedion. Ond methodd Mam â deall, a hi a orfu. Mae darlun ohoni efo 'mrawd a minnau wedi'i gynnwys yn y gyfrol hon. Mae'r olwg ar fy wyneb yn y darlun hwnnw yn ei gwneud yn amlwg i bawb fy mod i'n flin fel tincer yn fy nhrowsus cwta.

'Preswylio'
Ar ôl i mi fod yn Ysgol Pwllheli am ryw ddwy flynedd, cafodd Mam ehediad meddwl. Wedi darllen rhyw hysbyseb yn *John*

O'London's Weekly yr oedd hi, mi gredaf, a darganfod fod yna ysgol breswyl ('ysgol fonedd' ddywedai rhai) yn cynnig ysgoloriaethau, trwy arholiad, i fechgyn o'm hoed i. Ar ôl i'm rhieni drafod y mater, dywedwyd wrthyf eu bod yn trefnu i mi sefyll arholiad o'r fath. Yr ysgol dan sylw oedd Ysgol Rydal, Conwy. Bae Colwyn oedd ei safle arferol, ond gan fod y Weinyddiaeth Fwyd wedi bachu pob adeilad o faint yn y dref honno dros y Rhyfel, yr oedd mewn cyn-westy o'r enw *Oakwood Park*. Mae Parc Oakwood tua milltir a hanner allan o Gonwy, ar yr hen brifffordd sy'n arwain dros Fynydd Conwy ac i lawr Bwlch Sychnant i Ddwygyfylchi a Phenmaen-mawr.

Nid wyf yn cofio cael unrhyw ddewis yn y mater; yn y dyddiau hynny y rhieni a benderfynai ac nid lle'r plant oedd dadlau na gwrthryfela. Aethpwyd â fi i Gonwy i sefyll yr arholiad. Yr oedd tua dwsin yn ymgeisio ond fi a enillodd yr Ysgoloriaeth. Mae'n rhaid cyfaddef, bu i mi ddifaru droeon wedi hynny nad oeddwn wedi bwriadol-fethu.

Felly, ym mis Medi 1942, i Rydal â fi. Yr oedd rhaid wrth bob math o lifrai ar gyfer y gwahanol weithgareddau, megis rygbi, criced ac ati, heblaw dillad ysgol cyffredin. Gan fod rhaid wrth gwponau i brynu dillad, roedd yn arferiad eu prynu'n ail-law gan fechgyn mwy. I gyrraedd yr Ysgol, roedd rhaid wrth fws i Bwllheli, trên i Afon-wen, trên arall i Fangor a thrên drachefn i Gonwy. Yna dôi cerbyd yr Ysgol i Orsaf Conwy i'n mofyn. Taith diwrnod cyfan.

Yn wahanol i Bwllheli, doedd neb o'r staff yn medru dim Cymraeg nac yn malio botwm. Yr oedd un eithriad, y Dr Oliver ('Oily') Edwards, yr athro Cerddoriaeth, a dorrodd air â mi unwaith – am y tro cyntaf a'r olaf – yn Gymraeg. Saeson o'r Saeson oeddynt, un ac oll. Ac o'r bechgyn, rhyw bump neu chwech gan mwyaf a fedrai air o Gymraeg, ond cael bod yn Saeson o'r Saeson oedd nod y Cymry hynny hefyd. Doedden nhw ddim i gyd yn Saeson o Loegr, chwaith. Yr oedd llawer o'u plith â'u cartrefi yn nhrefi arfordir y Gogledd, o Landudno i'r Fflint. A chyfenwau Saesneg ganddynt, un ac oll. Os clywent un o'r Cymry eraill a minnau yn torri gair mewn Cymraeg, gwawd a dirmyg fyddai hi'n syth bin. A ninnau yn Sir Gaernarfon, sonient am *'here in England'*. Ni theimlwn dan unrhyw anfantais bersonol nac ieithyddol yn wyneb y foddfa Saesneg ond, rhywsut, synhwyrwn nad fel hyn y dylai pethau fod.

Dygymais yn iawn â'r gwaith academaidd. Hynny yw, 'iawn'; dim gwell a dim gwaeth. Ond methais â dygymod â'r rygbi gorfodol, a'r criced gorfodol. I mi, roedden nhw'n artaith; rheitiach gennyf fyddai bod mewn rhyw gornel ddistaw yn darllen llyfr. Dechreuais gael gafael ar lyfrau Cymraeg, a darllen y rheini. Hynny yw, ystyfnigais, a hynny o fwriad.

Un diwrnod cyhoeddodd yr hysbysfwrdd, yn ôl yr arfer, mai testun y Caplan i'w bregeth yng nghapel yr ysgol un nos Sul fyddai: 'The greatest man in the World'. A minnau newydd fod yn darllen am Albert Schweitzer, roeddwn i'n sicr mai fo a fwriedid. Roedd pawb arall yn meddwl ei bod yn hunan-amlwg mai Winston Churchill oedd gŵr mwya'r Byd. Heriwyd fi i roi bet, a betiais y cyfan a feddwn: dau swllt. Pan ddaeth y Sul, Albert Schweitzer oedd dewis y Caplan. Ceisiais gasglu fy enillion ond gwrthodwyd talu sentan i mi gan ei bod yn 'amlwg' fy mod yn gwybod ymlaen llaw ac felly fy mod i wedi twyllo. Ond serch hyn oll, roedd gen i nifer o ffrindiau digon hoffus, a digon triw, ymhlith y staff a'r bechgyn eraill.

Unwaith erioed y clywais i George M LL Davies yn siarad, ac yn yr Aelwyd, Caernarfon, y bu hynny. Yr oedd Mam am i mi ei glywed, a sgrifennodd at y Prifathro i ofyn caniatâd i mi ddod draw i Gaernarfon i'r cyfarfod. Cytunodd y Prifathro ond tan rwgnach.'I understand this man is a pacifist agitator,' oedd ei sylw. Ac yntau, y Prifathro, yn Weinidog Wesleaidd!

Bu 'Nain' farw ym 1944. Rhoddwyd hi i orwedd yn yr un bedd â'i dau frawd ym Mynwent Bethesda, Manod. Cefais ganiatâd yr Ysgol, a'r pres teithio, i fynd efo'r trên o Gyffordd Llandudno i'r Blaenau i'w hangladd.

A hithau'n ddechrau 1945, yr oeddwn ar dir i sefyll arholiadau'r Matríc yr haf hwnnw. Ym Mawrth, ychydig ar ôl ei ddyrchafu'n Iarll, bu farw Lloyd George. Claddwyd ef Ddydd Gwener y Groglith. Aeth criw ohonom, yn fechgyn a merched o Nefyn, draw ar ein beiciau – pellter o ryw ddeuddeng milltir bob ffordd. Yr oedd Gwenan, hithau (na ddeuthum i'w hadnabod am flynyddoedd wedi hynny) yno hefyd, ynghyd â chriw cyffelyb o feicwyr o Borthmadog. Roedd y ffyrdd a'r meysydd yn ddu gan filoedd o bobl. Ond un gŵr nad oedd ynddo, a phawb yn chwilio i'w weld, oedd Winston Churchill, y Prif Weinidog. 'Ddaru o ddim hyd yn oed ddŵad i'w gladdu,' oedd y farn feirniadol y clywais ei lleisio. Yr oeddwn wedi mynd â chamera i'm canlyn. Pan geisiais ddringo rhyw goeden i gael gweld yn well ceisiodd rhyw blismon fy stopio. *'Daily Post,'* meddwn wrtho; newidiodd ei agwedd yn syth, a helpodd fi i gyrraedd y brigau uchaf.

Ond nid sôn er mwyn sôn am angladd LL-G a wneuthum. Ers iddo ymddeol o Dŷ'r Cyffredin, yr oedd Isetholiad wedi'i chyhoeddi ym Mwrdeistrefi Arfon. A dau ymgeisydd, yr Athro D Seaborne Davies, Pwllheli a Phrifysgol Lerpwl (Rhyddfrydwr), a'r Athro J E Daniel, Bala-Bangor (Plaid Cymru). Oherwydd y 'cadoediad' gwleidyddol rhwng y pleidiau yn ystod y Rhyfel, nid oedd Tori na Llafurwr yn ymgeisio. Wrth i ni seiclo draw i Lanystumdwy, clywais fod pob un o'm cyd-feicwyr, yn sgîl yr Isetholiad, wedi ymuno â Phlaid Genedlaethol Cymru, ys gelwid hi. Fore trannoeth, euthum i Swyddfa Etholiad y Blaid ym Mhwllheli ac ymunais innau.

Felly, gan wisgo triban y Blaid Genedlaethol â balchder yr euthum i'n ôl i Rydal. Pan ofynnwyd i mi *'What's that?'*, dywedais wrthynt yn herfeiddiol beth ydoedd. Roedd eu hagwedd hwy, a'm hagwedd innau erbyn hynny, yn peri i mi sylweddoli na ddymunwn aros yn Rydal ac na fynnai rhai yn Rydal ychwaith i mi wneud. Cefais sgwrs stormllyd â'm rhieni ynghylch y mater, a'r diwedd fu i mi drefnu y byddwn yn gorffen fy arholiadau Matríc ac yna yn gadael. Yr oeddwn i'n hollol benderfynol o fynd, hyd yn oed pe bai'n golygu bod fy ngyrfa addysgol yn dod i ben yn gyfan gwbl.

Ond gwneuthum gais i'm derbyn yn ôl i Ysgol Pwllheli, a bu'r Prifathro newydd, Mr R E Hughes, ar ôl iddo glywed yr hanes, yn fodlon fy nerbyn. Felly, bu i mi fwrw fy nwy flynedd Chweched Dosbarth yn Ysgol Ramadeg Pwllheli ac yn llawer mwy dedwydd fy myd. Pan gefais ganlyniad y Matríc ym mis Awst, yng Ngwersyll yr Urdd, Llangrannog yr oeddwn pan ddaeth y telegram. Nid yw'n ormodiaith i mi ddweud mai fy nghyfnod yn Rydal oedd y lleiaf boddhaus a boddhaol o'm hoes. Rai blynyddoedd yn ddiwedd-arach, addysgwyd Dafydd Wigley, yntau, yn Rydal. Meddai, yn ei gyfrol *O Ddifri* (1992), am yr ysgol hon:

Ceisiodd fy nghyflyru i fod yn Sais, a'm troi'n fwy o Gymro na phe bawn wedi aros gartref. Cefais fy mwydo ag athroniaeth Geidwadol, neu ar y gorau Ryddfydol-Seisnig, a deuthum oddi yno yn genedlaetholwr Cymreig. Efallai fod yna ryw gyfiawnhad i sefydliadau o'r fath wedi'r cyfan!

... does wybod na fu dylanwad yr ysgol ei hun yn gwbl groes i'r disgwyl a bod byw ymhlith dau gant a hanner o Saeson dosbarth canol wedi peri imi dyfu'n dipyn mwy o Gymro na phe bawn yn ysgol 'County' Caernarfon ar y pryd! Mae'n ddifyr sylwi cynifer o bobl a gafodd addysg debyg i mi sydd wedi troi'n genedlaetholwyr Cymreig.

*   *   *   *

Ychydig wedi diwedd y Rhyfel yn Ewrop bwriodd y cwlwm Canadaidd ei gysgod drosom unwaith yn rhagor. Daeth fy Yncl Bob i Nefyn mewn lifrai caci â'r gair 'Canada' ar bob ysgwydd. Cyn dod i Uwch-y-Don piciodd i mewn i dafarn Yr Heliwr lle ceisiodd werthu llond braich o wastshys-arddwrn yr oedd wedi'u cael ar y Farchnad Ddu yn yr Almaen. Bu wrthi'n brolio ei fod yn frawd i Mrs Lewis y Banc. Pan glywodd Nhad – y blaenor parchus a'r bancar sydêt – am hyn, aeth yn gandryll ulw. Ni chafodd Yncl Bob groeso cynnes na hir!

Plaid ac Eisteddfod

Ddiwedd Gorffennaf 1945 euthum i Ysgol Haf y Blaid yn Llangollen. A minnau'n bymtheg oed, yr oeddwn yn iau na'r mwyafrif a oedd yno, llawer ohonynt yn fyfyrwyr colegau. Medraf gofio mai yno y cyfarfûm i am y tro cyntaf â niferoedd o bobl y deuthum i'w hadnabod yn well, ambell un yn dda iawn, yn y blynyddoedd wedyn. Byddaf yn taro ar rai ohonynt o dro i dro – yn yr Eisteddfod gan amlaf – hyd yn oed heddiw. Mae llawer ohonynt, ysywaeth, wedi mynd.

Dyma restr enghreifftiol: Tudur a Gwenllian Jones, Dewi Watkin Powell, Glyn James, John Glyn Jones a Phyllis, Huw Jones ('Huw bach'), Islwyn Ffowc Elis, John Gwilym Jones, Eic Davies, Trefor Morgan, Lisa Rowlands, Gwilym Prys Davies, Robin Williams (ROGW), O T L Huws, Percy Ogwen Jones, Elis Gwyn Jones a Threfor ac Eileen Beasley. Heb sôn, wrth gwrs, am hoelion wyth y

Blaid: Gwynfor Evans, a etholwyd yn Llywydd yn yr Ysgol Haf honno, J E Jones, J E Daniel, Ambrose Bebb, Elwyn Roberts, Kitchener Davies, a'r anfarwol D J Williams, Abergwaun. Cofiaf DJ yn siarad mewn un drafodaeth ac yn sôn sut y bu ef ym mhob un o Ysgolion Haf y Blaid o'r cychwyn cyntaf, 'ar wahân i un flwyddyn, *pan oeddwn yn cymeryd seibiant.'* Bron na fedrid teimlo waliau'r neuadd yn crynu gan y chwerthin.

Yn ôl yr arfer bryd hynny, ac am flynyddoedd wedyn, cynhaliai'r Blaid ei Hysgol Haf y penwythnos cyn yr Eisteddfod Genedlaethol, ac mewn tref heb fod ymhell o dre'r Brifwyl. Yn Rhosllannerchrugog yr oedd Eisteddfod 1945. Penllanw'r wythnos i mi, megis i laweroedd, oedd cael bod yn y Pafiliwn i weld y Cadeirio. Ar wahân i'r hanner cip yng Nghaernarfon ddeng mlynedd ynghynt, dyma'r tro cyntaf i mi weld a sawru'r Orsedd yn ei holl ogoniant. Doeddwn i fawr feddwl y byddwn i'n gwein-yddu'r ddefod fy hun ragor na hanner canrif yn ddiweddarach. Crwys oedd yr Archdderwydd, ond yr hynafgwr Elfed, a oedd yn 85 oed ar y pryd, yw'r un a gofiaf.

Yn dilyn gollwng yr ail fom atomig ar dir Siapan, darfu Rhyfel y Dwyrain Pell yn ddisymwth. Cyhoeddwyd bod y Rhyfel ar ben gan Crwys yn ystod Seremoni'r Cadeirio. Dyma'r cyn-Archdderwydd Elfed, yn ei wisg aur – yn hen, yn ddall a musgrell – yn ymlwybro i flaen y llwyfan a dweud, mewn llais fel cloch: 'Gweddïwn.' Wedi'r weddi canwyd 'Cyfamod hedd, cyfamod cadarn Duw.' Ac wrth i Grwys gadeiro Tom Parri Jones, a gofyn 'A oes Heddwch?', bloeddiodd y dorf – a minnau yn eu plith – 'HEDDWCH!' nerth ein pennau mewn modd nas clywyd na chynt na chwedyn.

Pennod 4

CAM GWAG
(1945-1950)

Y Chweched

Ym Medi 1945, dychwelais i Ysgol Pwllheli, yn hŷn a mymryn –
gobeithio – yn aeddfetach. Cewch chi farnu hynny. Ond roedd
Ysgol Pwllheli wedi'i gweddnewid. I ddechrau, cawsai brifathro
newydd, Mr R E Hughes ('Y Bós'), taid i'r Prif Lenor Angharad
Tomos. Roedd eisoes wedi rhoi stamp ei Gymreictod ar yr ysgol ac,
wedi absenoldeb o dair blynedd, sylwais hynny ar unwaith. Y
Gymraeg oedd iaith yr athrawon tuag at y plant bellach, ac eithrio
ambell un. Anodd yw tynnu cast o hen ddeinosor.

A minnau ar fin cychwyn dwy flynedd yn y Chweched yr oedd
nifer fy mhynciau wedi eu lleihau i dri: Hanes, Ffrangeg a Saesneg.
At hynny cefais ganiatâd i fynychu dosbarthiadau Cymraeg Mr
Ednyfed Jones ond heb gwmwl Arholiad uwch fy mhen. Y
brifathrawes, Miss Muriel Price ('Begw') a Mr T M Bassett ('Licrish')
a ddysgai Hanes; Miss Catherine Griffith ('Tattie') oedd fy athrawes
Ffrangeg.

John Gwil

Ond y sawl y cefais y fraint o eistedd wrth ei draed i ddysgu
Saesneg oedd neb llai na Mr John Gwilym Jones ('Joni'). Megis
llaweroedd a fu'n eistedd wrth ei draed ar hyd ei yrfa, rwy'n
gadarn o'r farn mai ef oedd yr addysgwr mwyaf ysbrydoledig a
gefais erioed, trwy ysgol a choleg fel ei gilydd. Dim ond John Gwil
fyddai â'r hyder a'r dychymyg i ddefnyddio'r Gymraeg i ddysgu

llenyddiaeth Saesneg; darlithio ar lenyddiaeth Gymraeg yn Saesneg y byddai hyd yn oed John Morris-Jones.

Droeon aeth John Gwil â ni i Lerpwl i weld dramâu, gan ennyn trafodaethau diddorol a'n dysgu i werthfawrogi beth oedd beth ar lwyfan. Cofiaf Peter Ustinov yn *The Love of Four Colonels*, yr unig dro i mi ei weld yn y cnawd. Hefyd John Gielgud, Renée Asherton, Laurence Olivier, Wendy Hillier a sêr cyffelyb. Cofiaf hefyd fynd i weld rhai o weithiau John Gwil ei hun, ac yntau'n cynhyrchu. Yr oedd gan Gwmni Drama Coleg Bangor yr enw o fod yn un o'r goreuon yng Nghymru ar y pryd. A minnau eisoes wedi 'gwneud' *Macbeth* yn Rydal ar gyfer y Matríc, yr oedd hynny o fudd mawr pan astudiais hi drachefn ar gyfer yr Arholiad Uwch. Credwch fi, roedd tair blynedd o *Macbeth* yn dalp go drwm i'w dreulio.

*   *   *   *

Un tro, awgrymodd John Gwil i ni y carem, efallai, drio'n llaw ar stori fer, yn Saesneg. Ac mi wnaethom. Ymhen deuddydd, dywedodd ei fod am gael gair â mi. Roedd wedi darllen fy stori, a'i mwynhau, meddai. Awgrymodd ei throsi i'r Gymraeg a'i hanfon i'r Eisteddfod Genedlaethol (dan 18 oed). Gwnes innau hynny. Edrychodd JGJ arni a chywiro ambell gamgymeriad, ac i mewn â hi.

Kate Roberts oedd yn beirniadu. Ar ôl traethu, dyfarnodd y wobr. Yna, ychwanegodd: 'Eithr mae yna un stori arall, sy'n haeddu sylw.' Ond serch bod honno ymhell ar y blaen i bob stori arall yn y gystadleuaeth, meddai, nid oedd yn bosibl i neb dan ddeunaw fod wedi ei sgrifennu. Stori gan rywun hŷn a mwy profiadol ydoedd. Bwriodd hi allan o'r gystadleuaeth yn ôl ei barn a'i mympwy ei hun heb ymgynghori â neb.

Ond roedd John Gwil yn y Babell Lên yn gwrando arni. Cododd ar ei draed. Dywedodd wrth Kate Roberts a'r gynulleidfa ei fod yn adnabod y cystadleuydd; fod hwnnw yn un o'i ddisgyblion; ei fod wedi cael gweld y stori ymlaen llaw ac mai yn ôl ei awgrym ef yr anfonwyd hi i'r gystadleuaeth. A sicrhaodd bawb fod yr awdur – cyhoeddodd fy enw – dan ddeunaw oed. Yna eisteddodd gan adael y gynulleidfa'n syfrdan, braidd.

Atebodd KR yn swta: 'Yr ydw i wedi beirniadu'r gystadleuaeth;

wedi gwneud fy nyfarniad, ac wedi ei thraddodi. Dyna ddiwedd y mater.' Ac felly y bu. Ni cheisiais sgrifennu dim o bwys am flynyddoedd wedyn. Serch hynny, ymhen hir a hwyr, ailgydiais, gan gyhoeddi'r stori honno ugain mlynedd yn ddiweddarach. Ond hanesyn arall, a gwahanol, yw hwnnw.

Ffrancod

Dim ond ym 1946 y daethai'n bosibl, am y tro cyntaf ers 1939, i deithio dramor. Ailddechreuodd ysgolion drefnu 'pythefnos gyfnewid' – o gartref i gartref – gyda disgyblion o Ffrainc. Bûm yn un o'r rhai cyntaf i fedru manteisio ar hynny, dros wyliau'r Pasg. I Baris yr euthum, at y teulu André. Daeth eu plant, François, Lucette, Michel a Tanie fel brodyr a chwiorydd i mi. Gan eu bod hwy'n bedwar, a minnau dim ond yn un, buont draw un ar ôl y llall yn Nefyn. Treuliais innau bedwar cyfnod yn eu fflat yn y Boulevard Raspail ac yn y cartref teuluol yn Thiviers gerllaw Chantilly. Yno, cefais fynd i wylio rasus ceffylau – unwaith, am yr unig dro erioed, ond fe wyddwn i eisoes fod un ceffyl yn medru rhedeg yn gyflymach na cheffyl arall. A byddinoedd Hitler wedi meddiannu Paris, ni fu cyfle i'r plant André ddysgu dim Saesneg; felly rhoddwyd fi ar waith i ddysgu'r iaith honno iddynt, a'r gwersi hynny yn dâl am fy nghadw.

Pan ddaeth François i Nefyn i aros, euthum ag ef i Eisteddfod Genedlaethol Pen-y-bont ar Ogwr. Gyda'r trên y teithiem, a'n bwriad oedd mynd trwy Aberystwyth, Caerfyrddin ac Abertawe er mwyn iddo gael gweld rhai o ryfeddodau Cymru, pe na bai ond o drên. Pwy ddaeth i'r trên atom ym Minffordd ond neb llai na Bob Owen Croesor. Gwyddwn pwy oedd, wrth gwrs. I Ben-y-bont y teithiai yntau hefyd, ond trwy Riwabon, a thros y ffin i lawr i'r De – taith lawer mwy cyfleus. Ceisiais dynnu ei goes ein bod ni'n dau yn fwy triw i Gymru yn trafaelio o un rhan i'r llall heb groesi'r ffin: rhoddodd hynny gaead ar biser Bob am tua thair eiliad. Buom wrthi'n sgwrsio – neu Bob yn sgwrsio – tan ebychu bob rhyw bum munud wrth François, 'Iw yndyrstand, ies?' cyn bwrw iddi drachefn. Ar ôl iddo newid trên yng Nghyffordd y Bermo, gofynnodd François i mi pwy a beth oedd y dyn bychan, rhyfedd yma. Sut ar y ddaear y medrai neb 'egluro' Bob Owen Croesor i ddieithryn mewn Ffrangeg? Neu mewn unrhyw iaith arall o ran hynny.

Un o'r mannau eraill y llwyddais i gael mynd â François ydoedd Chwarel yr Oakeley, Blaenau Ffestiniog. Trefnwyd hynny trwy rhyw gysylltiad oedd gan Mam yn y Blaenau. Cawsom groeso cynnes gan Reolwr y Chwarel, Gwilym Humphreys. Doeddwn i fawr feddwl yr adeg honno y byddwn i rhyw ddydd yn dod i adnabod ei ferch, Gwenan, ac y byddem yn priodi'n gilydd.

Yn Ffrainc hefyd, sylwais fod arferion gweddïo'r Catholigion a'r Protestaniaid yn wahanol mewn un nodwedd (i mi), na wyddai neb mo'r rheswm amdano. Wrth weddïo, dywed y Catholigion *'Vous'* (Chi) wrth Dduw, tra dywed y Protestaniaid *'Tu'* (Ti). Dau gysyniad gwananol, sef 'parch' ac 'agosatrwydd', mi dybiaf. Yng Nghymru, 'Ti' a weddïir gan Babydd a Phrotestant fel ei gilydd. Gyda'r teulu André, *vous* a ddywedwn wrth y ddwy chwaer, a *tu* wrth y ddau frawd. Felly yr oedd pethau yng Nghymru hefyd yr adeg hynny.

Cadlanciau

Serch bod y Rhyfel drosodd yr oedd catrawd y Cadlanciau Awyr (yr *ATC*) yn dal mewn bod ac mewn bri. Prif swyddog ardal Pwllheli a Llŷn oedd Mr T H Jones, yr athro Cemeg, a bregethai yn Gymraeg ond a lynai wrth y Saesneg yn yr Ysgol. Mae'n amlwg fod un mater yn dân ar ei groen: nid oedd ond rhyw ddau o fechgyn y Chweched Dosbarth wedi gweld yn dda i ymuno. Rhai o'r tu allan oedd aelodau ei gatrawd, bron i gyd. Un diwrnod penderfynodd geisio recriwtio. Galwodd holl fechgyn y Chweched i'r labordy lle teyrnasai. Dechreuodd ganu clodydd y Cadlanciau Awyr a sôn am 'wladgarwch, cyfrifoldeb a dyletswydd' dynion ifanc fel ni. Yna gofynnodd i ni, fesul un wrth ein henwau, i listio.

Y cyntaf i'w holi oedd 'Gwilym Hendri' o'r Ffôr (wedi hynny yr Athro a'r Parchedig Ddoctor Gwilym H Jones, Bangor). 'Rhyfygodd' Gwilym yn syth, wrth ei ateb yn Gymraeg. Ni chofiaf ei union eiriau, ond dywedodd ei fod yn Gristion, yn Gymro ac yn Genedlaetholwr, a bod yr athro a'i lifrai a'i Saesneg rhyfelgar a'i syniadau yn hollol groes i'r cyfan a gredai ef, Gwilym. Ychwanegodd y dylai Mr Jones, a bregethai'r Efengyl bob Sul, wybod yn amgenach. Aeth yr athro ymlaen i ofyn i'r gweddill ohonom, yn Saesneg, i ymuno. Yr unig ateb a gafodd gan bob un, yn Gymraeg, oedd 'Run fath â Gwilym, syr. ' Ni ddywedodd yr athro air yn rhagor, cerddodd allan wedi'i fychanu'n ulw. Nid oedd cystal recriwtiwr â John Williams, Brynsiencyn: tybed a oedd cystal pregethwr?

Cofiaf TH hefyd yn dod i Soar i bregethu un nos Sul, yn lifrai glas golau swyddog yn y Llu Awyr. Safodd Mr John Watkin-Jones, y Pen Blaenor, rhyngddo â phorth y Sêt Fawr a dywedodd wrtho am fynd i newid crysbas ei lu rhyfelgar cyn y câi esgyn i'r pulpud. Ymhen deng munud daeth TH yn ôl wedi cael benthyg siaced gan ŵr y tŷ capel.

Un arall a ddeuai i Soar yn ei dro oedd yr Athro J E Daniel, Pennaeth Coleg Bala-Bangor. Fel y cofia rhai, yr oedd ganddo fwstash o'r siâp a elwid yn 'fwstash brwsh-dannedd' – nid yn annhebyg i un Elfyn Llwyd. Un nos Sul, a'r gwasanaeth drosodd, safodd i'n gollwng gyda'r 'Gras ein Harglwydd' arferol. Cododd ei fraich dde yn lletraws yn arwydd o'r fendith. Yn syth bin, dyma lais o'r cefn yn galw: *'Sieg Heil!'.* Ac yn wir, yr *oedd* o'n atgoffa dyn o Hitler ar yr amrant. Am unwaith, nid myfi oedd wedi tramgwyddo, er y buasai yr union fath o beth y byddwn wedi'i wneud, pe bawn i wedi meddwl am y peth.

Yr Urdd

Yn hytrach nag unryw gadlanciau rhyfelgar, mil gwell oedd gennym Urdd Gobaith Cymru. Sefydlwyd Aelwyd yma yn Nefyn, a chofiaf – ddwywaith – fod yn un o fintai a gerddodd i fyny'r Wyddfa i weld codiad haul. Y tro cyntaf, llafurus-gludais ddwy botel *Corona* o ddŵr i'm canlyn, dim ond i ddarganfod fod yna ddigonedd o ddŵr yfed i'w gael, yn rhad ac am ddim, ar y copa.

Bûm yn gwersylla yn Llangrannog. Arferwn fynd rhyw ddiwrnod neu ddau'n gynnar, ac aros yn Tremle, tŷ Anti Sera ac Wncwl John, cefndryd i Nhad. Roedd John Lewis yn fargyfreithiwr ac wedi treulio peth amser yn y Gwasanaeth Sifil yn yr Aifft ond bellach, ac yntau wedi ymddeol, roedd yn athro Lladin yn Ysgol Castellnewydd Emlyn – neu 'Castell-newi' ys gelwir y lle. Nid oedd ganddo enw mwy rhamantus gan y plant na 'Lewis *Latin*' – ro'n i'n siomedig, braidd.

Mae fy atgofion o Wersyll Llangrannog yn fwynhad pur. Bron na fedrwn i sgrifennu llyfr ar y gwersylla'n unig. Ond mae'n ddigon i mi sôn fy mod i wedi cyfarfod rhai yno y bûm yn gybyddys â hwy byth wedyn. Megis Goronwy Wynne a W J Jones (Caerdydd): ac yn swyddogion arnom, Aled Rhys Wiliam, Gwyn Williams (BBC wedyn), John Roberts (yr Eisteddfod wedyn), Bobi Gordon, Tomi Scourfield ac Alwyn Samuel.

Aeth yr Arholiadau Uchaf rhagddynt yn ddidramgwydd. Cefais fân-ysgoloriaeth i Aberystwyth i astudio Ffrangeg a Saesneg (ond bu Awdurdod Addysg Sir Gaernarfon mor grintachlyd â didynnu swm yr ysgoloriaeth o'm grant – felly, doeddwn i ddim elwach). Gan hynny, dros yr haf, 1947, gadewais yr ysgol ar y bryn a mynd i'r Coleg ger y Lli.

Aber

Pan aeth Mam i Aberystwyth ar ddiwedd y Rhyfel Mawr yr oedd yno ddwy 'genhedlaeth' o fyfyrwyr, sef y rhai a ddaethai yn syth o'r ysgol, a'r myfyrwyr 'hŷn'. Wedi dod adref o'r Rhyfel, neu o wasanaeth gorfodol o ryw fath yr oedd y rheini, ac roedd ambell un flynyddoedd yn hŷn na'r glasfyfyrwyr o'r ysgolion. Dyna hefyd oedd fy mhrofiad innau ar ôl yr Ail Ryfel. Yn wir, roedd ambell un flynyddoedd lawer yn hŷn na ni. Rhai yn briod, efo plant, wedi bod mewn swydd cyn y Rhyfel ac yn manteisio ar y cyfle o addysg prifysgol am y tro cyntaf.

Felly, deuthum i adnabod nifer yn Aber oedd o 'genhedlaeth' hŷn na mi. Rhai fel Gwilym Prys Davies, Gwyn Erfyl, Emlyn Hooson, Jâms Nicholas ac Eifion Roberts. Deuthum hefyd i adnabod to iau, megis Aled Lloyd Davies, Islwyn ('Gus') Jones, John Meredith, Elystan Morgan, John Morris ac Alwyn Roberts.

Roedd nifer o'r myfyrwyr hyn yn wleidyddol iawn eu naws, a'r cyfan yn fyfyrwyr cyfraith. Gwilym Prys yn Weriniaethwr; Emlyn Hooson a John Morris yn Rhyddfrydwyr; Elystan Morgan, John Meredith, Eifion Roberts a minnau'n Bleidwyr. Rwy'n nodi hyn, gan fod y saith ohonom wedi sefyll etholiadau Seneddol mewn blynyddoedd i ddod. Ond – yn achos pump ohonom – nid dros yr un blaid ag a gefnogem yn y Coleg!

Aeth Gwilym Prys at y Blaid Lafur: ef oedd gwrthwynebydd

Gwynfor Evans yn Isetholiad enwog Caerfyrddin ym 1966. Daeth John Morris yn Llafurwr hefyd, yn Aelod dros Aberafan, a daeth yn 'Dad' Tŷ'r Cyffredin ac yn Ysgrifennydd Gwladol Cymru. Y Senedd fu llwybr Elystan yn ogystal, nes i Geraint Howells ac yna'r Monwysion ei amddifadu o Sedd; daeth yn farnwr wedyn. Pleidiwr oedd Eifion hefyd ar un adeg, ond dros y Rhyddfrydwyr yr ymladdodd; daeth yntau'n farnwr. Dros Lafur yr ymleddais innau fy etholiad cyntaf. Dim ond dau o'n plith a fu'n driw i'w plaid wreiddiol ac a ymladdodd drosti: Emlyn Hooson a John Meredith. Erbyn hyn mae pedwar o'r saith yn Nhŷ'r Arglwyddi. Er gwell neu er gwaeth.

Un gweithgaredd gwleidyddol (yr ymunais ynddo'n frwd) oedd mynd i Rali yn Amwythig ym 1948 i brotestio yn erbyn bwriad newydd y Llywodraeth – a hithau'n llywodraeth Lafur! – i gipio 27,000 erw o dir ar gyfer meysydd ymarfer milwrol. Trefnwyd bws gan Gwilym Prys Davies, ac mae llun yn bodoli sy'n dangos Huw Jones, Dan Thomas (tad-yng-nghyfraith Gwynfor), Gwilym Prys, Islwyn Lake a minnau yn cario placardiau ac yn chwifio baner sy'n cyhoeddi 'HANDS OFF WALES!' Megis yn Nhryweryn a mannau eraill, ni chymerodd y Llywodraeth unrhyw sylw.

Mae'n anodd ymatal rhag rhoi pilsen fach i'r Rhyddfrydwyr. Os bu i chwi sylwi, mae'n haws newid plaid *o* fod yn Rhyddfrydwr – yn y canol rhwng pawb – a throi'n Dori, yn Llafur neu'n Bleidiwr. Roedd y cyfreithiwr T Vivian Lewis, Bangor, yn Rhyddfrydwr pan oedd yn fyfyriwr yn Lerpwl ond fel Tori yr ymladdodd am sedd Ynys Môn ddwywaith ym 1974. I'r pegwn arall, fel y gwyddom, yr aeth John Morris. Cofiaf y Cynghorydd Pat Larsen (*née* Burgess) a gynrychiolai'r Rhyddfrydwyr ar Gyngor Dinas Bangor; bellach mae hithau'n Bleidreg ymroddedig ers degawdau lawer. Ydw i'n feirniadol? Na, dim ond dweud.

Cadno dwy-olwyn

Yn ystod fy nghyfnod yn Aber, rhyddhawyd y ffilm wrth-hela *Gone to Earth*, gyda'r actores Jennifer Jones yn y brif ran. O ystyried thema a natur y ffilm, cafwyd anhawster mawr i berswadio unrhyw berchen ceffylau a chŵn hela i gymeryd rhan ynddi. O'r diwedd – am dâl sylweddol yn ôl y sôn – cytunodd Bertie Stephens, perchen helfa o Langeitho, iddynt ei ffilmio ef, ei gyd-helwyr, a'i anifeiliaid. Roedd y ffilm i'w dangos yn sinema'r Pier, Aberystwyth, a bu cryn hysbysebu ymlaen llaw. Un o'r atyniadau oedd fod Bertie Stephens a'i helfa gyfan, yn farchogion, ceffylau a chŵn – pawb ar wahân i'r llwynog – i ddod i Aber ac i orymdeithio o'r Pier ar hyd y Promenâd at Neuadd Alexandra yn y pen draw eithaf: hanner milltir dda, siŵr o fod.

Penderfynodd rhai o'r myfyrwyr y byddai'n fwy o sbort pe ceid 'llwynog'. Nid llwynog byw, wrth gwrs, ond cynffon cadno, wedi ei throchi mewn hylif hedyn anis, ar ben llinyn y tu ôl i feic. Roeddwn i yn berchen beic. Roedd fy nghyd-gynllwyniwr, Elystan Morgan, yn aros mewn digs lle'r oedd cynffon cadno ar y wal, y medrai gymeryd ei 'benthyg' yn ddiarwybod i wraig dda y llety. A dyna a wnaethpwyd. Gwlychwyd y gynffon â'r hylif a'i chlymu tu ôl i'r beic. Dechreuais innau bedalu'n araf ar hyd y prom, rhyw ugain llath o flaen y cŵn. Ond roedd gen i wynt cefn, felly doedd dim modd i'r cŵn arogli'r had anis. Pan gyrhaeddais ben draw'r prom, a throi'n ôl, cafodd yr helgwn lond eu ffroenau o anis. Dyma nhw'n dechrau drybowndian ar fy ôl, a'r ceffylau'n eu dilyn, gyda Bertie Stephens yn bloeddio rhegfeydd y greadigaeth.

Ofnwn am foment fod y cŵn yn mynd i neidio arnaf a'm llarpio; wedi'r cyfan, roedden nhw'n gŵn hela. Beth ar y ddaear a wnawn? Dyma droi i'r chwith ger Neuadd y Brenin ac i mewn i Ffordd y Môr (*Terrace Road* yr adeg hynny). Ar hyd y stryd honno nes cyrraedd *Woolworth*. Doedd dim modd mynd ymhellach oherwydd y traffig a ddôi i'm cyfarfod. Felly, i mewn â mi i *Woolworth*, gan ddal i reidio'r beic, â'r haid cŵn ar fy sodlau. Yno, daeth y beic a minnau i stop pendramwnwgl. Neidiodd y cŵn arnaf gan fy llyfu'n chwaraegar a siglo'u cynffonnau. Roedden nhw i gyd yn gyfeillgar a chwareus: mae'n deg ychwanegu nad felly Bertie Stephens. A bod yn onest, doeddwn i ddim wedi bwriadu adrodd yr hanes yma o gwbl. Ond pan glywodd Gwyn Thomas (ie, yr Athro a'r Bardd Cenedlaethol) fy mod i'n sgrifennu hunangofiant – ac yntau'n digwydd gwybod y stori – dywedodd bod rhaid i mi ei chynnwys. Felly, dyma fi wedi ufuddhau, Gwyn (*Syr!*). O leiaf, cafodd *Gone to Earth* a Bertie Stephens, fel ei gilydd, lawer mwy o gyhoeddusrwydd na'r disgwyl.

Tynnu'r gorchudd

Yn ystod fy mlwyddyn gyntaf lletywn yn Neuadd Pumlumon (a enwid *Plynlymon Hall*, neu *'Plyn'*). Y warden oedd y Doctor T P Williams, o Benmaen-mawr, darlithydd mewn Almaeneg; bu'n arwain un o deithiau'r Urdd i'r Swistir cyn y Rhyfel. Penodwyd ef yn Athro Almaeneg yng Nghaerdydd yn ddiweddarach. Y sôn amdano oedd ei fod yn rhugl mewn ugain o ieithoedd ond nad oedd ganddo fawr ddim i'w ddweud yn yr un ohonynt.

Un o fyfyrwyr *Plyn* oedd bachgen hollol ddall, Lewis Jones o Ddinas Mawddwy. Llwyddodd i ymdopi â'i ddallineb mewn modd mor ddeheuig ag unrhyw David Blunkett. Roedd Lewis yn giamstar ar ei deipiadur *Braille*, a darllenai ei gwyddor yn hollol ddidrafferth. Pan fyddai angen, arferai'r gweddill ohonom, yn ein tro, ddarllen yn uchel iddo tra gwnâi yntau nodiadau mewn *Braille* wrth iddo wrando.

At hynny, meddai set o ddarnau gwyddbwyll, y medrai eu hadnabod wrth gyffwrdd nobyn bach ar bennau'r darnau duon: roedd y darnau gwynion yn ddinobyn. Chwaraeai'r gêm yn well na neb arall yn *Plyn*, i'r graddau y medrai hyd yn oed 'gofio' pob symudiad heb orfod cyffwrdd â'r darnau o gwbl. Cofiaf ddweud wrtho, pe bai dau a feddai'r un ddawn cofio yn chwarae yn erbyn ei gilydd, y medrent wneud hynny trwy ddefnyddio'r cof yn unig heb fod angen na bwrdd na darnau. Chwarddodd Lewis ond cyfaddefodd na fyddai'n synnu pe bai fy namcaniaeth yn gywir.

Fel arfer, ar ddiwedd dydd, arferai un neu'r llall ohonom dywys Lewis yn ôl i'w stafell, trwy afael yn ei fraich a'i arwain i fyny'r grisiau ac ar hyd y coridorau. Un noson, torrwyd y cyflenwad trydan, fel na fedrai neb ohonom fynd yn ôl i'w stafell. 'Dowch efo fi,' meddai Lewis. Trwy afael yn ein breichiau, llwyddodd i'n tywys, bob un ohonom, yn ôl i'n stafelloedd. Sôn am 'y dall yn tywys y dall,' wir! Ni fu angen i neb ohonom dywys Lewis ar ôl hynny.

Am Lewis Jones a'i ddau frawd (hwythau'n ddall) ewythredd i Angharad Price, y sgrifennodd hi ei chyfrol *O! tyn y gorchudd*, a enillodd iddi'r Fedal Ryddiaith yn Eisteddfod Genedlaethol Sir Benfro Tyddewi, 2002. A minnau'n Archdderwydd ar y pryd, fy mraint i oedd ei medalu am ei champwaith.

Newid cyfeiriad

Pwysigrwydd *Plyn* i mi oedd fy mod yn troi mewn cylchoedd o fyfyrwyr a astudiai – rhyngddynt – bob pwnc. Deuthum i adnabod nifer o'u plith yn dda, yn enwedig – fel y digwydd, ac a fu o'r pwys mwyaf i'm gyrfa – rhai o fyfyrwyr y Gyfraith. Ar ôl bod yn eu cwmni am rai misoedd, gofynnais i mi fy hun tuag at ba alwedigaeth yn union yr oeddwn yn anelu. A minnau yn yr adrannau Saesneg, Ffrangeg a Hanes, nid oedd ond un llwybr i'w weld o'm blaen, sef mynd yn athro ysgol. Roedd gen i nifer o athrawon yn y teulu: Mam; Taid Môn; dwy fodryb ac ewythr-yng-nghyfraith; yn ddiweddarach, ar ôl i mi briodi, brawd-yng-nghyfraith, ac erbyn heddiw, dwy nith a nai-yng-nghyfraith at hynny. Does gen i ddim oll yn erbyn athrawon ysgol: yn fy amser, cefais flas o'r goreuon ac o'r salaf yn eu plith. Ar ôl sgwrsio a thrafod a phendroni, teimlwn dynfa tuag at y Gyfraith. Yn y diwedd penderfynais mai'r Gyfraith oedd hi i fod.

Eithr haws oedd dweud na gwneud. Nid yn unig yr oedd rhaid newid adran, yr oedd rhaid newid *cyf*adran. Hynny yw, nid symud o un cwrs BA i gwrs BA arall ond o gwrs BA i gwrs LLB. Roedd Adran y Gyfraith hefyd yn Gyfadran ar ei phen ei hun. Ar y pryd, un Ysgol Gyfraith a fodolai yng Nghymru gyfan, a honnno yn Aber. Bûm yn ffodus mai newid Adran a Chyfadran oedd angen ac nid newid Coleg yn ogystal.

Cam gwag

Ond deuthum ar draws maen tramgwydd mwy o lawer. Yr oedd 'Gwasanaeth Cenedlaethol' (h.y. gorfodaeth filwrol) mewn grym ar y pryd. Darganfûm nad oeddwn wedi cael fy eithrio rhag hwnnw ond ar yr amod yr astudiwn y pynciau a ddewisais. Os newidiwn i'r cwrs yn y modd sylfaenol a fwriadwn byddai'r 'eithrio' yn dod i ben. Roedd y rheolau fel deddf y Mediaid a'r Persiaid: nid oedd modd i'w newid. A ddylwn i fod wedi gwrthwynebu'r orfodaeth filwrol, a dewis gweithio ar y tir? Gyda synnwyr trannoeth, dylwn. Wrth edrych yn ôl, yr wyf o'r farn imi gymeryd cam gwag. Ond dilynais y llwybr hawsaf: fy newis i ydoedd, a does gen i neb i'w feio ond mi fy hun. (Efallai, rhwng cromfachau megis, y byddai bwrw tymor yn yr heddlu, yn enwedig i fyfyriwr Cyfraith, wedi bod yn fwy buddiol a defnyddiol na mynd i'r fyddin, ond nid oedd y dewis hwnnw ar gael.)

Gwysiwyd fi i Wrecsam i gael archwiliad meddygol. Meddygon o'r ardal, ar sail rhan-amser, a gynhaliai'r rheini. Wrth edrych ar y ffurflen briodol a sylwi lle'm ganed, dywedodd y meddyg wrthyf mai ef, yn feddyg teulu i ni yn Llangollen, oedd wedi helpu i ddod â fi i'r byd. Meddyliais wrthyf fy hun y gobeithiwn na fyddai ei archwiliad y diwrnod hwnnw yn helpu i fynd â fi o'r byd.

Yn lifrai Siôr

Ar ôl cyrraedd y barics cawsom ein cyfweld a'n didoli ar gyfer gwahanol orchwylion. Dodwyd fi mewn catrawd a elwid 'Pre-OCTU', sef y rhai oedd i'w paratoi ar gyfer OCTU (*Officer Cadet Training Unit*) a hyfforddai swyddogion. Yr unig 'freintiau' a gaem, rhagor na milwyr eraill, ydoedd (a) ein bod yn cael ein galw'n 'Mister' – serch cael ein rhegi'n ddiddiwedd fel y lleill, a (b) yn cael gwisgo coler a thei – tra bod siacedi'r milwyr eraill yn cau o gwmpas y gwddf. Ni theimlwn ein bod ddim tewach ein cawl o'r ddeubeth yna. Sut bynnag, ymhen ychydig wythnosau, ymlaen â ni i'r *OCTU*.

Un diwrnod yn ystod fy nghyfnod yno daeth Cyrnol o Fyddin yr Unol Daleithiau draw i draddodi darlith i ni'r darpar-swyddogion. Soniodd am draddodiadau milwrol yr UDA, ac irodd y flonegen, braidd, wrth sôn sut yr oedd yr Americanwyr yn sefyll yn gadarn dros gyfiawnder, rhyddid, democratiaeth a chydraddoldeb yn eu gwlad eu hunain a thrwy'r byd. Clywsom rethreg digon tebyg o enau George W Bush yn y blynyddoedd diwethaf hyn.

Ar ddiwedd y ddarlith, rhoddwyd cyfle i ni'r cadlanciau i ofyn cwestiynau. Codais ar fy nhraed: dywedais fod ei egwyddorion yn swnio'n rhagorol ac na ellid mo'u gwell. Eithr sut, atolwg, yr oedd modd cysoni hynny â'r modd gwaradwyddus yr oedd yr UDA, a'i byddin yn arbennig, yn trin ei phoblogaeth ddu a'i milwyr duon. Gwylltiodd y Cyrnol; a gwylltiodd ein huwch-swyddog ninnau. Dywedodd ar goedd wrthyf fy mod wedi sarhau'r swyddog gwadd a'r Unol Daleithiau fel ei gilydd. O'r foment honno, synhwyrwn nad fi oedd cadlanc mwyaf poblogaidd yr *OCTU*, a'u bod ar fin fy hysbysu o'r ffaith.

Ond daeth achubiaeth o fan hollol annisgwyl. Digwyddodd neges gyrraedd, i'r perwyl bod un adran o'r Fyddin yn chwilio, ar frys, am rywun oedd yn rhugl mewn Ffrangeg. Yr oedd ei angen yn Fontainebleau, gerllaw Paris, i fod yn gyfieithydd yn y sefydliad a elwid 'L'état-major des forces armées de l'Europe occidentale' (Pencadlys lluoedd arfog Ewrop orllewinol). Daeth wedyn yn NATO, ar ôl i'r Arlywydd de Gaulle eu taflu allan o Ffrainc a'u gorfodi i ymgartrefu yn ninas Brwsel. Gwirfoddolais am y swydd yn syth bin. Ar ôl cyfweliad llafar a phrawf ysgrifenedig fe'i cefais.

Ar ddechrau'r gyfrol hon soniais fy mod yn credu y gallai'r Ffrangeg fod wedi achub fy mywyd. Canys o'r rhai oedd yn OCTU ar yr un adeg â mi, anfonwyd y rhan fwyaf, yn swyddogion ifanc, draw i ymladd ym Malaia (a frwydrai am ei hannibyniaeth nes cafodd ef ym 1957). Gwn fod amryw o'u plith – adwaenwn ambell un – a rhai o'r milwyr yn eu gofal, wedi'u lladd yn y brwydro, a hwythau heb gyrraedd eu hugain oed. Rhwng diwedd yr Ail Ryfel byd a diwedd consgripsiwn (Mai 1963) bu Prydain mewn 57 o ysgarmesoedd milwrol. Collwyd oddeutu 2000 o fywydau wrth ymladd, gan gynnwys 395 o filwyr gorfod. Garw yw colli milwyr ifanc, yn fechgyn a merched. Ond mae'n fwy anodd cydymdeimlo â'r gwirfoddolwyr yn Rhyfeloedd y Malfinas, Gogledd Iwerddon ac Irác, ac â'u teuluoedd, nag â'r rheini a orfodwyd i ymladd, o'r Rhyfeloedd Byd i frwydrau Malaia. Ymateb dyn, wrth glywed am y lladdedigaethau yw· 'Ddylen nhw ddim bod wedi mynd yno.' Mae'n swnio'n galed a dideimlad; serch hynny, mae'n wir.

Cefais fy 'hanner-ryddhau' o'r Fyddin, sef fy nhrosglwyddo i ddyletswyddau sifil ('seconded to civilian duties'). Cawn wisgo fy nillad fy hun, yn lle lifrai, a byw mewn llety yn y dref, nid mewn barics nac unrhyw fath o sefydliad milwrol. Dim ond hanner dwsin ohonom oedd yn yr Uned Gyfieithu – un hanner-Ffrancwr, dau Sgotyn, dau Iddew a minnau. Roedd hynny'n ffenomen ryfedd pan ystyriwch chi mai Saeson 'pur' yw'r mwyafrif llethol o unrhyw groestoriad o'r Ynysoedd hyn.

Cyfieithu ar bapur a wnaem gan amlaf. Eithr o bryd i'w gilydd, byddai angen cyfieithu ar y pryd. Mae hynny'n waith blinderus, sy'n galw am ganolbwyntio'r meddwl a throsi ar amrant, tra'n aros – uwchlaw popeth – yn gywir. Fel arfer, mewn shifftiau chwarter awr, bob yn ail, y gweithiem: ystyrid bod mwy o amser na hynny yn trethu'r meddwl ac yn arwain at gamgymeriadau. Cofiaf, flynyddoedd yn ddiweddarach, yn un o gynadleddau'r Blaid – a chyfieithu ar y pryd yn beth digon cyffredin erbyn hynny – awgrymu y carwn drio fy llaw (neu'n hytrach fy llais) ar drosi o'r Saesneg i'r Gymraeg. Dim ond cyfieithu o'r Gymraeg i'r Saesneg a wneid – ac a wneir – fel arfer.

Roedd hyn yn beth newydd a dieithr, yn enwedig yr adeg hynny. Un o'r cyfeillion o Gymoedd y De oedd wrthi ar y llwyfan, yn areithio'n huawdl yn Saesneg. Â'r ffonau am fy nghustiau, bûm wrthi'n ail-lefaru ei araith i'r meic – yn Gymraeg – am tua deng munud. Yn sydyn daeth rhywun i beri i mi stopio. Mae'n ymddangos fy mod, heb yn wybod i mi fy hun, yn llefaru o leiaf ddwy frawddeg o flaen y siaradwr, gan ragweld ei eiriau nesaf: yr oeddwn yn adnabod y deryn. Yr hyn oedd yn od ydoedd bod y cyfieithiad yn gywir!

Bûm yn Ffrainc trwy gydol y flwyddyn 1949, nes daeth y dyddiad i'm rhyddhau. A Fontainebleau yn ddim ond taith awr yn y trên o Baris, gwelais lawer iawn ar y teulu André a deuthum i adnabod llaweroedd o'u ffrindiau. Treuliais Nadolig a Chalan hapus yn eu cwmni. Yr oedd yn fywyd esmwyth a braf. A ninnau'n cael ein talu mewn Ffranciau, daeth yr adeg pan benderfynodd Llywodraeth Clement Attlee ddadbrisio, sef gostwng gwerth, y Bunt Sterling. Gwnaethom gais am lwfans arbennig i'n digolledu am hyn, ac fe'i cawsom. Yna, ymhen rhyw ddeufis, aeth Llywodraeth Charles de Gaulle ati i ddadbrisio'r Ffranc. Ni ddywedodd neb ohonom air o'i ben!

Ni soniaf ond am ddau ddigwyddiad allan o laweroedd, sef fod François a minnau, un diwrnod, wedi ymweld â'r *Musée Grévin* lle ceir coffâd i rai o lenorion blaenaf Ffrainc. Wedi i ni ddychwelyd i'r tŷ gofynnodd Monsieur André pa bethau o ddiddordeb oedd wedi dwyn ein sylw. Yr unig beth y medrwn ei gofio oedd – o bopeth – bresys Emile Zola! Roedd *Monsieur* yn gwaredu. Erbyn hyn, cofiwch chi, mae arbenigwyr yr *Antiques Road Show* yn gwneud môr a mynydd o ryw hen esgid a berthynai i Horatio Nelson, ac yn pennu pris aruthrol i beth felly: *provenance*, hwnna ydi o.

Mewn gwasanaeth yng Nghadeirlan *Nôtre Dame* y digwyddodd

yr ail. Yng nghwmni François yr oeddwn y tro hwnnw hefyd. Yn ystod yr Offeren clywyd cyffro yn y cefn. Dyma droi yn ein seddau i weld beth oedd yn bod. Er mawr syndod i ni'n dau, safai dau ddyn tal fel dau bolyn, ben ac ysgwydd yn uwch na phawb arall, yng nghefn yr eglwys. Neb llai nag Éamon de Valera a Charles de Gaulle. Cyn pen dim, roedd y gynulleidfa i gyd yn edrych yn gegrwth ar y pâr. Darllenais yn y papur, yn ddiweddarach, fod de Valera ar ymweliad swyddogol â Pharis. Gwelais 'Dev' fwy nag unwaith wedi hynny. Ond dyna'r unig dro erioed i mi weld de Gaulle. Dau ŵr eithaf tebyg i'w gilydd mewn sawl ffordd, a'r ddau wedi achosi poendod mawr i'r Saeson yn eu tro.

Ychydig wythnosau ar ôl fy rhyddhau, a minnau'n edrych ymlaen at fynd yn ôl i Aber, ymosododd lluoedd Gogledd Corea ar Dde Corea. Penderfynodd Llywodraeth Prydain, ar unwaith, y byddent yn estyn cyfnod y 'gwasanaeth cenedlaethol' o ddeunaw mis i ddwy flynedd. Roedd hynny i gynnwys pawb a wasanaethai yn y lluoedd ar y pryd. Cael a chael fu hi na chefais fy rhwydo. Cofiaf glywed llais y Prif Weinidog, Clement Attlee – y gŵr a ddôi i Nefyn – yn cyhoeddi'r mater ar y radio. Ond roeddwn i â'm traed yn rhydd. Dan fy ngwynt, atebais y dyn bach pen moel efo sbectol, mwstash du a choesau matshys: 'Twll dy din di, Ffaro!'

Pennod 5

CAM GWACACH
(1950-1956)

Nôl i Aber

Pan ddychwelais i Aberystwyth, yr oedd digon o weithgareddau cymdeithasol yno i'm difyrru: gormod yn wir. Heb sôn am y Gymdeithas Geltaidd (y Gymdeithas Gymraeg) a'r *Debates Union*, a gynhaliai ei gweithgareddau yn Saesneg. Yr oedd i bob Cymdeithas drwy'r Coleg dri Llywydd, sef myfyriwr-Lywydd, Llywydd Staff a Llywydd Anrhydeddus, a hwnnw neu honno yn rhywun adnabyddus o'r tu allan i'r Coleg.

Llywydd Staff y Geltaidd oedd yr Athro T H Parry-Williams (pwy arall?) a oedd nid yn unig yn athrylith, fel y gŵyr pawb, ond hefyd yn ŵr hoffus dros ben; nid yw'r ddeubeth wastad yn cydgerdded. 'Parri Bach' oedd ein henw anwes arno. Yn naturiol, roedd yn adnabod myfyrwyr yr Adran Gymraeg wrth eu henwau ond âi gam ymhellach na hynny, gan ymorol dod i adnabod y lleill hefyd. Os digwyddwn daro arno yn y Cwad, byddai bob amser yn fy nghyfarch wrth fy enw, ac yn gofyn: 'A sut mae pobol Sir Gaernarfon heddiw?'

Flynyddoedd ar ôl ei farw, a minnau ar y pryd yn Gadeirydd Cyngor Dwyfor, clywsom fod ei fedd ym Meddgelert wedi ei anharddu gan fandaliaid. Penderfynodd y Cyngor dalu am ail-wneud y cyfan – ni fyddem wedi dychmygu peidio – ond yrhawg,

72

cawsom lythyr bendigedig gan y Fonesig Amy yn diolch o galon i'r Cyngor am y gwaith a wnaed. Bellach gorwedd hi gydag ef yn yr un bedd.

Tra oeddwn yn Aber y tro cyntaf, dathlodd y Coleg dri chwarter canmlwyddiant ei sefydlu. Lluniodd THP-W gywydd i ddathlu'r ffaith, a bu parti ohonom yn ei ganu. Ar ôl cymaint o amser, erys un pennill ar fy nghof:

> Ti a gefaist dy gyfoeth
> O geiniog brin gwerin goeth,
> A fu'n aberthu o'i bodd;
> Ei hyder a'th gyfododd.
> Boed coffa da, dyladwy
> Yn y tir amdanynt hwy.

Un flwyddyn, a minnau'n ysgrifennydd y *Debates Union*, Hugh Gaitskell oedd y Llywydd Anrhydeddus. Yr unig gysylltiad a gefais i ag ef oedd mynd gyda'r pwyllgor i'w gyfarfod oddi ar y trên pan ddaeth i'n hannerch. Am fy ngwaith da, i mi y syrthiodd y dasg o gario'i gês ar hyd y platfform draw i gar yr Athro Llywelfryn Davies.

Hefyd Seán McBride, sylfaenydd *Clann na Poblachta* (Plaid y Weriniaeth) yn Iwerddon, a wahoddwyd draw gan y Gweriniaethwr tanbaid a oedd yn Llywydd y Myfyrwyr, Gwilym Prys Davies. Roedd awdurdodau'r Coleg yn anfodlon iawn ar y gwahoddiad ac yn amharod i roi croeso na lletty iddo. Yn y diwedd, yng nghartref Syr Ifan ab Owen Edwards y cafodd loches. Penderfynodd McBride gyflwyno Medal am Areithyddiaeth yn anrheg i'r Gymdeithas Ddadlau. Y flwyddyn ar ôl i mi adael y Coleg y cyrhaeddodd y Fedal. Ni synnais ddim pan glywais mai'r areithiwr cyntaf i'w hennill oedd Elystan Morgan.

Adran y Gyfraith

Yn ôl y myfyrwyr BA a BSc, roedd y myfyrwyr LLB yn freintiedig. Un o felltithion bywyd Coleg oedd y ddarlith naw y bore, neu'r 'neinar' ys gelwid hi. Ni chynhaliai Cyfadran y Gyfraith fyth 'neinars'. Y rheswm am hynny, wrth gwrs, oedd nad oedd rhaid i ni, fel y gweddill, 'gymysgu' pynciau. Yr oedd gennym ein pynciau, wrth gwrs, ond 'pynciau cyfraith' oedd y cyfan. Megis Cyfraith y Cyfansoddiad, Cyfraith Ryngwladol, Troseddau, Camweddau, Ecwiti, Hanes y Gyfraith, Cyfraith Rufain, Cyfraith y Tir, Trawsgludo ac ati. Oni ddeallwch ystyron y pynciau a restrais, medraf argymell geiriadur cyfreithiol rhagorol i'ch sylw! Dim ond un pwnc a ddysgid tu allan i'r Gyfadran, a hwnnw oedd Cyfraith Hywel Dda, a hynny gan yr Athro T Jones-Pierce o Adran Hanes Cymru. Yn Saesneg y darlithiai. Pwnc dewisol oedd Cyfraith Hywel, a dim ond y Cymry 'brwd' a ymdrafferthai ag ef. Hwnnw hefyd oedd yr unig bwnc y caniatéid i ni ateb cwestiwn arholiad arno yn Gymraeg, pe dewisem. Dyna a wneuthum i.

Mewn egwyddor, yr oedd tair gradd bosibl yn y Gyfraith, sef LLB, LLM ac LLD, neu – ys galwem hwy – 'Llo Bach', 'Llo Mawr' a 'Llo Diawledig'. Yr Athro oedd D J Llywelfryn Davies, a briododd yn ystod fy nghyfnod i yn y Coleg. Ei briod oedd Mary, chwaer Amy Parry-Williams. (Dim ond ym 1974, ar yr un bore glawog â minnau, yn Eisteddfod Caerfyrddin, yr urddwyd Llywelfryn Davies yn Dderwydd yng Ngorsedd – dylai fod wedi derbyn y Wisg Wen flynyddoedd ynghynt, wrth gwrs.) Ein cred ni'r myfyrwyr y pryd hynny oedd mai tri math o berson a deilyngai eu gosod ar bedestal: Athrawon Prifysgol, Barnwyr y Goron ac Archdderwyddon. Onid yw'r safonau a fu wedi'u llurgunio'n llwyr?

Cefais ymweld â'r Alban ddwywaith i ddadlau ar ran y Coleg ym Mhrifysgolion Glasgow a St Andrews. Rhyfeddais at y gwahaniaeth oedd rhyngddynt a Phrifysgol Cymru. Cofiaf y daith drên o Aber i Gaeredin hefyd: pum awr o Aber i Crewe, a dim ond pedair awr o Crewe i Gaeredin, a phellter Crewe-Caeredin bedair gwaith cymaint â phellter Aberystwyth-Crewe. Dyma'r adeg pan oedd Carreg Scone (Carreg y Coroni) newydd ei chipio o Abaty Westminster liw nos gan fyfyrwyr yr *SNP*. Roedd sticeri ceir i'w gweld drwy'r Alban gyfan a ofynnai 'Would **you** keep stolen property in **your** church?'

Yn ystod tri thalp o wyliau hir, bûm wrthi'n ennill arian trwy weithio fel tocynnwr ar fwsiau'r *Crosville*, yn hel mefus yn Llaniestyn, ac yn chwysu yng ngheginau Mr Butlin. O'r tri math o waith, y gorau, o ddigon, oedd y *Crosville*, lle cwrddais â llaweroedd o bobl ddiddorol, yn weithwyr a theithwyr, yr wyf yn dal i adnabod rhai o'u plith hyd heddiw. Megis Stanley Jones, awdur *Dyn y Bysus*, sy'n cyfrannu'n rheolaidd i Golofn Farddol *Llanw Llŷn* ac sy'n aelod yng Ngorsedd y Beirdd. Yr unig beth o bwys a gofiaf am yr hel mefus yw mai dyn ecsentrig ryfeddol oedd perchen y gerddi ffrwythau – Bodfan Gruffydd o Edern, gŵr a oedd wedi dysgu Cymraeg, ac a oedd yn berchen ci o'r enw 'Ffwdan'. Arferai ddweud 'chi' wrth Ffwdan: roedd pawb a'i clywai yn ei ystyried yn chwithig o ddoniol pan waeddai 'Dowch yma, Ffwdan! Mae'ch bwyd chi'n barod!' Yr unig fantais a gefais o weithio yng ngheginau Butlin oedd fy mod i'n cael bwyd llawer gwell nag a gefais yn yr un o'r ddwy swydd arall.

*   *   *   *

Cam gwacach

Mae'n debyg y bydd pawb sy'n gwybod unrhyw beth am fy hanes yn chwilio am un stori arbennig yn yr hunangofiant hwn: wel dyma hi. Hanes Bws Abertawe yw honno. Fel y gŵyr llaweroedd, mae'n arferiad yn Aber i gerdded ar hyd y prom i'r pen pellaf, ac yna 'cicio'r bar', sef rhoi troed ar y reilen bellaf oll sy'n rhan o'r ffens haearn a red ar hyd ymyl y prom ac a saif rhyngddo a'r traeth. Dros y blynyddoedd, daeth 'cicio'r bar' yn draddodiad. Gan hynny, â llond bws o Goleg Abertawe wedi dod draw i chwarae rygbi neu ryw gêm arall, daeth un ohonynt â llif fetel i'w ganlyn. Torrodd drwy'r bar haearn yn ei ddeupen, ac aeth ag ef yn ôl i Abertawe fel ysbail 'rhyfel', i'w osod mewn lle o anrhydedd yn Undeb y Myfyrwyr yno.

Pan ddaeth llond bws o fyfyrwyr Abertawe acw y tro canlynol, i gynnal dadl yn y Gymdeithas Geltaidd, teimlais fod yr amser wedi cyrraedd i ni, fyfyrwyr Aber, dalu'r pwyth yn ôl. Gan hynny, euthum i – a chyfaill nas enwaf, gan mai fy syniad i ydoedd – i gaban gyrrwr y bws gyda golwg ar ei gyrru i rywle a'i chuddio. Roedd y bws wedi'i pharcio, ac yr oedd yn wag. Wrth lwc (neu anlwc erbyn gweld), doedd y caban ddim ar glo a medrid cychwyn y peiriant heb oriad. I mewn â ni, ac i ffwrdd â ni. Ond mae bws yn llawer trymach cerbyd i'w lywio nag yw car. Wrth yrru i lawr at y prom, collwyd rheolaeth ar y tro ger y pier, a gorffennodd y bws ynghanol gwely blodau hyfryd a berthynai i Gyngor y Dref. Roedd y ddeubeth, y bws a'r gwely blodau, wedi'u difrodi, braidd. Ond trwy drugaredd, doedd neb wedi'i anafu – doedd neb ar y cyfyl.

Bu gennym y synnwyr i fynd i Swyddfa'r Heddlu i gyfaddef beth oedd wedi digwydd, a bod ein cast bwriadedig ar fyfyrwyr Abertawe wedi mynd o chwith. Nid oedd gan y naill na'r llall ohonom drwydded yrru, felly dyna oedd y cyhuddiad cyntaf yn ein herbyn. Yr ail oedd gyrru peryglus. Y trydydd oedd cymeryd cerbyd heb ganiatâd (h.y. ei ddwyn). A'r pedwerydd oedd gyrru heb yswiriant. Gwysiwyd ni am y pedwar trosedd, a buom o flaen ein gwell yn Llys Aberystwyth. Cawsom ein dirwyo rai ugeiniau o bunnau, marcio ein trwyddedau, a'n hatal rhag gyrru am flwyddyn. Wrth gwrs, nid oedd gennym drwyddedau i'w marcio nac i'w hatal, ond dyna oedd dyfarniad y Llys. Hefyd, bu rhaid talu am y difrod i'r bws ac i'r gwely blodau.

Yn dilyn hyn oll, cawsom ein gwysio i gyfweliad digon annifyr â'r Prifathro Ifor L Evans, a roddodd i ni ein hyd a'n lled. Bu ond y dim i ni gael ein diarddel o'r Coleg: gallai fy ngyrfa gyfreithiol fod wedi dod i ben cyn iddi gychwyn. Ond yn lle hynny, fe'n dwrdiodd yn haeddiannol-laes. Eithr penderfynodd fod y gosb a gawsom gan yr Ynadon wedi ateb y pwrpas yn ddigonol.

Mae'n rhaid bod newyddion yn brin ar y diwrnod y buom gerbron y Llys. Cafwyd yr hanes ar y radio, yn y *Daily Post* a'r *Western Mail*, heb sôn am *Y Cymro* a phapurau lleol Llŷn a Llanelli (ardal cartref fy nghydymaith). Ni chefais erioed mo'i anghofio, a bydd ambell gyfaill caredig, hyd heddiw, yn cyfeirio ato fel pe bai wedi digwydd ddoe. I orffen y stori, dylwn ychwanegu un peth pwysig: doedd gen i ddim arian i dalu'r dirwyon nac am y difrod. Nhad, druan caredig, a wnaeth hynny'n ddirwgnach. Gwn fod yr hyn a wnes wedi peri cryn bryder a phoendod i Nhad a Mam. Pwy fagai blant?

Coleddu Llafur

Mae'n rhaid cyfaddef y bu i helynt y bws fy nwyn at fy nghoed, i ryw raddau. Dychwelais at ymddwyn fel y dylai myfyriwr, sef mynd yn ôl at fy llyfrau a'm cymdeithasau. Soniais lawer hyd yma am Blaid Cymru. Yn y Pum Degau cynnar, yr oedd llawer o alw am Senedd i Gymru ac roedd enwau yn cael eu casglu ar ddeiseb. Nid oedd gan y Blaid yr un Aelod Seneddol na'r rhagolygon o gael un yn y dyfodol agos. Nid oedd yn syn bod Aelodau'r pleidiau eraill wrthi fel lladd nadroedd (neu'n ymddangos felly), yn cefnogi'r ymgyrch. Enwau cyfarwydd megis Goronwy Roberts, T W Jones a Chledwyn Hughes o du Llafur, ac yna Megan Lloyd George a Rhys Hopkin-Morris y Rhyddfrydwyr – dim un Tori, wrth gwrs.

Dechreuais goleddu'r safbwynt y gallai'r Seneddwyr hyn, yn hytrach na'r 'Blaid Bach' gael eu maen i'r mur yn fwy effeithiol na neb o'r tu allan i'r Senedd. At hynny, yr oeddwn yn hoff o ystyried fy mod i'n dipyn o Sosialydd. Ar ôl pendroni, penderfynais adael Plaid Cymru ac ymuno â'r Blaid Lafur: nid myfi oedd y cyntaf, na'r olaf i wneud hynny – nid bod hynny yn esgus. Cefais wg y Pleidwyr, a chroeso'r Llafurwyr. Effeithiodd y newid plaid ar fy ngyrfa wedi hynny, fel y cawn weld. Wrth chwilio am gyfreithiwr i fynd ato i 'fwrw erthyglau', llwyddais i gael lle yn swyddfa Elwyn Jones, Bangor, a fu'n Aelod Llafur dros Etholaeth Conwy am gyfnod byr o 1950 hyd 1951. Roedd Elwyn eisoes wedi'i fabwysiadu i ymladd y sedd drachefn.

Cwmnïa diddorol

Cyn ffarwelio ag Aber, dylwn sôn am ddau le lle bûm yn 'cymdeithasu', gan y credaf i'r ddau ddylanwadu arnaf. Y cyntaf oedd y criw coffi yn yr *Home Café*, lle arferai saith ohonom yfed ein paned canol bore. Yn nhrefn yr wyddor: Aled Lloyd Davies, Gwyn Tudno Jones, Islwyn ('Gus') Jones, T Gwynn Jones (Corwen), Elystan Morgan ac Alwyn Roberts. Yr oeddym yn groestoriad o Genedlaetholwyr a Sosialwyr, a hefyd o Adrannau'r Gyfraith a'r Gymraeg. Fe ddywedir mai 'haearn a hoga haearn'. Medrwch ddyfalu y bu ein seiadu yn hyfryd, addysgiadol a phroffidiol.

Y lle arall oedd Ysgol Sul Annibynwyr Capel *Baker Street* (daeth yn Seion, Stryd y Popty erbyn hyn). Cynhelid dosbarth arbennig ar gyfer y myfyrwyr, ac yn fy amser cefais eistedd wrth draed dau athro, sef y Doctor E D Jones, a ddaeth wedyn yn Llyfrgellydd Cenedlaethol, y cefais lawer i'w wneud ag ef yn ddiweddarach yn Undeb Cymru Fydd a Gorsedd y Beirdd. Ac Alwyn D Rees, a ddaeth wedyn yn Olygydd *Barn*, ac a'm perswadiodd, ymhen amser, i sgrifennu colofn reolaidd. Ystyriaf ei bod yn fraint cael bod yng nghwmni'r ddau fel ei gilydd. Dysgais lawer gan y naill a'r llall, a hynny ar ben pa addysg swyddogol bynnag a gawn yn y Coleg.

Yr oedd trydydd cylch, hefyd, y deuthum i'w hadnabod, ond nid i'r un graddau. A'r rheini oedd rhai o fyfyrwyr Coleg Diwinyddol y Presbyteriaid, a oedd y drws nesaf i Goleg y Brifysgol (bellach 'Yr Hen Goleg'). Digwyddodd hynny am fy mod, am sbel, yn rhannu llety â hen gyfaill ysgol, Norman Jones o Lanbedrog, a oedd â'i fryd ar Weinidogaeth yr Hen Gorff. Drwyddo ef y cyfarfûm â Robin (ROGW) Williams, Eirian Davies ac eraill. A chael ailadnabod Islwyn Ffowc Elis a Huw Jones.

Erthyglau Bangor

Ar ôl tair blynedd yn Adran y Gyfraith, gadewais Aberystwyth ag LLB wrth fy nghwt. Ond hanner ffordd yn unig oedd hynny ar yr hirdaith tuag at ddod yn gyfreithiwr. Yr oedd angen 'bwrw erthyglau' mewn swyddfa cyfreithiwr, a hynny am dair blynedd arall. At hynny, yr oedd rhaid llwyddo mewn saith papur yn Arholiad Terfynol y Cyfreithwyr yn Llundain. Nid un wrth un, fel a ganiatéir heddiw, ond y saith gyda'i gilydd: os methid un, yr oedd rhaid ailsefyll y saith. Dyma newid ystyr addysg yn llwyr – o'r academaidd i'r ymarferol. Nid oedd wiw dweud wrth ffermwr, yr oedd ei gymydog wedi camweddu yn ei erbyn, y dylai gofio mai *'in pari delicto, potior est conditio defendentis.'*

Soniais am un rheswm dros fynd at Elwyn Jones i Fangor. Yr oedd rheswm galwedigaethol hefyd. Roedd Elwyn yn Glerc Trefol Dinas Bangor ar dir rhan-amser, yn ogystal ag ymarfer yn gyfreithiwr. Dymunwn brofi dau fyd, gan fod dau lwybr posibl y gellid eu dilyn. Naill ai ymarfer cyfraith-bob-dydd a gweithredu dros aelodau o'r cyhoedd, neu fynd i weithio'n llawn-amser yn gyfreithiwr cyflogedig llywodraeth leol. Bu'r ddau brofiad yn ddiddorol dros ben. Byddwn yn cael mynychu cyfarfodydd o Gyngor Dinas Bangor, lle dysgais lawer. Eithr y prif beth a ddysgais ydoedd mai ymarfer cyfraith i'r cyhoedd, nid gweithio mewn llywodraeth leol, a'm siwtiai orau. Ni fu i mi erioed ddifaru mai dyna oedd fy newis. Cefais flas ar lywodraeth leol yn ddiweddarach, ond fel cynghorydd etholedig y bu hynny, nid fel gwas cyflog.

Roedd y drefn o ymgymhwyso'n *far*gyfreithiwr yn golygu cael lle mewn 'siambrau' (ys gelwir eu swyddfeydd) bargyfreithiwr profiadol, a'r siambrau hynny yn tueddu i fod ar riniog y llysoedd barn pwysicaf a phrysuraf megis yn Llundain, Lerpwl, Caer neu Gaerdydd. Pe na bai ond am resymau daearyddol, ni chredaf y byddai hynny wedi bod at fy nant.

Yr oedd Elwyn (wedyn 'Syr Elwyn') yn gyfreithiwr praff, dysgedig, medrus a llwyddiannus. Roedd ei wraig, Dyddgu, yn ferch i Tegla (y Parch. Tegla Davies), y cawswn y fath bleser bore-oes o ddarllen ei lyfrau, ac a gyfarfûm yn ei chartref. Yno hefyd y cyflwynwyd fi a'r Doctor Glyn Tegai Hughes – Gwarden Plas Gregynog, a chefnder Dyddgu – i'n gilydd. Doeddwn i fawr feddwl y byddwn i, ymhen cwta fisoedd, yn ymladd Etholiad Seneddol yn erbyn Glyn Tegai.

*   *   *   *

Bûm mewn llety yn Ffordd Farrar, lle arhosais am dair blynedd. Yr unig nodwedd o bwys oedd y digwyddai fy ystafell fod yn llofft gefn y tŷ, ag iddi ffenest lle medrech chi weld Maes Pêl-droed *Bangor City* yn ei grynswth. Â'm diffyg diddordeb yn y bêl gron, nid oeddwn yn malio botwm, 'ond hynny nid yw ofid im'. Bob tro y byddai Bangor yn chwarae gartref, tyrrai fy ffrindiau acw i gael golwg berffaith ar y gêm, tra byddwn innau i lawr-grisiau yn y parlwr ffrynt â'm trwyn mewn llyfr. Roeddwn i mor raslon tuag at yr hogia fel na fyddwn i byth yn hel casgliad! Os mêts, mêts.

A minnau eisoes yn adnabod nifer o fyfyrwyr Coleg Bangor, peth naturiol ddigon oedd i mi fedru cymdeithasu â hwythau yn aml. Cefais ganiatâd i ymuno ag Undeb y Myfyrwyr. Yn sgîl hynny medrwn fynychu gweithgareddau megis y *Debating Society* a Chymdeithas y Cymric. Cyfatebai'r ddau i'r *Debates Union* a'r Gymdeithas Geltaidd yn Aber: o ganlyniad, roeddwn i'n hollol gartrefol yn y ddeule. Deuthum i adnabod llawer o'r myfyrwyr, megis Elfyn Pritchard (bellach y Prif Lenor) a Meirion Lloyd Davies – yr oeddwn ar delerau 'ti a thithe' ag yntau cyn iddo erioed droi ei goler o chwith. Hefyd Tony Conran, y darllenais gryn dipyn ar ei farddoniaeth wedi hynny.

Ymhen rhai blynyddoedd, cefais yr anrhydedd o'm dewis yn Llywydd Anrhydeddus Cymdeithas y Cymric, swydd y bûm ynddi am flwyddyn. Cofiaf mai fy mhrif swyddogaeth fu cadeirio 'Dadl Ffurfiawl' yn Neuadd Powys, gyda'r Prifathro R Tudur Jones ac Emyr Price ar y naill ochr, ac I B Griffith a Gwyn Matthews ar y llall. Ni chofiaf pa flwyddyn oedd hi, ond roedd Dafydd Elis-Thomas yn y gynulleidfa, felly roedd o yn fyfyriwr ym Mangor ar y pryd.

Rhwysg y llys

Er mwyn gwylio a gwrando, byddem ni'r clercod erthygledig – yr oedd tri neu bedwar ohonom rhwng twrneiod Bangor gyfan – yn mynychu'r llysoedd barn. Cynhelid Llys Ynadon Bangor bob dydd Mawrth; daethom fel rhan o'r dodrefn yn fanno. Hefyd, yn amlach na phob chwarter, cynhelid y Llys Chwarter yng Nghaernarfon. Cofiaf Arglwydd Morris o Borth-y-gest a Syr David Hughes-Parry yn cadeirio'r Llys hwnnw yn eu tro.

Ond y Llys a ragorai arnynt i gyd, â'i wisgoedd a'i rwysg a'i ddefod, oedd y Brawdlys. Yno y deuai'r 'Barnwyr Coch' (Barnwyr yr Uchel Lys) deirgwaith y flwyddyn. Roedd hi'n fater o utgyrn a sbloet disgleiriach hyd yn oed na Gorsedd y Beirdd yn nyddiau Cynan. Caem fynychu'r Brawdlys yng nghwrt Biwmares yn ogystal â Chaernarfon. Yr Uchel Siryf oedd yn gyfrifol am y cyfan, ond ei ddirprwy cyflogedig, y cyfreithiwr R H ('Dic') Ellis-Davies, yr Is-siryf, a wnâi'r gwaith ymarferol ym Mrawdlys Sir Gaernarfon.

Ar ddiwrnod agoriadol pob Brawdlys, arferid cynnal cinio crand i'r 'pwysigion' yn y *Royal*, Caernarfon, a'r *Bulkeley Arms*, Biwmares.

Gofalai Dic bob amser y câi'r clercod erthygledig wahoddiad i giniawau'r *Royal:* dim ond weithiau y cofiai Is-Siryf Môn amdanom. Diddorol ryfeddol oedd gwylio'r llysoedd wrth eu gwaith. Bu'r profiad yn anhepgor pan oeddwn yn ymladd achosion fy hun. Ond yn bennaf, pan ddeuthum fy hunan yn ddirprwy-farnwr ymhen blynyddoedd, medrwn ddibynnu ar lawer a ddysgais, gynt, wrth wylio'r ddefod gymhleth ym Mrawdlysoedd Arfon a Môn.

Bûm ym Mrawdlys Caernarfon un tro ym 1961 (a minnau wedi ymgymhwyso erbyn hynny ac yno ar fusnes cyfreithiwr). O ganlyniad, digwyddais fod yn bresennol yn yr achos tristaf oll a glywais erioed. Sef treial Robert Boynton, a gyhuddwyd o saethu'r Cwnstabl Arthur Rowlands yn ei wyneb â gwn-dau-faril nes chwalu ei ddwy lygad a'i ddallu am byth. Arweiniwyd y plismon dall yn araf i'r llwyfan tystio, lle clywodd y llys gorlawn – a mud – ef yn ailadrodd hanes dirdynnol yr hyn a ddigwyddodd iddo gerllaw Pont-ar-Ddyfi, Machynlleth. Cofiaf weld Gwyn Erfyl, brawd yng nghyfraith Arthur, yn y Llys.

Dinbych, '55

Ac Elwyn yn bwriadu ailsefyll am ei gyn-sedd Seneddol yng Nghonwy pan ddôi Etholiad, gofynnodd i mi a fyddwn yn gweithredu'n Asiant iddo. Cytunais gyda brwdfrydedd, a threfnwyd hynny. Ond digwyddodd rhywbeth arall, annisgwyl. Ddechrau 1955 bu farw Robert Richards, AS Llafur Wrecsam. Cyhoeddwyd yn syth y cynhelid Isetholiad ym mis Mawrth. Yn ymgeisydd yn ei le, dewiswyd James Idwal Jones, a oedd wedi ymladd Etholaeth Dinbych, yn aflwyddiannus, ym 1951. Teimlai Elwyn a minnau mai buddiol fyddai i mi fynd draw i Wrecsam i gael profiad o drefniadau etholiad Seneddol, ac i Wrecsam â mi. Yn dra gwahanol i Ddinbych, lle dôi Llafur wastad yn drydydd, roedd gan Wrecsam fwyafrif Llafur o sbel dros ddeng mil.

Bûm yn Wrecsam am tua wythnos yn llygadu ac yn gwrando. Daeth nos Fercher, y 27 Mawrth; y noson olaf cyn y Pôl. Yr oedd Rali (rali fuddugoliaeth?) i'w chynnal yn y 'Stiwt yn y Rhos, a thua chwech o siaradwyr heblaw'r Ymgeisydd ei hun: pob un yn Aelod Seneddol. Pedwar ohonynt oedd T W Jones (brawd yr Ymgeisydd)

Jim Griffiths, Goronwy Roberts a Chledwyn Hughes. Ond ar y funud olaf bu rhaid i Cledwyn dynnu'n ôl: yr oedd ei wraig Jean ar fin geni plentyn, ac roedd mwy o'i angen yng Nghaergybi nag yn y Rhos. Yn lle bodloni ar un siaradwr yn llai, gofynnwyd i mi siarad yn lle Cledwyn.

Yr oeddwn yn eistedd wrth ymyl Goronwy ar y llwyfan. Wrth i'r cadeirydd fy ngalw ymlaen i annerch, gafaelodd Goronwy yn fy mraich a sibrydodd yn fy nghlust, 'Rhowch glincar o araith iddyn nhw, Robyn!' Os nad oeddwn wedi sylweddoli y noson honno, fe sylweddolais yn fuan wedyn, fod yn y 'Stiwt y noson honno cefnogwyr Llafur o Ddinbych. Byddai rhaid iddynt hwythau, yn fuan iawn, chwilio am Ymgeisydd Seneddol yn lle James Idwal Jones.

Pan gyrhaeddodd llythyr o Etholaeth Ddinbych yn holi a fyddwn i'n fodlon iddynt roi fy enw ar eu rhestr fer i'm dewis yn Ymgeisydd, euthum i weld Goronwy Roberts. Dywedodd wrthyf am neidio i fachu'r cyfle ac addawodd lythyr geirda i gefnogi fy nghais. O ystyried fy hanes diweddarach, mae eironi'r sefyllfa yna yn hollol amlwg. Euthum draw i'r cyfarfod dewis yn Ninbych ac fe'm dewiswyd. Hefyd ar y rhestr fer, yn ceisio am yr Ymgeisiaeth yr oedd Stanley Williams, cyfreithiwr o Wrecsam. Roedd Stanley yn ŵr digon hawddgar, ond yn un a gredai yn hollol groes i mi ar fater cael Senedd i Gymru. Nid oeddwn wedi synhwyro fod yna nifer yn y Blaid Lafur fel Stanley, na ddymunent ymreolaeth i Gymru am bris yn y byd. Yr oedd y rhai y bûm i hyd hynny yn ymwneud â hwy yn gefnogol. Yr oeddwn i gael fy nadrithio trwy sylweddoli mai'r gwrth-ymreolwyr oedd y mwyafrif – o ddigon.

Cyn pen dim (25 Mai), yr oedd yr Etholiad Cyffredinol ar ein gwarthaf. Tri ohonom oedd yn y ras: Emlyn Garner-Evans (Tori), Glyn Tegai Hughes (Rhyddfrydwr), a minnau dros Lafur. Doedd gan Blaid Cymru ddim ymgeisydd. Mae'n debyg, pe bai Pleidiwr wedi ymgeisio, y byddwn wedi ymosod arno, yn ôl arfer gwleidyddion am bleidiau ei gilydd. Rwy'n ddiolchgar nad oes yr un gair ar glawr lle'r wyf wedi beirniadu'r Blaid. Ar wahân, wrth gwrs, i'r blynyddoedd diwethaf hyn, a minnau'n aelod ohoni! Os oes gennych ddiddordeb yng nghanlyniad 1955, dyma ydoedd:

Garner-Evans (Tori) – 18,312; Hughes (Rhydd.) – 13,671; a Lewis (Llaf.) – 10,421.

Yn Ninbych, ymhen blynyddoedd, sefais etholiad arall. Etholiad o natur hollol wahanol, â thri ymgeisydd y tro hwnnw hefyd: ac fe'i henillais. Gornest i ethol Archdderwydd Cymru oedd honno.

Yn dwrnai o'r diwedd

Yn ôl â mi i Fangor ac at y Gyfraith. Erbyn hyn roedd rhaid cofio y byddai 1956 yn flwyddyn dyngedfennol i mi, ac na thalai gorwleidydda. Roedd yr Arholiadau Terfynol gebyst yn aros amdanaf. Oni cheid llwyddiant, a hynny yn y saith pwnc, byddai'r holl flynyddoedd wedi bod yn wastraff llwyr. Y mwyaf y medrwn obeithio amdano fyddai clercio i gyfreithiwr arall, neu i gyngor lleol neu gwmni yswiriant. Rhaid felly oedd tynnu'r ewinedd o'r blew. Yn ôl yr arfer, bûm yng Ngholeg Terfynol y Gyfraith, a olygai fynd naill ai i Lundain neu Guildford. Guildford oedd fy newis i – yr wyf o'r farn bod Llundain yn ddinas fendigedig i beidio â byw ynddi. Ym mis Mehefin 1956 y sefais yr arholiadau ond roedd rhaid disgwyl tan fis Awst i gael y canlyniadau.

Penderfynodd fy hen gyfaill, Dafis a'i ddyweddi, Eirlys, briodi y mis Awst hwnnw. A fi oedd eu dewis was priodas. Fore'r briodas, cyrhaeddodd llythyr gan y Gyfraith-Gymdeithas: yr oeddwn wedi llwyddo yn yr Arholiadau Terfynol. Felly, ys broliodd Dafis wrth y bwrdd brecwast priodas, ef oedd wedi cael y budd o'm haraith gyntaf erioed â minnau'n gyfreithiwr, a hynny am ddim!

*   *   *   *

Dyma orffen hanes fy nyddiau'n glerc-erthygl ym Mangor trwy sôn am un gŵr. Yr oedd y Lifftenant-Cyrnol David Price-White wedi bod yn gyfreithiwr llwyddiannus yn y ddinas ac yn Aelod Seneddol Torïaidd dros Gonwy am rai blynyddoedd. Collodd ei Sedd, ac aeth pethau o ddrwg i waeth yn ei bractis cyfraith. Diwedd pethau oedd iddo gael ei ddiarddel gan y Gyfraith-Gymdeithas am fynd i helyntion ariannol difrifol. Nid ef oedd y cyntaf na'r olaf i fod mewn sefyllfa o'r fath.

Nid oeddwn wedi ei weld ers cyn i'w drafferthion ddod i'r fei ac iddo gael ei daro oddi ar y Rhôl. Y pryd hynny, yr oedd *o* yn gyfreithiwr, ond doeddwn *i* ddim. Ychydig ddyddiau ar ôl i mi gael canlyniad yr Arholiadau, digwyddais ei weld yn dod ar hyd Stryd Fawr Bangor, ond ar y pafin gyferbyn â'r un lle roeddwn i. Croesodd y ffordd yn unswydd-bwrpas a daeth ataf, siglodd law â mi'n wresog, a'm llongyfarch yn galonnog. Y tro hwn, yr oeddwn *i* yn gyfreithiwr, ond doedd *o* ddim. Nid anghofiaf byth fawrfrydigrwydd Dafydd White y diwrnod hwnnw.

Taid a Nain Môn a'u plant, tua 1905. Nhad (tua 6 oed) ar y dde.

'Taid' a fi a Wiliam y ci.

'Nain' a fi yng ngardd Glanynys.

Mam yn graddio
yn Aberystwyth, 1922.

Bwhwman yn Llangollen.

Nhad a 'Jac Bobs'.

Fy ymgais
lenyddol gyntaf:
llythyr at Siôn Corn, 1935.

I Robert Lewis
Rhagfyr 24 Nos 1935.
P_sman set a Plysman set a
Red Indian set a llong
Stemar a dilld llongwr.
A corn dand.
      I Ritiard.
Camol mawr a feddon
o fynd arn i gefno
a cwning an yn Rhed
eg hyd yllawr ond rhoi
go Rid.

Fi gyda Mam a Richard: ac yn flin fel tincer am orfod ail-wisgo trowsus cwta.

Fy nheulu estynedig o Baris. Madame André ac (o'r chwith) Lucette, Tanie, François a Michel.

Protestio yn Amwythig. O'r chwith, Huw Jones, Dan Thomas, fi,
Gwilym Prys Davies ac Islwyn Lake.

Y sgwad 'coler-a-thei': Y *Pre-OCTU*: fi yw'r ail o'r chwith yn y rhes gefn (lladdwyd nifer o'u plith ym Malaia).

Dinbych, '55: Dr Glyn Tegai Hughes (*Rhydd.*), Emlyn Garner-Evans (*Tori*), Capt J H Griffith (*Swyddog Etholiad*) a minnau (*Llafur*).

Mam a Nhad yn Uwch-y-Don
yn y chwe degau.

Fy hoff lun o Gwenan.

Teulu Gwenan: Wil, Marnel, Bethan a Nest.

Seamus, Peadar a minnau ar Afon Rhein: Yr *'Irish Republican Navy'*.

Teithiau *Crwydro Cymru*: ym Melin Trefîn.

Teulu Iwerddon: Ceri, Colm a Kate gyda ni'n dau.

DALIWCH I BWYSO DROS GYMRU GYDA

KEEP UP THE PRESSURE FOR WALES WITH

Plaid Cymru

PLEIDLAIS
VOTE ROBYN LEWIS X

Pobol fach
a phoster mawr.

Pleidlais bost
Miss Hughes,
Llys Awel –
nas postiwyd.

1	**LEWIS** (Robyn Lewis, o Dwyryd, Nefyn, Pwllheli. LL.B. Cyfreithiwr/Solicitor. Plaid Cymru.)		X
2	**ROBERTS** (Goronwy Owen Roberts, o Plas Newydd, Pwllheli. Yr Ymgeisydd Llafur—The Labour Candidate.)		
3	**SMITH** (Kathleen Joan Smith, of Felin Faesog, Clynnogfawr. Small-farmer. Conservative.)		
4	**WILLIAMS** (John Aled Williams, of Bryn Derw, 10 Holyrood Avenue, Hen Golwyn, Colwyn Bay. Liberal.)		

Cyflwyno Penddelw Gwynfor Evans iddo ym 1975.

Cynhadledd yr *SNP*, 1975.

Mulota yng Ngroeg.

Camelota
wrth y
Pyramidiau.

'Na fernwch fel na'ch barner'. (Matthew, 7, 1)

Penrhyn Portin-llaen:
llun a dynnais
o awyren
Lewis Roberts.

Trelew, y Wladfa, 1995.

Paent gwlyb: ewfforia ffermwr o Lŷn trannoeth Refferendwm 1997.

Sydney, Awstralia, 1998.

Ni'n dau yn nrws Dwyryd.

Croeso i   Welcome to

Dref **NEFYN** Town

Gefeilliwyd gyda   Twinned with

**Puerto Madryn
Ariannin - Argentina**

Efeilliaid: Nefyn a Phorth Madryn, 1998.

Awel Dulais a Stan o'r Mynydd yn fy hebrwng i'm gorseddu'n
Archdderwydd yn y Trallwng, Mehefin 2002.

Rhoi'r byd yn ei le gyda Hawys Huws, Machynlleth, ar Faes y Brifwyl.

Sulwyn Thomas yn tynnu'i dafod ar yr Archdderwydd ym Meifod, 2003.

Arwydd *Tafarn Y Bryncynan*, Nefyn, 2007.

Dwyryd – ein cartref ers dros ddeugain mlynedd.

Pennod 6

UNIONI CAM WRTH GAM
(1956-1966)

Beddargraff Twrnai

Rhag i chi feddwl fy mod i'n organmoliaethus ohonof fy hun, dyma englyn a gyfansoddwyd yn unswydd-bwrpas amdanaf, ar ffurf beddargraff:

ROBYN LÉWIS

Robyn, er ei arabedd – yn y Llys,
    Aeth i'r llan i orwedd.
Diolch na all o'r diwedd
Yrru bil o swyddfa'r bedd.

Tai Duon.

Yn Eisteddfod Bro Madog ym 1987, testun cystadleuaeth yr Englyn Digri oedd *'Beddargraff Twrnai'*, a'r Prifardd Dic Jones oedd y beirniad. Ni synnwch pan soniaf mai pobl ddrwg, ariangar, slic, cyfrwys, gorglyfar, blew-holltaidd a thwyllodrus yr ystyrid ni'r cyfreithwyr gan y mwyafrif o'r cystadleuwyr. O'r 63 a ddaeth i law, yr oedd yr un a ddyfynnais (nas gwobrwywyd) wedi ei gyflwyno i mi – wrth fy enw.

Mae rhai yn gwneud jôc o bortread ariangar – onid gwaeth – o'r alwedigaeth gyfreithiol. Man a man yw i mi fynd i'r afael â'r mater. Wedi'r cyfan, a minnau wedi ymddeol ers blynyddoedd o bob ymarfer cyfraith, does gen i mo'r asgwrn lleiaf i'w grafu erbyn hyn. Mae'n wir bod gen i un cleient ar ôl, y dewisais ei gadw, sef Gorsedd y Beirdd, yr wyf yn Swyddog Cyfraith iddi. Yn ddi-dâl, wrth gwrs.

Yn fy nyddiau cynnar, wrth i mi archwilio hen weithredoedd eiddo yn Llŷn 'ma, deuthum ar draws niferoedd o enghreifftiau o dlodion wedi codi morgais ar eu cartrefi. Hynny, gan mwyaf, yn y blynyddoedd cyn y Rhyfel Mawr a diwedd y ganrif flaenorol. Gwraig weddw, dyweder, wedi cael benthyg £50 neu £80 o forgais ar ei bwthyn, a'r arian wedi'i fenthyca iddi gan gyfreithiwr lleol.

Roedd enwau'r cyfreithwyr ar y gweithredoedd, felly doedd dim modd cuddio'r mater. Ymhen blynyddoedd, a'r weddw wedi marw, medrai'r cyfreithiwr feddiannu'r tŷ, a'i werthu neu ei osod, am elw eithaf sylweddol. Dro ar ôl tro, gwelais enwau cyfreithwyr adnabyddus iawn – rhai o bileri cymdeithas – ar weithredoedd eiddo o'r fath. Fe synnech chi'n arw pe bawn i'n eu henwi.

Ond yr oedd, ac y mae, ochr arall i'r honedig-awch yma am arian. Medr pobl eraill fod yn orariangar hefyd. Ni wn pa mor aml y disgwyliai ffermwr i mi wneud gwerth canpunt o waith am ddwsin o wyau. I raddau, mae'n bosibl deall pam. Os prynid tractor drudfawr, roedd y tractor yna yn solet ar y buarth, i'r ffermwr a'i deulu ei weld. Ond os dim ond darnau o bapur – a dyna yw gweithredoedd eiddo ac ewyllysiau ac ati ar un olwg – oedd i'w gweld, anos oedd dirnad pam eu bod wedi costio mor ddrud.

Byddai Nhad – gŵr â sicrwydd gwaith mewn banc yn ei gynnal – bob amser yn dweud mai'r cyfan yr oedd rhaid iddo ef ei wneud oedd cyflawni ei waith yn gydwybodol: fe ddilynai'r cyflog. Ond yn fy achos i, rhagwelai, yn hollol gywir, fod tri gorchwyl yn un, sef (1) cael y gwaith; (2) gwneud y gwaith, a (3) sicrhau tâl amdano.

Daw hyn â fi at fater 'amcanbrisio', a cheisio bod yn 'gystadleuol'. Dyna un peth na fedr y cyhoedd mo'i ddirnad: onid y rhataf yw'r gorau? Os yw'r cynnyrch yn union yr un fath, fel pecynnau o *Brooke Bond* neu boteli o *Guinness*, wel ie wrth gwrs. Yr oedd pwrpas i'r safoni costau cyfreithiol a fu – ond sydd wedi hen ddiflannu, ysywaeth, yn ôl gofynion 'y farchnad' a meddylfryd 'gwrth-fonopolïaeth'. Roedd yn golygu y medrech chi ddewis eich cyfreithiwr yn ôl ei allu a'i wasanaeth, yn lle dim ond edrych yn llygad y geiniog. Lle bo cyfreithwyr dan sylw, hawdd iawn y gallai'r rhataf fod y drutaf yn y pen draw.

Yn y blynyddoedd diwethaf hyn, daeth un arferiad American-aidd gwrthun dros Gefnfor Iwerydd. Pam mae'n rhaid i ni ddynwared UDA yn eu nodweddion salaf ac nid eu rhai gorau bob amser? A hwnnw yw'r egwyddor slic: 'dim ennill: dim tâl'. Weithiau, er cyn glyfred y cyfreithiwr, er mor ddygn, er mor ymroddedig, fe gollir achos. Cymhwyswch yr egwyddor yna i feddygon: os yw'r claf yn marw, a yw'n deg dyfarnu na chaiff ei feddyg yr un sentan goch am ei ymdrechion glew i'w ymgeleddu a'i achub, weithiau dros gyfnod hir?

Mae yna anhawster arall hefyd y bu rhaid i bob cyfreithiwr ymdopi ag ef. Os yw'n ennill yr achos, ni chafodd y cleient ond ei haeddiant; os yw'n colli, ar y cyfreithiwr y mae'r bai bob amser.

Fe leisir cwynion y dyddiau hyn am grintachrwydd y gyfundrefn Cymorth Cyfraith – aeth pethau mor ddrwg nes bu i gyfreithwyr orfod streicio i dynnu sylw atynt. Pwrpas y gyfundrefn yw darparu cymorth rhad neu ddi-dâl i'r rhai na fedrant fforddio i dalu amdano. Mae Cymorth Cyfraith yn methu, megis y mae'r Gwasanaeth Iechyd yn methu, ond nid yw'n cael yr un cyhoeddus-rwydd. Felly mi adroddaf hanes amdanaf fy hun, o'r dyddiau cynharaf oll pan nad oedd gen i gar, tua 1956 neu '57.

Roeddwn yn amddiffyn dau efaill, deuddeg oed, a oedd wedi'u cyhuddo o roi lori ar dân. Roeddynt yn pledio'n ddieuog yn Llys Ynadon Blaenau Ffestiniog. Roedd y tad yn ddi-waith a heb sentan i dalu. Trefn pethau ydoedd i mi, ar ôl cyrraedd y Llys, wneud cais am Dystysgrif Cymorth Cyfraith. Yn hollol afresymegol, caniata-wyd Cymorth i'r naill, a'i wrthod i'r llall. Yr un oedd honedig-drosedd y ddau, a'r un gŵr oedd tad y ddau. Ond felly y bu.

Ar ôl astudio'r ffeithiau a'r gyfraith er mwyn paratoi'r amddiffyniad (am tua dwyawr y diwrnod cynt), teithiais yn y bws o Bwllheli i Flaenau Ffestiniog – dwyawr o daith bob ffordd. Parodd yr achos tua theirawr, a dyfarnwyd y ddau fachgen yn ddieuog. Cefais bryd o fwyd mewn caffi yn ystod yr egwyl ginio. Yr oedd angen anfon crynodeb o'r paratoi, y gwrandawiad, yr oriau, y teithio, y treuliau bwyd a'r cyfan draw i Gyngor Sir Meirionnydd yn Nolgellau. Ar ôl iddynt ystyried popeth, derbyniais y swm o Ddwy Gini (£2.10 heddiw) am fy ngwaith da. Gwn y bu chwyddiant aruthrol ers y dyddiau hynny. OND ...

Mae gennyf yn fy meddiant ddau fil gan dwrneiod o'r oes o'r blaen. Fel y digwydd, mae'r naill a'r llall am weithredu mewn pryniant eiddo; felly maent yn hawdd i'w cymharu. Pris y naill eiddo (fferm), ym 1832, oedd £650. Yr oedd bil Mri Williams ac Ellis, Cyfreithwyr, Pwllheli, yn £28.17.0 (£28.85).

Pris yr eiddo arall – tŷ – ym 1948 (116 mlynedd yn ddiweddarach) oedd £680. Yr oedd bil Mr O Wynne Griffith, Cyfreithiwr, Nefyn, yn £14.00. Ond fel na bai hynny'n ddigon, ar waelod bil Mr Griffith ymddengys yr atodiad, yn ei lawysgrifen: *'In the circumstances however I think this be* [sic] *too much to charge you and so will you please send me a cheque for £7 (seven pounds) in full settlement.'* Mewn sbel dros ganrif, felly, y tâl nid yn unig heb gynyddu, ond wedi chwarteru. Byddwch yn falch o ddarllen fy mod i'n gadael y gŵyn a'r geiniog yn y fanna. Ond teimlaf mai purion peth yw i'r cyhoedd sylweddoli cyn iddynt rwgnach.

Swydd a swyddfa

Y peth cyntaf i'w wneud oedd chwilio am swydd. Nid oedd modd i Elwyn Jones gynnig swydd barhaol i mi: roedd ei fab, Huw, yn astudio'r Gyfraith ac ar fin dod i fwrw'i erthyglau gyda'i dad. Practis-un-dyn oedd ganddo, fel llaweroedd yng Ngwynedd yn y dyddiau hynny. Roedd digonedd o swyddi yn ninasoedd mawrion Lloegr, a hyd yn oed yng Nghaerdydd ac Abertawe, pe bawn i wedi chwilio. Ond penderfynais geisio cael lle yn nes adref – a deued a ddêl – yng Nghymru. Cefais gyfweliadau digon boddhaol â chyfreithwyr yn Llanrwst a Llandrillo-yn-rhos. Roedd y ddeule yn fy siwtio i, a minnau'n siwtio'r ddeule – ar wahân i un mater. Roedd Llanrwst a Llandrillo o fewn Etholaeth Dinbych. Felly, pan ddywedais mai fy mwriad oedd ailymladd y Sedd dros y Blaid Lafur, eu hadwaith oedd 'Diolch, ond dim diolch.'

Trwy ddamwain y clywais fod Alec Smart, bwci-betio ar lawr cyntaf y *Glyn Temperance* yn Stryd Fawr Pwllheli, yn gorfod symud ei stondin i swyddfa fetio ar lefel y stryd. Ac felly, fod y stafelloedd ar osod. Bachais hwy yn syth a'u troi yn swyddfa cyfraith. Ailfedyddiais y lle yn 'Swyddfa'r Glyn' a dodais blât efydd ger y drws ffrynt. Yr unig wahaniaeth rhwng fy mhlât efydd i, a phob plât efydd arall yng Nghymru gyfan, hyd y gwn, oedd bod y gair 'CYFREITHIWR' uwchben y gair 'SOLICITOR'. Er bod Pwllheli, yr adeg hynny, yn llawer Cymreiciach tref nag yw hi erbyn hyn, a'r

Gymraeg i'w chlywed ym mhobman, nid oedd gair o'r iaith i'w weld yn unman, ar na siop na swyddfa na phen stryd. Chwerthais yn fy llawes pan glywais fod rhai yn meddwl fy mod i'n 'Welsh Nash mawr' am fy mod wedi rhyfygu defnyddio Cymraeg.

Dyna sut y sylfaenais fy mhractis cyfraith. Cadair a bwrdd a theleffon (heb ei gysylltu). Dim cwpwrdd ffeilio hyd yn oed; doedd gen i ddim ffeiliau gan na feddwn yr un cleient. Fedrwn i ddim rhoi hysbyseb yn y wasg i ddweud fy mod i yno; roedd gwharddiad llym ar bob cyfreithiwr rhag hysbysebu'n union- neu'n anuniongyrchol. Felly doedd dim i'w wneud ond eistedd a disgwyl. Serch hynny, yn ystod fy wythnos gyntaf, clywn sŵn traed ar y grisiau bob hyn a hyn. A phwy oedd yno ond dynion bach yn cludo darnau o bapur wedi'u lapio am symiau o arian, sef 'rhedwyr' fy rhagflaenydd y bwci, yn dod â'u slipiau arian betio i mi gan feddwl mai fi oedd y bwci newydd! Doeddwn i ddim yn blês iawn â'u dehongliad o'm galwedigaeth gan fod betio yn y modd yma yn anghyfreithlon ar y pryd.

Prynais hen deipiadur *Imperial* ail-law ac yn fuan wedyn hen *Olivetti* cludadwy, a daeth Mam draw i'r swyddfa i roi llaw. A ninnau'n byw yn Nefyn, a heb gar, dim ond ar y bws yr oedd modd i ni deithio'n ôl a blaen. Yn wir, ni phrynais gar am bron i flwyddyn, a phan wnes hynny, hen Forys Wyth, 1935, ydoedd. Costiodd ddeugain punt. Cofiaf y car cyntaf hwnnw fel pe bai'n ddoe. Ei rif oedd DYM 693, a 'Bỳm' oedd ei enw i bawb. Pan fyddai un o'r sbringiau'n torri, at y gof yr awn â Bỳm er mwyn iddo wneud – ie gwneud – sbring newydd ar ei engan!

Ac Undeb yr Annibynwyr yn cyfarfod ym Mhwllheli, un bore codais ddau weinidog mewn siwtiau oedd yn aros am fws yn Efailnewydd, rhyw ddwy filltir o'r Dre'. A minnau hefyd mewn siwt dywyll, gofynnodd un o'r ddau i mi ym mhle yr oeddwn yn weinidog. Eglurais mai cyfreithiwr oeddwn, a gofynnais pam yr oeddynt yn meddwl 'mod i'n weinidog. 'O weld eich car chi,' oedd eu hateb. Ymhen hir a hwyr, pan werthais Bỳm, cefais ddecpunt amdano.

Buan iawn y bu rhaid i mi gyflogi staff, a thros y blynyddoedd cyflogais lawer. Ni soniaf ond am ddwy, Elsie Jones ac Anwen Pritchard, a ddaeth acw yn ysgrifenyddesau i mi – yr oeddynt yn dal acw am rai blynyddoedd ar ôl i mi ymddeol: ni fyddai dichon cyflogi neb mwy gweithgar, ffyddlon a chydwybodol na hwy.

Bu bron i'r hen *Olivetti* ennill ei le yn yr Amgueddfa Genedlaethol. Roedd yr Athro J R Jones, Abertawe (brodor o Bwllheli) yn aros yn Nefyn ar un adeg – menyw o Nefyn oedd Julia, ei wraig. Ar y pryd roedd wrthi'n sgrifennu ei gyfrol hanesyddol *Prydeindod*, a'i deipiadur ei hun yn llawer rhy drwm i'w symud o'i stydi, gartref. Cafodd fenthyg yr hen *Olivetti* i baratoi'r llyfr ar gyfer y wasg. Ond nid wyf yn credu y byddai gan yr *Antiques Road Show* ddiddordeb ynddo fel crair.

Yn y dechrau, â'r practis yn araf iawn yn cynyddu, gofynnais i mi fy hun droeon, tybed a oeddwn wedi gwneud y peth iawn. O blith holl fechgyn a merched y ddau Chweched Dosbarth ym 1947, mae'n drist meddwl mai fi yw'r unig un a lwyddodd i dreulio ei yrfa gwaith yn ei filltir sgwâr. Mae'n wir i nifer ddod yn ôl i ymddeol, ond o edrych ar y gymdeithas Gymraeg, wledig yn Llŷn, loes calon yw sylweddoli ei bod, ar un olwg, yn gymdethas o hynafgwyr a phlant. Yn gymdeithas sydd wedi gorfod ymdopi heb yr hyn a alwaf 'y genhedlaeth greadigol', ac a fu'n dlotach o fod wedi gorfod ymlafnio hebddynt.

Trybestod twrneiod

Yr oedd y ddau gyfreithiwr Richard Ellis-Davies ('Dic') ac Ieuan ap Gruffydd Hughes ('Iapi') fel Huwcyn a Ffowcyn. Mewn ambell lys, Dic oedd yn erlyn a Iapi'n amddiffyn. Mewn llysoedd eraill, Iapi a erlyniai, a Dic yn achub cam. Cofiaf glywed y ddau wrthi, un bore, yng Nghaernarfon, a Dic yn dadlau bod du yn wyn. Yr un pnawn, yn Llys Bangor, dadleuai Dic bod gwyn yn ddu. Gofynnais iddo un tro sut y medrai gysoni ei ddadleuon yn y naill lys â'i ddadleuon i'r gwrthwyneb yn y llall. 'Dach chi'n gweld,' eglurodd Dic, 'pan fydda i'n mynd o Gaernarfon i Fangor – rhywle tua'r Felinheli – mi fydd rhyw newid cyfrwys-gynnil yn digwydd i egwyddorion y gyfraith. Erbyn y bydda i wedi cyrraedd Bangor, mi fyddan nhw'n wahanol, rhywsut.' Os credech chi hynna, fe gredech unrhyw beth.

Roedd Dic yn un da am gael yr ochr uchaf, hefyd. Mae gan y Saeson air amdano: *'gamesmanship'*. A yw trosiad Briws, 'trechafwriaeth', yn gwneud cyfiawnder â'r ystyr? Ar fy niwrnod cyntaf oll – yn gyfreithiwr – yn Llys Bangor, yr oeddwn i amddiffyn rhyw berchen garais go fawr o Birmingham ar gyhuddiad o gamfoduro. Roedd hwnnw'n dal trwydded lân ers oes yr arth a'r blaidd, a doedd o ddim am weld maeddu ei sglein y bore hwnnw. Roeddwn innau wedi paratoi'r achos yn ofalus a chydwybodol – fel y gobeithiaf y gwnes ar hyd y beit. Ond yr un peth nad oeddwn wedi'i ddweud wrth y cleient, wrth gwrs, oedd fy mod i'n gyfreithiwr ers llai na phedair awr ar hugain, ac mai hwn oedd fy achos cyntaf erioed. Cododd Dic i agor yr achos, ac meddai: *'Before I open the case for the prosecution, I should like to congratulate my young friend Mr Robyn Lewis on qualifying as a solicitor, and to wish him well – but not too well – in his first case.'* Yn yr oes bropor honno, doedd wiw i neb ddefnyddio iaith binc, heb sôn am goch, mewn llys barn. Ond darniwyd yr awyrgylch pan gododd gwaedd o enaid y cleient, a eisteddai yn y doc tu ôl i mi. *'BLOODY HELL!'*, ebychodd, dros y cwrt. Edrychodd Cadeirydd y Fainc, Lady Artemus-Jones (gweddw'r barnwr) ar y cleient druan dros ei sbectol *pince-nez*, a phletiodd ei cheg. Aeth yr achos rhagddo. Cafwyd fy nghleient yn ddieuog. Fe garwn i feddwl mai fy adfocatiaeth huawdl i a'i hachubodd. Ond rwy'n credu mai tosturi dros y cleient, nad oedd ganddo ond glasgyfreithiwr i'w amddiffyn, a enillodd y dydd, yn y bôn.

Un dydd daeth menyw i'r swyddfa. 'Isio difôrs' yr oedd, meddai hi. Erbyn holi, yr oedd yn cyd-fyw, hi â rhyw 'Wiliam', mewn bwthyn uwchlaw clawdd mynydd, lle ganed iddynt bedwar o blant. 'Pam ydach chi isio difôrs, Musus Jones?' gofynnais. 'Er mwyn medru priodi Wiliam,' atebodd. Teimlwn fod y pâr wedi llwyddo i blanta yn ddigon llwyddiannus heb orfod dibynnu ar lân briodas. Dywedais hynny wrthi. A'r ateb syfrdanol a gefais oedd, 'Dach chi'n gweld, Mistar Lewis, yr ydw i a Wiliam wedi câl cynnig byw mewn tŷ capal. A fasa fo ddim yn beth propor i fyw tali mewn tŷ capal, yn na fasa?'

Yn fuan wedi i mi agor practis ym Mhwllheli, penodwyd Barnwr newydd i'r Llysoedd Sirol yn y Gogledd. Ei Anrhydedd Meurig Evans, gŵr o wyneb fflamgoch, a thymer o'r un ansawdd; o'i fynegi'n gynnil, nid gŵr a ddioddefai ffyliaid yn llon. Medrai Gymraeg ond ni fyddai neb wedi ei ddrwgdybio o hynny. Roedd yn gyn-ymgeisydd i'r Torïaid yn y Barri ym 1950, lle daeth o fewn mil i drechu Dorothy Rees, a ddaliodd y Sedd i Lafur o 1950 tan 1951. Ei ragflaenydd oedd y Barnwr Syr Ernest Evans, cyn-Aelod Seneddol y Brifysgol, a roes fod i'r Isetholiad enwog ym 1943 pan ddyrchafwyd ef o'r Senedd i'r Fainc.

Roedd 'Ernie', ys gelwid ef, wedi gadael i ddisgyblaeth a phrotocol y llys fynd mwy na braidd yn llac. Penderfynodd Meurig garthu'r stablau, ac aeth ati'n frwdfrydig i wneud hynny ar ei ddiwrnod cyntaf. Arferai ambell gyfreithiwr ddodi ei ŵn ddu, a'r bandiau cotwm wrth goler big, dros siwt o frethyn cartref golau. Pan ymddangosodd un cyfreithiwr, adnabyddus iawn, ger ei fron mewn siwt o'r fath, sgwriodd y Barnwr ef 'am sarhau Llysoedd ei Mawrhydi trwy wisgo yn y fath fodd.' Nid oedd yn barod i dderbyn ymddiheuriad, chwaith. Yng ngŵydd llond llys o bobl, gorchmynnodd y cyfreithiwr druan i fynd adref i newid: *so that when you return, your mode of dress will be less redolent of a golf course.'* Ni ddatgelaf enw'r cyfreithiwr druan ond, wrth lwc, nid myfi ydoedd.

Mae yna gyfreithiwr ym Mhorthmadog o'r enw Robert Price ('*Dixie*' – am ei fod yn bêl-droediwr da yn ei ieuenctid pell). Yr oeddem yn gyfoedion yn Adran y Gyfraith, Aberystwyth, 'slawer dydd. Ac yntau wedi bod yn bartner i'r diweddar Ddoctor W R P George ers blynyddoedd, ni synnwch ei bod yn arfer ganddo gamsillafu 'Cricieth' yn 'Criccieth'. Pan fyddem yn gweithredu'r naill ochr a'r llall wrth drawsgludo eiddo, arferem gywiro drafft-weithredoedd ein gilydd. Bob tro y gwelwn i 'Criccieth' yn ei ddogfennau ef, croeswn un 'c' allan a chywirwn y gair yn 'Cricieth'. Pan welai ef 'Cricieth' mewn gweithred gen i, ychwanegai un 'c' a'i droi yn 'Criccieth'. Dros y blynyddoedd, ni wn pa faint o inc nac o amser a wastraffwyd ar hyn – yn ein hamser sbâr, ac nid ar draul unrhyw gleient, brysiaf i ychwanegu. Ond, ac yntau wedi bod yn hen lanc am flynyddoedd ac wedi penderfynu priodi, llwyddais i anfon cyfarchiad a chân iddo ar y BBC ar fore ei briodas. Sef un o ffefrynnau *Y Dyniadon Ynfyd Hirfelyn Tesog*, grŵp a oedd yn uchel yn y siartiau ar y pryd: 'oddi wrth ei Yncl Robyn yn Nefyn, y gân "*Pa sawl 'ec' sydd yng Nghricieth*".' A'r ateb i'r pos gyda llaw, Dixie, yw 'dwy', nid 'tair'.

Bydd twrneiod yn cael llawer i'w wneud â bargyfreithwyr. Mae'r gwahaniaeth rhwng y ddwy alwedigaeth yn hanesyddol a chymhleth, felly nid af i geisio ei hegluro yma. Serch y bu ambell eithriad, tri chwnsler y bûm yn eu briffio – yn eu trefn – yn rheolaidd. Y tri yn Gymry Cymraeg trylwyr, yr oeddwn yn eu hadnabod hyd yn oed cyn iddynt gael eu 'galw i'r Bar'. Gwnaeth y tri, fel ei gilydd, waith boddhaol a chlodwiw ar fy rhan ac, yn bwysicach, ar ran fy nghleientiaid. Eu henwau? Eifion Roberts, Dewi Watkin Powell a Michael Farmer. Dyrchafwyd pob un o'r tri yn Farnwr ar y Fainc cyn diwedd eu gyrfa: dyna brawf fy mod wedi dethol yn ddoeth. Deil Ei Anrhydedd y Barnwr Michael Farmer, CF (Cwnsler y Frenhines) i weinyddu cyfiawnder yn Llys y Goron ar Gylchdaith Cymru.

Damcaniaethu

'Sut y medrwch chi amddiffyn rhywun y gwyddoch ei fod yn euog?' Dyna yw'r cwestiwn safonol a ofynnir i bawb sy'n amddiffyn troseddwyr a honedig-droseddwyr. Dyfeisiais fy ngwrth-gwestiwn fy hun i'w ofyn i'r rhai a'i gofynnai, sef: 'Sut y medrwch chi erlyn rhywun y gwyddoch ei fod yn ddieuog?' Medrir dadlau fod y ddau gwestiwn yn gorsymleiddio.

Ateb enwog y Doctor Samuel Johnson i'r cyntaf ('sut y medrwch chi amddiffyn ...?') ydoedd (i) na wyddoch fod neb yn euog nes i'r Rheithgor benderfynu hynny; (ii) fod gan bawb yr hawl i gael treial teg, beth bynnag fo'r cyhuddiad; (iii) eich bod yno i ddadlau achos fel y dymunai diffynnydd ei ddadlau pe bai ganddo'r addysg a'r profiad; a (iv) ni all yr amddiffynnwr fod yn farnwr yn yr un achos. Ei farnu, nid ei amddiffyn yr ydych pan ddywedwch: 'Mae'n euog.'

Nid oes ateb i'r ail gwestiwn (Sut y medrwch chi erlyn ...?) ac mi ddiffeiaf holl athronwyr, dysgedigion a holltwyr-blew y gyfraith i ddyfeisio un boddhaol.

Darlithio ac ati

Araf iawn fu'r practis ar y dechrau. Ond cefais fy nhynnu i mewn i weithgareddau eraill. Roeddent, ynddynt eu hunain, yn bethau defnyddiol a diddorol i'w gwneud: yn peri i mi ddod i adnabod pobl ac i bobl ddod i'm hadnabod i.

Yn fuan wedi i mi gyrraedd Pwllheli, gofynnodd fy nghyn-athro Caradog Jones a fyddai gennyf ddiddordeb mewn darlithio i'r *WEA* yn Llŷn. Neidiais at y cyfle. Ar wahân i unrhyw ystyriaeth arall, yr oeddwn angen yr arian. Cynhaliais gwrs o ddeuddeg darlith dros dymor y gaeaf, mewn dau bentref bob wythnos. Gwnes hynny'n rheolaidd am bum mlynedd. Fy mhwnc, wrth gwrs, oedd y Gyfraith – y tro cyntaf i'r pwnc fod ar gael yn Llŷn. A chyn bwysiced – yn wir, i mi, yn llawer pwysicach – Cymraeg oedd y cyfrwng; fe soniaf am arwyddocâd hynny eto. Deuthum i adnabod llaweroedd o bobl; daethant hwythau i'm hadnabod innau. Deuthum hefyd i adnabod Penrhyn Llŷn yn llawer gwell.

Profiad diddorol oedd cynnal y darlithiau hyn. Mewn ambell le, awchai'r dosbarth am godi cwestiynau a thrafod; mewn mannau eraill, yr oedd ymlafnio darlithio fel ceisio annerch llond beudy o wartheg. Weithiau, ceisiai rhywun arwain y drafodaeth fel ag i gael cymorth cyfreithiol am ddim gan dybio nad oeddwn i'n sylweddoli hynny. Chwarddwn yn fy llawes, a rhoddwn y cyngor orau y medrwn – yn dâl am ei bowldrwydd. Yn nosbarth Llangybi, yr oedd un hen wag o'r enw Dafydd Williams a arferai ofyn cwestiynau eithaf astrus. Methwn â deall sut, a phaham. Ond syrthiodd y geiniog pan ddefnyddiodd ambell derm technegol prin. Roedd gan yr hen fachgen gopi o'r *Universal Home Lawyer*, a'i ddiléit oedd pori yn hwnnw i chwilio am gwestiynau i faglu'r darlithydd. Os nad oeddwn yn gwybod yr ateb, arferwn 'fynd o gwmpas' y mater mewn modd deheuig rhag iddo sylweddoli fy anwybodaeth. Mae hynny'n hen dric sy'n ddigon cyfarwydd i gyfreithwyr a gwleidyddion. Yn Llangybi, cefais ymarfer fy sgiliau yn y ddewiniaeth ddu.

Ar yr un pryd ag yr oeddwn yn darlithio fy hunan, bûm hefyd yn ddisgybl mewn dosbarth nos. Roedd Cynan, a ddarlithiai i Adran Efrydiau Allanol Coleg Bangor, yn cynnal cwrs gaeaf yn Edern ar y pwnc: *Y Beibl fel Llenyddiaeth*. A hynny'n digwydd ar noson rydd o'm darlithiau fy hun, medrwn fynd i wrando ar Cynan yn ddidrafferth. Bu ei glywed yn ein harwain yn feistrolgar trwy lên y Beibl Cymraeg yn brofiad i'w drysori.

* * * *

Swydd arall y bûm ynddi am sbel oedd bod yn Ysgrifennydd Sioe Amaethyddol Llŷn ('Sioe Nefyn', neu'r 'Mownti' ys gelwid hi), a gynhelid bob dydd Llun y Pasg. Nid oedd tâl am hon, ond cefais lawer o waith a llawer o hwyl. Roedd fy rhagflaenydd wedi marw'n ddisymwth, felly ni fedrwn ymgynghori â neb. Amaethwyr oedd y Pwyllgor i gyd, a lle'r oeddwn i'n hollol anwybodus am ffermio, yr oeddynt hwythau lawn mor anwybodus am waith papur.

Gan hynny, cefais sawl tro trwstan. Penderfynais mai syniad da fyddai arddangos y cwpanau a'r tlysau, ymlaen llaw, mewn ffenest siop yn Nefyn. Dim ond un siop oedd a chanddi ffenest wag, a chefais ganiatâd i'w defnyddio. Yn anffodus, siop drin gwallt merched oedd hi, a'r lle'n drewi o bersawr a chemegau drwgaroglus. Mewn un noson, llwyddodd y cemegau i droi'r holl gwpanau a thlysau arian yn ddu bitsh! Bu Mam a minnau tan oriau mân y bore efo'r *Silvo* ac eli penelin yn eu sgleinio drachefn.

Yn niffyg cofnodion na chymorth gan neb, cefais fawr drafferth i ganfod pwy oedd wedi ennill pa gwpanau y flwyddyn cynt. Pan gefais fy rhestr i fwcwl, sgrifennais at yr enillwyr blaenorol mewn da bryd iddynt ddychwelyd y cwpanau. Cyrhaeddodd y cyfan, ac eithrio un: dim ateb nac ymateb. Sgrifennais at yr enillydd priodol drachefn: unwaith eto, dim siw na miw. Ceisiais ffonio, ond nid oedd ganddo ffôn. O'r diwedd, collais bob amynedd ac anfonais lythyr twrnai bygythiol a phigog.

Ymlien deuddydd, roedd y cwpan yn saff yn fy meddiant. Adroddais hynny'n foddhaus wrth y Pwyllgor. Ond cofiodd mwy nag un ohonynt fod yr enillydd druan – y creadur y bûm i yn ei fygwth â grymoedd y gyfraith – wedi ennill y Cwpan am y trydydd tro o'r bron yn y Sioe flaenorol, ac wedi cael yr hawl i'w gadw am byth! Llythyr sachlïain a lludw fu hi wedyn. Ar ôl dwy sioe, llwyddais i ddod o hyd i ddiniweityn arall i ysgwyddo'r baich yn fy lle. Bu trefnu Sioe Nefyn yn brofiad addysgiadol a diddorol: deuthum i wybod llawer am ffarmio ond mi ddysgais i fwy am ffarmwrs.

*   *   *   *

Y trydydd gweithgaredd y bûm ynglŷn ag ef oedd bod yn Ysgrifennydd pwyllgor sefydlu Cae Chwarae i'r plant yn Nefyn.

Nid maes pêl-droed a chriced, ond cae siglenni, si-so a meri-go-rownd ar gyfer y plant llai. Y gorchwyl cyntaf oedd codi arian. Roedd pobl Nefyn yn frwdfrydig dros ei gael, a rhoddodd pawb eu dwylo yn eu pocedi. Felly, dyma'r Pwyllgor yn bwrw iddi.

Y prif anhawster oedd fod Cae Bryn Manach (mynach) yn glytwaith o ddarnau a stribedi mân, a'r rheini'n eiddo triphlith-draphlith i ystadau Cefnamwlch, Boduan a Glynllifon. Felly yr oedd rhaid eu prynu, un wrth un. Doedd y tair ystâd ddim mor frwdfrydig i 'madael â'u heiddo (ni ofynnaf sut yr oeddynt wedi eu cael yn y lle cyntaf) a bu rhaid i ni fargeinio a thalu am bob modfedd sgwâr. At hynny, bu rhaid i ni dalu costau eu hasiantwyr tir a'u twrneiod. Ond rhai felly oedd ystadau Llŷn; does dim awch fel awch uchelwr.

Yn syth ar ôl i ni agor y cae chwarae, â phob siglen a si-so yn eu lle, cyrhaeddodd llythyr oddi wrth gangen Nefyn o Gymdeithas Cadwraeth y Sul yn mynegi pryder rhag i ni ganiatáu i'r plant ddefnyddio'r cae chwarae ar y seithfed dydd, a thorri'r Saboth. Tybiwn fod y fath orgulni wedi darfod o'r tir ond tystiai eu llythyr i'r gwrthwyneb.

Ni wn ai 'tric twrnai' a'm symbylodd i'w hateb i'r perwyl y gwnes, sef ein bod yn fodlon cau'r cae chwarae o nos Sadwrn hyd fore Llun, ond ar yr amod eu bod hwy, Cymdeithas Cadwraeth y Sul, yn prynu cadwyni a chloeau ar gyfer pob un o'r teclynnau chwarae; yn dod yno bob nos Sadwrn i'w gosod, a thrachefn bob bore Llun i'w datgloi; ac yn gyfrifol am unrhyw ychwanegiad yn ein tâl yswiriant. Ni chlywsom air o gŵyn ganddynt wedyn.

*　　*　　*　　*

Dadwleidydda: priodi

Ar ôl Etholiad 1955 ni bu'n hir cyn i'r Blaid Lafur yn Ninbych benderfynu fy ailfabwysiadu'n ymgeisydd, a hynny heb restr fer. Serch y gwnaed hynny'n ddiseremoni a diffwdan, cafodd y wasg afael yn yr hanes a chefais gyhoeddusrwydd pellach. Ond dechreuais simsanu braidd. Efallai mai ar fy anfodlonrwydd i deithio draw i Ddinbych ar noson waith a phenwythnosau yr oedd y bai. Nid oedd galwadau felly wedi dod cyn yr Etholiad: mater o fabwysiadu ar y funud olaf a chynnal ymgyrch syth bin oedd honno.

Ar un achlysur, euthum i Bafiliwn Corwen i wrando ar Aneurin Bevan yn areithio. A minnau'n ddarpar-ymgeisydd, cefais ei gyfarfod, a sedd ar y llwyfan. Dyma'r unig dro erioed i mi ei weld yn y cnawd. Wrth gwrs, roedd hi'n araith ysgubol. Eithr dim ond un peth a ddywedodd a lynodd yn y cof. Yr oedd newydd ddychwelyd o'r Unol Daleithiau, ac meddai amdani: *'A country of technological brilliance.'* Petrusodd am eiliadau, cyn rhoi'r swaden 'ffernol: *'But a land of no social purpose!'* Mewn blynyddoedd i ddod, cawsom weld mor gysáct-broffwydol oedd ei eiriau.

Ond roedd mwy na sŵn ym mrig y morwydd fod rhai Llafurwyr dylanwadol yn gwbl elyniaethus i'r Ymreolaeth y credwn i mor gryf ynddi. Roeddwn wedi cymeryd yn ganiataol y byddai cewri fel Aneurin Bevan o blaid. Nes i mi ei glywed ei fod o'r farn mai 'syniad plentynnaidd' ydoedd. Wedyn dyna Iori Thomas a Ness Edwards – yn ddiweddarach y daeth George Thomas a Leo Abse i lenwi'r llwyfan. Yn wir, yr oedd Aelod newydd Wrecsam, James Idwal Jones, yn erbyn, serch bod ei frawd, T W Jones (Meirionnydd) o blaid. Yr oedd yr un neges i'w chlywed o fewn Pwyllgor Gwaith Etholaeth Dinbych, lle na fu amser i wyntyllu'r mater yn ystod berw Etholiad '55. A simsanu y bûm i, tra'n sylweddoli fod Llafurwyr Dinbych yn anfodlon ar fy safbwynt a'm diffyg presenoldeb fel ei gilydd. Ond gadewais i'r sefyllfa rygnu 'mlaen. Yr oeddwn wedi darganfod trywydd llawer hyfrytach a mwy diddorol i'w ganlyn.

I'w ganlyn? Yn hytrach i'w 'chanlyn'. Yr oedd tua diwedd '58 neu ddechrau '59 pan gyflwynwyd fi i Gwenan Lloyd Humphreys o Flaenau Ffestiniog a letyai ac a weithiai yn was sifil ym Mhwllheli (ie, 'gwas sifil': does dim ffurf fenywaidd). Ar ôl rhai misoedd, dyma ddyweddïo, ac ar ddiwedd blwyddyn, ar ddiwrnod nodweddiadol lawog yn y Blaenau, priodwyd Gwenan a minnau gan y diweddar Barchedig Brifardd Herman Jones a oedd yn gynweinidog ar deulu Gwenan yn y Port. Dafis oedd fy ngwas priodas. Ys dywedais, os mêts, mêts.

Ar y funud olaf cyn gadael tŷ'r Briodferch, gofynnodd Herman, 'Oes gan Robyn enw arall heblaw "Robyn"?' Bu rhaid egluro wrtho mai 'John Robert Jones' oedd enw'r Priodfab. Wedi i mi glywed yr hanes yna, penderfynais, er mwyn cael defnyddio'r enw'n swyddogol wrth ymarfer yn gyfreithiwr, y byddwn yn ei fabwysiadu trwy Weithred Newid Enw. At hynny, yn unol â rheolau crachgyfreithaidd y Gyfraith-Gymdeithas yn Llundain, rhaid oedd hysbysebu'r newid yn y *London Gazette*, y *Times* a phapur a gylchredai yn fy milltir sgwâr. *Yr Herald Cymraeg* a gafodd y fraint, er y bu angen i mi anfon cyfieithiad (ar ffurf driphlyg, ac wedi ei ardystio gan gyfreithiwr arall) i fodloni'r rhai a reolai'r fath bethau yn y Ddinas Fawr.

Cyn belled ag y bo'r 'Léwis' dan sylw, sleifio'r acen lem i mewn heb ddweud wrth neb wnes i. Y rheswm oedd fy mod i wedi syrffedu cael fy ngalw'n 'Lŵis' gan Saeson na wyddent ddim gwell. A hefyd (most y piti) gan y Cymry gwastad hynny a dybiai fod 'Lŵis' yn swnio'n fwy sydêt na 'Léwis'.

Fe fydd yn berthnasol, maes o law, i mi sôn fod Gwenan yn aelod o Blaid Cymru, a'i holl deulu'n gefnogwyr. Roedd ei thad, Gwilym, yn un o'r *'noble six hundred'* a fwriodd bleidlais i Lewis Valentine, ei Hymgeisydd cyntaf oll, ym Mhorthmadog ym 1929. Yn wir, roedd ei thaid, John Lloyd Humphreys, Rheolwr yr Oakeley, yn aelod o'r Blaid mor bell yn ôl â'r Dau Ddegau. Felly roedd Gwenan yn gyw o frid. Ni fu dim ffraeo rhyngom ynghylch gwleidyddiaeth, dim ond 'cytuno i anghytuno', a llwyddo – wedi i ni briodi – i gydfyw'n gytûn drwy'r cwbl.

Erbyn gweld, roedd J LL H wedi bod yn dipyn o geffyl blaen yn Sir Ferionnydd yn ei ddydd. Un tro, a minnau wedi bod yn darlithio yn Nolgellau, roedd Gwenan yn falch o glywed fy mod i wedi cael fy nghyflwyno yno fel 'ŵyr-yng-nghyfraith i'r diweddar John Lloyd Humphreys.' Ei hymateb boddhaus oedd, 'Mi gêst ti wybod dy seis yn Sir Feirionnydd.'

Rhyw bythefnos ar ôl i ni briodi, a minnau yn fy ngwaith, aeth Gwenan allan i siopa. Daeth hen wreigan ati ar y stryd, a gofyn, yn biwis braidd, 'Chi sydd wedi priodi Robyn Léwis?' Cadarnhaodd Gwenan hynny. 'Wel, mi ddylach chi ga'l gwbod eich bod chi wedi priodi'r hogyn gwaetha yn Nefyn!' Roedd Gwenan yn gegrwth. Pan ddeuthum adref, dywedodd wrthyf beth oedd wedi digwydd. Chwarddais innau. 'Jên Bocs oedd honna,' meddwn. A hi, Miss Jane Williams ydoedd, hen wreigan y bu Dafis a minnau yn plagio llawer arni wrth gicio pêl yn erbyn ei drws cefn. Ymhen blynyddoedd, gofynnodd i Gwenan alw yn ei thŷ, lle parodd Jên embaras mawr pan roddodd bâr o ganwyllbrennau pres bychan iddi'n anrheg; ni wn ai yn wobr gysur am ei hamynedd yn byw gyda'r 'hogyn gwaetha yn Nefyn'.

Madame Leila

Ni ddylai cyfreithiwr enwi'r un cleient, ond am unwaith dyma fi'n gwneud. A Leila Mégane oedd honno. Neu'n hytrach y gantores enwog *Madame Leila Mégane*, neu Maggie Jones gynt, a fagwyd yn Swyddfa'r Heddlu, Pwllheli – a'i thad yn Arolygydd yno – ac a ddaeth yn Katherine Jenkins ei dydd. Bellach, mae plac ar yr adeilad i gofio amdani. Erbyn i mi ei hadnabod roedd wedi hen ymddeol, wedi ailbriodi, ac yn byw yn Efailnewydd. Cynhaliodd fwy o gyngherddau ffarwél na Hogia'r Wyddfa. Ond daliai i gofio pinaclau ei gyrfa, ac i'w hail-fyw i neb a ddymunai wrando. Un o'i straeon oedd ei bod yn canu yn Nhŷ Opera Rhufain, yn syth o flaen y feiolinydd byd-enwog Fritz Kreisler. Pan ddaeth Leila oddi ar y llwyfan aeth at Kreisler a'i gusanu, gan ddweud, *'Don't be nervous, Fritz bach. I have prepared them for you!'*

Cyn i mi erioed ei chyfarfod, yr oedd Gwenan eisoes wedi bod ar wyliau ym Milano, yr Eidal, ac wedi ymweld â'r Tŷ Opera. Gofynnodd i'r tywysydd a arweiniai ei grŵp, ac a ymfalchïai yn y 'cewri gynt' a fu'n canu yno, a oedd ganddynt record o lais Leila Mégane. Er mawr foddhad iddi, roedd record o'i llais ar gael yno ynghyd â recordiau o leisiau'r mawrion eraill megis Enrico Caruso.

Yn y fflat uwchben fy swyddfa trigai Billy Williams, feiolinydd o gryn fri (ond nid ar lefel Fritz Kreisler). Ar yr adegau anfynych pan ddôi adref, deuai cyfaill iddo, y Doctor Llifon Hughes-Jones, gynt o Lundain, pianydd a chyfansoddwr blaenllaw, i ymweld. Yn yr haf, a'r ffenestri'n agored led y pen, arferent chwarae deuawdau piano/ffidil. Os digwyddai Leila Mégane ddod acw i'm gweld, a chlywed hyn, âi yn syth i fyny'r grisiau atynt, a dechrau canu. A'i llais wedi pallu gan henaint, gellid clywed y sgrechfeydd mwyaf annaearol hanner ffordd i fyny'r Stryd Fawr. Roedd hi'n amhosibl canolbwyntio ar faterion pedestraidd y gyfraith yn wyneb y fath nadau.

Roedd gan Leila un ferch, Isaura. Ganed hi yn Nulyn tra oedd

Leila'n cynnal cyngherddau yno. Oherwydd man ei geni cafodd Isaura anhawster dybryd i gael pasbort Prydeinig. Roedd ganddi hawl i basbort Gwyddelig ond dymunai Isaura gael un o'r Swyddfa Basportiau yn Llundain. Cefais drafferth fawr i fynd â'r maen arbennig yma i'r mur ond o'r diwedd cafodd Isaura ei dymuniad. O'm rhan fy hun, byddwn wedi bod yn fwy na bodlon cyfnewid fy mhasbort Prydeinig am Basbort Gwyddelig. Ond lle bo pasport dan sylw, nid mater o 'a geisio a gaiff' mohoni.

Mae'n debyg mai un o'r pethau diwethaf a wnaeth Leila oedd anfon telegram cyfarch i Gwenan a minnau ar ddiwrnod ein priodas. Pan ddychwelsom o'n mis mêl yr oedd Leila Mégane druan wedi'i chladdu.

Ailymuno

Nid yw Gwenan na minnau yn cofio a oeddem wedi dyweddïo ai peidio y noson y daeth hi draw efo fi i Ddinbych. Mynd i'r Pwyllgor Etholaeth yr oeddwn *i* – i'r sinema yr aeth *hi*. Gan fod anghydfod Ymreolaeth yn bygwth codi'i ben unwaith yn rhagor, torrais y ddadl trwy gyhoeddi fy mod yn ymddiswyddo fel eu Hymgeisydd. Cymerodd hynny'r gwynt o hwyliau pawb. Pan ddaeth Gwenan o'r sinema, *cyn*-Ymgeisydd Seneddol a'i cyfarfu yn y maes parcio.

Gofynnais i mi fy hun – droeon – a oeddwn wedi gwneud y peth iawn. Dewiswyd Stanley Williams yn Ymgeisydd yn fy lle. Yn Etholiad '59, poliodd Stanley 8,620, lle'r oeddwn i wedi cael 10,421. Nid clochdar ar draul Stanley druan yr wyf wrth ddyfynnu'r ffigyrau. Canys erbyn Etholiad '59 yr oedd ffactor newydd wedi dod i'r fargen. Roedd gan Blaid Cymru Ymgeisydd am y tro cyntaf sef y Doctor D A Jones. Poliodd Dafydd Alun 3,077. Ar draul Llafur, mae'n rhesymol tybio.

Nid oeddwn wedi ymddiswyddo o'r Blaid Lafur. Llaesu dwylo trwy beidio adnewyddu fy nhâl aelodaeth a wneuthum, dyna'r cyfan. Yn '59 daliais i bleidleisio i Goronwy Roberts; a Gwenan – â'i phleidlais hi yn y Blaenau – i'r Blaid (Gwynfor Evans). Yn '64, a ninnau'n briod ac yn byw yn Nefyn, pleidleisiodd y ddau ohonom i'r Blaid (R E Jones): felly hefyd yn '66 (Wmffra Roberts).

Rwy'n gwybod yn union paham a pha bryd yr ailymunais â Phlaid Cymru. Yn Eisteddfod Maldwyn, 1965, yn y Drenewydd, y digwyddodd. Yr oedd fy hen gyfaill a chydoeswr-coleg, Elystan Morgan, wedi sefyll dros y Blaid ym Meirionnydd yn '64. Rhaid cofio mai ef – yr areithiwr, a mab darogan Plaid Cymru – oedd eilun llaweroedd yn y mudiad cenedlaethol y pryd hynny. Yn ystod y Brifwyl, clywsom y newydd syfrdan fod Elystan wedi gadael Plaid Cymru ac ymuno â Llafur. Sioc i laweroedd, ac yn sicr i Gwenan a mi. Euthum ar fy union i Babell *Y Ddraig Goch* ar y Maes ac ailymuno â'r Blaid. Enillodd Elystan Geredigion i Lafur yn Etholiad Cyffredinol '66. Ymhen cwta dri mis yr oedd Gwynfor Evans wedi'i oddiweddyd trwy greu Hanes ar Sgwâr Caerfyrddin.

Erbyn gweld, yr wyf yn hynod falch fy mod wedi ailymuno â Phlaid Cymru cyn i Gwynfor ennill Caerfyrddin. Fel arall, buasai'n edrych fel pe bawn i wedi mynd i ganlyn y llif. Cyn i mi fwrw 'mlaen â'm hunangofiant, y mae un cwestiwn i'w ofyn ac i'w ateb. Sef i ba raddau y bu dylanwad Gwenan, y Bleidreg, yn ffactor yn hyn oll? Gwn fod llawer yn priodoli'r clod – neu'r bai, yn dibynnu ar eu safbwynt – iddi hi. Na, nid Gwenan oedd yn gyfrifol: fel y tybiech, yr ydym wedi trafod hyn droeon, ac mae hithau'n cytuno â'r farn yna. Fy nadrithiad graddol â Llafur a fraenarodd y tir: 'tröedigaeth' Elystan a ysgogodd y weithred.

Ond mae'n siŵr – a ninnau'n ddau Bleidiwr bellach – bod ein cyd-fyw wedi bod yn llawer haws. Carwn orffen saga'r newid plaid ar nodyn ysgafn, gan fabwysiadu brawddeg a briodolir i Winston Churchill, a gychwynnodd ei yrfa yn Dori, a ddaeth yn Rhyddfrydwr ac a orffennodd yn Dori drachefn. Meddai (a chyfieithaf yn llac): 'Nid yw ambell wleidydd ond yn troi côt o chwith: troiais i 'nghôt yn ddethe drachefn.'

Dyna un cam – o leiaf â mi fy hun – wedi'i unioni, 'dybiwn.

Twm Geraint

Bu Gwenan a minnau yn Eisteddfod Aberafan, 1966, ac yn aros yn Abertawe. Hefyd yn aros yn y cyffiniau: nid mewn gwesty moethus fel ni, ond yng Ngharchar Abertawe, yr oedd Geraint ('Twm') Jones, Trefor. Geraint oedd y cyntaf oll i'w fwrw i garchar am ei safiad dros y Gymraeg. Roedd ei dad, William Jones, yn gleient i mi ac roeddwn hefyd yn adnabod Geraint. Un o'r hawliau sydd gan gyfreithiwr yw i ymweld â charchar i weld cleient. Gyda golwg ar fynd i'w weld, ffoniais y carchar. Yr oeddynt yn ddrwgdybus iawn ohonof gan nad oeddwn wedi gwneud cais mewn llythyr a threfnu apwyntiad ffurfiol – a sut bynnag, nid oeddynt yn fy adnabod, serch y medrwn brofi pwy a beth oeddwn. Nid oedd y ffaith fod ei dad (ac nid Geraint ei hun) yn gleient, yn ddigon da. Ni fedrwn ychwaith roi llaw ar galon a dweud mai i gynghori Geraint ar fater o apêl y dymunwn ei weld. Rwy'n crybwyll yr hanes nid oherwydd fy mwriadau da, a'm methiant, fy hun. Mae'n gyfle i sôn am safiad Geraint ac am ei ruddin yn fodlon gwneud yr hyn a wnaeth dros ei egwyddorion. Yr wyf yn dal i'w adnabod, a deil ei egwyddorion yn union fel yr oeddynt y pryd hwnnw.

Pan newidiwyd fformat *Y Cymro* ychydig flynyddoedd yn ôl, bu Geraint yn sgrifennu colofn fywiog a phigog dan yr enw *Sêt y Gornel*. Am ryw reswm, nas datgelwyd yn llawn, penderfynodd y papur roi taw ar ei biser, am ei fod, yn ôl a ddeallwn, wedi dweud rhywbeth am Brifysgol Cymru nad oedd yn plesio'r Sanhedrin. Bûm yn un o'r llaweroedd o ddarllenwyr a ofynnodd i'r *Cymro* newid eu meddwl ynghylch colofn Geraint ond doedd dim yn tycio. Mygwyd ei farn, ac ym marn nifer ohonom, mae *Y Cymro* yn llawer salach papur o'r herwydd. Dyna enghraifft, os gwelais un erioed, o dorri'r trwyn i sbeitio'r wyneb.

Geraint a wahoddwyd i draddodi Darlith Flynyddol Cyfeillion Llŷn yn 2006. Ei destun oedd 'Y Tân yn Llŷn'. Bellach, mae'n bosibl ei phrynu ar gryno-ddisg, a charwn ei hargymell fel Darlith y dylai pawb ymorol eu bod yn gwrando arni.

Pennod 7

GEIRIADURA AC ATI

(1963-1969)

Geiriadura: fy *magnum opus*
Gwn mai ym 1963 y torrais i'r garw ar orchwyl a oedd i fynd â'm bryd am dros ddeugain mlynedd. Llunio tri geiriadur cyfreithiol – a chyn y diwedd – casglu PhD am draethawd ymchwil: *Geiriaduraeth y Gyfraith*. Tri pheth a barodd i mi ddechrau ymddiddori yn y mater a mynd i'r afael ag ef. Pe bawn wedi sylweddoli cyn cychwyn y byddwn wrthi am dros ddeugain mlynedd – a maint aruthrol y gwaith a'r ymchwil oedd yn fy aros – mae'n amheus gen i a fyddwn erioed wedi rhoi blaen troed yn y dŵr.

Yn gyntaf: Darlithoedd y WEA. Buan iawn y deuthum i sylweddoli nad oedd termau technegol addas ar gael yn Gymraeg nac ychwaith unrhyw restr na llyfr o dermau. Felly, os dymunwn gael llyfr o'r fath, nid oedd dim amdani ond ymroi i'w sgrifennu fy hun! Rhyw ddwy neu dair tudalen o restr ar y cychwyn. Yn araf chwyddodd fy 'rhestr' yn llyfryn ac yna'n llyfr. Pan gyhoeddwyd hwnnw, *Termau Cyfraith*, ym 1972, soniais yn y Rhagymadrodd sut y bûm yn casglu ac yn bathu termau am naw mlynedd: dyna sut y medraf fod mor gysáct yn olrhain y mater i 1963. O leiaf cefais Wisg Wen gan yr Orsedd ym 1974 ar gorn y gyfrol gyntaf honno.

Yn ail: Cyngor Llŷn. Pan ddaeth sedd yn wag ar y Cyngor Dosbarth enillais hi yn ddiwrthwynebiad. Treuliais nifer o flynyddoedd bodlon a diddorol ar y Cyngor hwnnw. Cynhelid pob cyfarfod, yn ogystal â'i liaws pwyllgorau, yn uniaith-Gymraeg. Ni fu erioed ball ar dermau Cymraeg addas ar gyfer ei holl swyddogaethau. Ni ddychmygais, y pryd hwnnw, fod hyn yn unigryw yn y Gymru honno, ac mai breintiedig a phrin oedd y profiad a gefais. Trwy drugaredd, y Gymraeg oedd mamiaith pob Cynghorydd a'r holl staff. Heb iddynt deimlo iot yn hunanymwybodol, y Gymraeg, a'r Gymraeg yn unig, a ddefnyddid ar lafar ac ar lyfr. Rwy'n sicr – ond nid wiw ceisio enwi – fod nifer o'r aelodau yn uniaith-Gymraeg. Yr unig achlysuron ieithyddol-chwithig oedd pan oedd y Meddyg Iechyd, Dr Kinsey (a rennid â sawl cyngor arall) yn bresennol. Serch ei fod yn siarad Cymraeg yn rhugl, mynnai ambell Gynghorydd siarad ag ef yn Saesneg 'am ei fod yn Sais' ac mai felly y dylai pethau fod. A bod yn onest, roedd Cymraeg y Doctor Kinsey yn llawer mwy rhugl na'u Saesneg hwy; serch hynny, ni thyciai dim ond Saesneg – gan ambell un. Fe fu, ac fe ddeil, meddylfryd 'owyr Inglish ffrends' yn felltith yn y Gymru Gymraeg, hyd yn oed yng ngwlad Llŷn ar brydiau.

Yn drydydd: Llys Ynadon Pwllheli. At ei gilydd, Cymry Cymraeg a fynychai'r fan honno hefyd. Ond nid yr un Cymry Cymraeg. Ni theimlai'r Cymry hynny yn hunanymwybodol ychwaith, wrth iddynt siarad Saesneg â'i gilydd yn breifat ac ar goedd, canys y Saesneg – a'r Saesneg bron yn unig – oedd iaith eu practeisiau. Bu'r Parchedig Herbert Thomas, Deon Gwlad Llŷn, a Phleidiwr rhonc, yn Ynad Heddwch am dair blynedd yn rhinwedd ei swydd yn Gadeirydd Cyngor Llŷn. Un diwrnod, wrth glywed y Saesneg hollbresennol, collodd ei limpin yn lân, a bloeddiodd, ar goedd o'r Fainc, 'Be sy ar bennau'r bobol 'ma deudwch? Llond cwrt o Gymry Cymraeg yn bregliach Saesneg wrth ei gilydd. A hwnnw'n Saesneg digon simsan yn amlach na heb!' (Wrth fynd heibio, mae'n dda medru nodi fod pethau wedi newid yn y Llysoedd, a hynny er gwell. I raddau mwy nag y meiddiais ddychmygu, ond eto i raddau llai nag y carwn weld.) Pan ddaeth yr hawl i siarad Cymraeg trwy Ddeddf yr Iaith ym 1967, mynnai ambell un lynu wrth y Saesneg. Yn baradocsaidd, y rhai â'r Saesneg salaf a lynai wrthi glosiaf oll: ni fynnent i neb feddwl nad oedd ganddynt fawr ddim Saesneg, er bod hynny'n berffaith amlwg i bawb arall yn y Llys cyn gynted ag yr agorent eu safnau.

Gwyddelod

Serch y bu Gwenan a minnau yn Iwerddon lawer tro, mae'n werth cyfeirio at ein hymweliad adeg y Pasg, 1966. Yr oedd y Gwyddyl yn dathlu hanner canmlwyddiant Gwrthryfel 1916 ac yn cofio'u merthyron. Yr oedd cannoedd, os nad miloedd, o Gymry wedi heidio draw i Ddulyn, i'r graddau y clywech chi Gymraeg ym mhob tafarn, ar bob stryd a rownd pob cornel. Llawer mwy nag a glywech chi o Wyddeleg, ysywaeth. Cawsom groeso twymgalon (tybiaf nad 'tywysogaidd' fyddai'r *mot juste* yn y cyswllt, er mai'r un gair, meddir, yw *'Tywysog'* a *'Taoiseach'*), a bu'r cyfan yn achlysur i'w gofio. Éamon de Valera, erbyn hynny yn Arlywydd, yn hynafgwr dall a musgrell, yn sefyll ar y llwyfan saliwtio o flaen Prif Swyddfa hanesyddol y Post. Gwynfor a Rhiannon Evans, a Harri a Lenna Pritchard-Jones ymysg y gwesteion arbennig gydag ef ar y podiwm tra âi'r orymdaith heibio.

Un pnawn, a ninnau yn Amgueddfa Genedlaethol Iwerddon, Dulyn, pwy a welsom ond Cynan, yn manwl-graffu ar ryw grair, â'i gefn atom. Gwyddwn ei bod yn ben blwydd arno (am mai ar Ebrill 14 y ganed Nhad, yn ogystal â Chynan). Euthum ato o'r cefn a sibrwd yn ei glust, 'Pen Blwydd Hapus, Cynan.' Neidiodd, a throes ataf. 'Sut ar y ddaear y gwyddech chi?' gofynnodd. Eglurais innau. Yna meddai, 'Mae Menna yma yn rhywle. Fe gawn ni sbort yn tynnu'i choes hi.' Trodd Menna – nad oeddwn wedi ei chyfarfod cyn hynny – tuag atom rownd cornel rhyw gwpwrdd gwydr. Ac meddai Cynan, 'Menna, wyt ti'n cofio cyfarfod Cathal O'Flaherty, o'r *Oireachtas*?' *'Yes, of course,'* atebodd Menna, gan estyn ei llaw ataf: *'How nice to see you again. How do you do?'* Chwarddodd Cynan. 'Menna, rwyt ti'n dweud celwydd. Mae'r gŵr bonheddig yma yn Gymro glân gloyw, o Ben Llŷn!' Roedd Menna'n flin, braidd, pan glywodd hyn. Meddai Gwenan wedyn, 'Blin faswn innau hefyd, tasa ti wedi chwarae'r fath dric arna i!'

Daethom i adnabod llawer o Wyddelod dros y blynyddoedd. Nifer ohonynt yn aelodau o'r *Oireachtas na Gaeilge*, sy'n cyfateb agosaf i'r Eisteddfod Genedlaethol, ac sy'n anfon cynrychiolwyr i'n

Prifwyl bob blwyddyn. Bûm innau draw yn cynrychioli'r Orsedd yn yr *Oireachtas* rhyw deirgwaith neu bedair. Croeso cynnes yn ddi-feth, ond rwy'n dal i deimlo mai Cymru yw'r 'brawd mawr' ym myd yr ieithoedd Celtaidd i gyd, gan gynnwys y Weriniaeth fondigrybwyll yr aberthodd y Gwyddyl gymaint i'w sefydlu.

O'n tŷ ni (fel arfer yn arwydd o dywydd drwg i ddod) medrwn weld bryniau Wicklow (*Cill Mhantáin*). Medrwn hefyd dderbyn rhaglenni *RTÉ* (*Radio Telefís Éireann*) yn glir. Maent yn cynhyrchu llawn cymaint o rwtsh â'n sianelau ni, ond o bryd i'w gilydd byddwn yn mwynhau rhaglen o sylwedd. Megis angladd gwladwriaethol y glaslanc Kevin Barry, 70 mlynedd ar ôl ei grogi a'i gladdu yng nghwrtil Carchar Kilmainham. Yn ystod Rhyfel Mrs Thatcher yn Ynysoedd Malfin, fel ag yn ystod Rhyfeloedd Blair a Bush yn y ganrif hon, ceid gogwydd hollol wahanol ar y Newyddion, o safbwynt am-Mhrydeinig – nid gwrth-Brydeinig. Ar brydiau, yr oedd fel chwa o awyr iach. Ond deil yr iaith Wyddeleg yn brin ar brif sianelau *RTÉ*, ysywaeth.

Unwaith, tua 1965, cawsom bythefnos o wyliau llong ar Afon Rhein, yn teithio o Amsterdam yn yr Iseldiroedd i Basel yn y Swistir ac yn ôl. Ar y llong cawsom gwmni difyr ac unigryw teulu o Wyddelod o'r enw Ryan, o Belffast. Pabyddion a Chenedlatholwyr rhonc. Meddyg oedd Jim (neu *Seamus*) y tad, a oedd yn gyn-aelod o'r hen *IRA*, ac wedi bod yn ymladd ochr yn ochr â Phadraig Pearse yn Swyddfa'r Post ym 1916. Yr oedd y ffaith ei fod wedi'i adael ar yr ochr 'Brydeinig' i'r ffin pan rannwyd Iwerddon yn dân ar ei groen. Dysgais lawer am Iwerddon a thrybestod y Gogledd ganddo – a hynny cyn i 'helyntion' y deng mlynedd ar hugain diwethaf gychwyn. Ganddo ef y clywais gyntaf am Ian Paisley, cyn i enw hwnnw ddod yn gyfarwydd i bawb.

Roedd Jim Ryan yn dynnwr coes di-ail. Torrodd botel o win ar starn ein llong (ar Afon Rhein yng nghanol yr Almaen, cofiwch), gan honni cymeryd meddiant ohoni ar ran yr 'Irish Republican Navy'! Roedd ganddo frawd yn offeiriad, a oedd wedi'i ddyrchafu'n *monsignor* yn ei Eglwys. Dywedodd hanes trist-ddoniol wrthym am yr adeg pan oedd y brawd hwnnw yn y Coleg Gwyddelig yn Rhufain. Ef ddaeth yn uchaf yn yr arholiadau ordeinio: y wobr am hynny oedd ymglywiad personol â'r Pab ei hun. Ar achlysur mor bwysig, cynhwysid holl deulu agos yr offeriad newydd yn y gwahoddiad; arferent deithio i Rufain o bellafoedd byd i ddathlu'r fath anrhydedd.

Gan fod tad Jim wedi marw, ei fam yn unig a aeth i Rufain. O ystyried y nifer fawr o blant sy'n arferol mewn ambell deulu Catholig, holodd y Pab hi mewn syndod, bron: 'Ai dim ond yr un mab sydd gennych, Mrs Ryan?' 'Nage, Eich Sancteiddrwydd,' atebodd hithau, 'mae gen i dri mab arall.' 'Sut na fuasent wedi dod gyda chi i Rufain, heddiw i ddathlu ordeiniad eu brawd?' gofynnodd y Pontiff. Eglurodd hithau'n drist wrth y Pab na fedrai'r un o'r meibion eraill fod yn bresennol am eu bod, ill tri, yng ngharcharau'r Sais. Meddai Jim: *'I was in Mountjoy; Padraig was in Frongoch in Wales, but Ruairi did the postgraduate course in Dartmoor!'*

Eglurodd ymhellach sut y bu i nifer o Wyddelod, gan gynnwys ei frawd Ruairi, ddianc o garchar Dartmoor, a bod ysgarmes wedi digwydd rhyngddynt a rhai o swyddogion y Carchar. Tarawyd Ruairi yn ei lygad gan bastwn: *'it blinded him for life in his left eye. But my God, it improved his golf!'* Gan na fedrai Jim a'r teulu stumogi byw yng Ngogledd Iwerddon Brydeinig a Phrydeinllyd mwyach, wedi iddo ymddeol, symudodd y teulu i fyw i Glasnevin gerllaw Dulyn. Buom yn ymweld â'u cartref ym Melffast ac yn eu tŷ newydd yng Nglasnevin. Ym mynwent Clondalkin mae Jim, Sue ei wraig, a Peadar eu mab wedi'u claddu: buom yno hefyd yn ymweld â'r bedd.

*   *   *   *

Ar hap y daethom yn llawiau â theulu arall o Wyddelod, Kieran a Lian Lynch. O Ddinas Corc y maen nhw'n hanu. Trwy gyd-ddigwyddiad, meddyg yw Kieran hefyd. I Nefyn, yn feddyg cynorthwyol am ychydig fisoedd y daeth, a digwyddodd y pâr gymeryd y tŷ drws nesaf ar osod. Ar y pryd, yr oedd Lian yn disgwyl ei phlentyn cyntaf, Ceri, sydd bellach yn briod ac yn feddyg ei hun yn Ysbyty Frenhinol Morgannwg, Llantrisant. Yn ei dilyn hi, daeth brawd, Colm, a'r cyw melyn olaf, Kate. Mae Gwenan a minnau yn rhieni bedydd i'r tri: cawsom ganiatâd gan Eglwys Rufain i fod. Pan fedyddiwyd Kate, bu'n bloeddio crïo trwy gydol yr Offeren yn ddi-stop, nerth ei hysgyfaint. Ond cyn gynted ag y taenodd yr offeiriad y dŵr sanctaidd ar ei thalcen, ymdawelodd yn syth bin, ac aeth i gysgu. Peidiwch â gofyn i mi am eglurhad.

Ar ôl iddo fwrw talm yn ôl yn Iwerddon, cafodd Kieran ei benodi yn seiciatrydd-plant ymgynghorol yn Ysbyty Gwynedd. Mae'n siarad Cymraeg rhugl â'i gleifion – dywedodd wrthyf na chafodd, ac yntau'n medru Gwyddeleg, unrhyw anhawster â threigladau'r iaith. Mae ein dau deulu mor glòs, yn wir, nes yr ystyriwn ein gilydd bellach, yn un 'teulu estynedig'.

Teulu Gwenan

Merch i Gwilym a Mary Elizabeth ('Lal') Humphreys, Porthmadog a Blaenau Ffestiniog, yw Gwenan. Mae ganddi un chwaer. Priododd Nest â William Arthur Williams, bachgen o Ddolwyddelan. Bu'n athro yn ysgol y Ddôl ac wedyn yn brifathro Pentre Du, Betws-y-coed. Ganed iddynt ddwy ferch, Bethan a Marnel. Bu'r ddwy yn astudio Cymraeg yng Ngholeg y Gogledd, gan ennill graddau anrhydeddus. Bellach mae Bethan yn Bennaeth Adran y Gymraeg yng Nglan y Môr, Pwllheli, a Marnel, sydd yn briod â Twm, pennaeth ysgol Harlech, yn dysgu yn Ysgol Cefn Coch, Penrhyndeudraeth. Dyna ychwanegu pedwar athro ysgol arall at y tylwyth! Pan aned y genod, ailfedyddiwyd Gwilym a Lal yn 'Taid' a 'Nain'. Pan alwais Lal yn 'Nain' un tro, cefais y drefn: 'Dydw i ddim yn Nain i chi, Robyn Lêwis!'

Treuliodd Nest, Wil a'r genod lawer o'u gwyliau haf yn Dwyryd. Roeddem bob amser yn falch o'u gweld yn cyrraedd a theimlem hiraeth a gwacter ar ôl iddynt adael. Pleser arbennig i mi oedd cael mynd â'r plant draw i'r 'Cae Swings' – ys galwent ef – o gofio fy nghysylltiad â sylfaenu Cae Chwarae Nefyn.

Bu Mam farw ym 1985 yn Ysbyty Gwynedd. Galwyd Gwenan a minnau draw, ond erbyn i ni gyrraedd, roedd hi wedi mynd. Yr un noson, cafodd Wil drawiad ar y galon, a'i gipio i Ysbyty Llandudno. Felly, yn syth o Ysbyty Gwynedd, aethom draw i Neuadd John Morris-Jones (JM-J), lle'r oedd Marnel yn aros, a mynd â hi'n syth bin i Landudno. Deil y ddau ddigwyddiad wedi eu cyplysu yn fy nghof.

Ysywaeth, ymhen cwta flwyddyn, bu Wil farw yn annhymig. Yr oeddem eisoes yn agos at deulu'r Ddôl – yn wir, a ninnau yn ddi-blant, ystyriai Gwenan a minnau y genod bron fel pe baent yn blant i ni. Hwyrach yn fwy felly, ar ôl colli Wil.

Soniais am ein cartref, Dwyryd. Ein rheswm dros ddewis yr enw oedd bod Gwenan o Sir Feirionnydd a minnau o Sir Gaernarfon. Felly: 'Dwyryd' – yr afon a ffurfiai'r terfyn rhwng y ddwy sir. Yn anffodus, buom mor siŵr o'n pethau fel na thrafferthodd neb i edrych ar fap, neu byddem wedi sylweddoli mai Afon Glaslyn sy'n rhannu'r siroedd mewn gwirionedd. Ond erbyn hynny, roedd yr enw ar blât-efydd y tŷ, y papur sgrifennu, yn y llyfr ffôn ac ym meddiant swyddfa'r post. Felly glynwyd wrth 'Dwyryd'. Yr oeddwn wedi gadael Uwch-y-Don pan briodais, a bu Gwenan a minnau mewn fflat, eto yn Nefyn, am dair blynedd cyn i ni ddechrau codi Dwyryd. Arhosodd Richard yn yr hen gartref; mae'n dal i fyw yno.

Dylwn adrodd un hanes am gyfnod ein dyweddïad. Un diwrnod, a minnau newydd ddod o'r Llys, gwisgwn y lifrai priodol, sef siwt lwyd dywyll gyda gwasgod, a chrys gwyn coler-galed (ond nid, y pnawn hwnnw, y regalia cyflawn o het Hombwrg, cas brîff ac ymbarél). Galwais i nôl Gwenan, ac aethom at darddle Afon Conwy, sef Llyn Conwy, am bicnic. Wrth edrych o gwmpas, gwelais laswellt gwastad, felly euthum i gerdded arno. Nid glaswellt ydoedd, ond pwll o laid gwyrdd, gludiog. Suddais iddo at fy nghanol! Safai Gwenan ar y lan, rhwng chwerthin a chrïo.

Ni fu perygl einioes, a llwyddais i ddod ohono yn weddol ddidrafferth ond roedd yr ymdrech yn golygu fy mod i wedi 'ngorchuddio â llaid gwyrdd, gwlyb, sleboglyd, o'm pen i'm traed. Gyrrais y car yn ôl i gartref Gwenan lle cefais faddon poeth a benthyg un o drowsusau ei thad cyn i mi orfod ei chychwyn am Nefyn drachefn, ar ôl glanhau tu mewn lleidiog y cerbyd. Lal oedd wedi ymorol am y trowsus ar fy nghyfer. Roedd Gwilym yn flin pan ddarganfu ei bod wedi rhoi menthyg un o'i drowsusau gorau i mi!

Ychydig cyn i ni briodi, penodwyd Gwilym yn Ynad Heddwch ar Fainc Blaenau Ffestiniog, lle byddwn yn ymddangos o bryd i'w gilydd. Bu rhaid gwneud trefniant iddo 'eistedd yn ôl' a pheidio ymneilltuo gyda gweddill y Fainc pan oeddwn i'n ymddangos mewn achos ger eu bron. Yn unol â geiriau enwog Arglwydd Brif

Ustus Hewart ym 1923: 'Nid digon yw gweinyddu Cyfiawnder: rhaid yw gweld ei weinyddu yn yr amlwg.'

Eithr nid gŵr a ddeisyfai anrhydeddau oedd Gwilym Humphreys. Ymhen blynyddoedd, pan gynigiwyd *MBE* iddo, sgrifennodd yn ôl a gofyn: *'What empire?'*

Pa iaith? Pa wlad?

I Lundain yr aethom ar ein mis mêl. Carwn sôn am un digwyddiad. Roedd Gwenan eisiau i ni fynd am de i *Fortnum and Mason,* gan ei bod wedi clywed cymaint am y lle gan fodryb iddi. Erbyn gweld, yr oedd *F & M* yn un o'r lleoedd crand hynny lle'r oedd bron rhaid codi morgais i dalu am bryd o fwyd. A ninnau wrthi'n cael ein te, ac yn sgwrsio yn Gymraeg yn ôl ein harfer, ni fedrem beidio â chlywed sgwrs dwy foneddiges grand yr olwg, a fregliai eu Saesneg dros y lle, â'r acen cyn feined ag y medrai acen daten-boeth fod. Yn sydyn syrthiodd y geiniog: ni'n dau oedd testun eu sgwrs.

'I wonder what language it is. I'm sure I've never heard it before. Yet they don't **look** *foreign.'* Daliodd Gwenan a minnau i wrando, tan chwerthin yn ein llewys. Ymhen hir a hwyr, gadawodd un o'r merched. Daliodd y llall i glustfeinio, ac yn y diwedd methodd â dal: plygodd tuag atom. Gofynnodd yn ddigon cwrtais am wn i, eithr yn y llais uchel ac araf a ddefnyddia Saeson ffroenuchel er mwyn i fforinars di-Saesneg eu deall: *'Excuse me. I couldn't help hearing your conversation. My friend and I were just wondering what language you are speaking.'* Cyn i Gwenan fedru dweud dim, daeth chwiw i'm pen, ac ar fympwy sefais ar fy nhraed. Cliciais fy sodlau, bowiais yn gwrtais i'r fenyw, tan gyhoeddi, mewn acen a ddychmygwn oedd yn acen Rwsiaidd: *'I am Vladimir Peniakov from the Soviet Embassy, and this is my wife, Natasha.'* Cefais yr adwaith mewn llais edmygus: *'Oh,* **how** *interesting. I shall tell my friend: she'll be delighted to know.'* Roedd adwaith Gwenan yn wahanol braidd: 'Beth gebyst ddaeth dros dy ben di, dŵad?'

Dros y blynyddoedd gofynnwyd i ni pa iaith a siaradem mewn llawer o wledydd ar y pum cyfandir. Ac eithrio Patagonia, bu rhaid egluro hyd syrffed, dro ar ôl tro, nad yn Lloegr yr oedd Cymru. Os mai achlysur ateb ffwrdd-â-hi ydoedd, dywedem ein bod yn Wyddelod. Roedd pawb yn deall ac yn derbyn hynny. Sven

Pedersen, myfyriwr o Swéden, a roddodd *y* syniad ardderchog i mi. Pan ofynnais o ble yn Swéden y deuai atebodd *'Copenhâgen'!* Pan oeddwn *i* yn yr ysgol, eglurais wrtho, yr oedd Copenhâgen yn Nenmarc. 'Digon gwir,' ebe Sven, 'ond rwy'n gallu gweld arfordir Denmarc o'r tŷ acw, a Chopenhâgen yw ein tref fawr agosaf.' 'Os felly,' meddwn wrtho, 'yr ydw innau'n byw yn Ninas Dulyn!'

Pan oeddwn i'n Llywydd Rotariaid Pwllheli, derbyniais nifer o gylchlythyrau gan Faer Toronto. Yn ddieithriad, byddai'n eu cyfeirio ataf yn *'Nefyn, Pwllheli, Wales, England.'* Sgrifennais ato tua theirgwaith i geisio'i gywiro ynghylch hyn. Ond doedd dim yn tycio. O'r diwedd cyfeiriais lythyr ato i *'Toronto, Canada, U.S.A.'* Fe gafodd y neges. A minnau'n dweud gair o ddiolch pan oeddwn yn westai yng Nghlwb Rotari Washington DC, adroddais yr hanesyn hwn. Cafodd gymeradwyaeth wresog gan yr Americanwyr. Rhyw flwyddyn yn ddiweddarach, a minnau'n gwneud yr un peth yng Nghlwb Rotari Toronto, adroddais y stori eilwaith. Ni synnwch glywed na fu'r derbyniad lawn cyn gynhesed.

Yng Nghlwb Rotari Washington, mae'n arferiad cael un Aelod Anrhydeddus arbennig; a hynny yn rhinwedd ei swydd aruchel ac arswydus. Sef neb llai nag Arlywydd yr Unol Daleithiau. Byddir yn arddangos portread ohono ar y wal y tu ôl i gadair Llywydd y Clwb, yn y lle anrhydedd (canolog). Pan ddaw tymor ei swydd i ben, symudir y portreadau ar hyd wal yr ystafell ginio er mwyn gwneud lle i bortread yr Arlywydd cyfoes. Roedden nhw i gyd yno. Cerddais ar hyd y rhes, a'u hadnabod bron bob un. Roedd llun Richard Nixon yno, yn oriel yr anfarwolion hon. Gydag un gwahaniaeth – roedd Rotariaid Washington wedi gweld yn dda i droi ei wyneb at y pared.

Erfyl Fychan

Pan oedd *Teledu Cymru* yn darlledu rhaglenni Cymraeg o stiwdio ym Manceinion, Harri Gwynn oedd y cyflwynydd. Teithiai'n ôl a blaen o Ros-lan, yn Eifionydd, gyda'r trên bob dydd. Cefais wahoddiad i ymddangos ar ei raglen i sôn am statws (neu ddiffyg statws) y Gymraeg. Un arall a oedd i ymddangos ar y rhaglen – i drafod yr Eisteddfod – oedd Erfyl Fychan (y Capten R W Jones), Arwyddfardd yr Orsedd, a oedd newydd symud i fyw ym

Mynytho: nid oeddwn yn ei adnabod cynt. Y pryd hynny, âi pawb i orsaf Chwilog efo car, er mwyn medru osgoi yr aros diddiwedd yng Nghyffordd Afon-wen.

Daeth un arall ar y trên yn y Rhyl: Kate Roberts, a oedd hefyd yn mynd i Fanceinion ar yr un perwyl. A ninnau yn lolfa aros foethus cwmni *Granada*, derbyniodd KR wydraid o sieri gan un o'r gweinyddwyr. Bu Erfyl Fychan yn tynnu ei choes na fyddai fawr o ddyfodol i'r mudiad dirwest yng Nghymru o hynny ymlaen. Un am dynnu coes oedd Erfyl, fel y cefais weld, droeon, wedyn. Buom ill dau yn llawiau weddill ei oes.

A ninnau'n agosáu at orsaf Warrington, sylwodd Erfyl ar slogan, ar ffurf graffito, ar wal un o'r siediau: '*ENGLISH GO HOME!*' 'Y pethau bach,' meddai'n synfyfyriol, 'i ble ar y ddaear yr ân nhw os nad oes neb eu heisiau yn eu gwlad eu hunain?'

Ac yntau acw un noson, gofynnodd yn sydyn: 'Oes gen ti gopi o *Cerddi Cynan*, Robyn?' Yn naturiol, oedd. 'Estyn o, wnei di?' Ar ôl iddo ei agor, gofynnodd: 'Ga' i sgwennu ynddo fo?' Wedi i mi gytuno, agorodd y gyfrol ar dudalen *Aberdaron*, lle sgrifennodd y pennill a ganlyn '*â pharch i wrhydrïau pysgota Cynan.*'

> Yr **wyt** yn hen a pharchus;
> **Mae** arian yn dy god;
> **Mae** pob beirniadaeth drosodd;
> Mae pawb **yn** canu'th glod.
> O! Gad dy bysgod yn y ffridj
> A chana'n iach i Fenai Bridj.
>
> *Erfyl Fychan, 1967.*

Ar gyfer cerdyn pen blwydd i Cynan yr oedd wedi ei lunio, a chafodd y gwrthrych sbort fawr wrth ei ddarllen. Ysywaeth, bu Erfyl farw'n gynamserol cyn diwedd 1967. Claddwyd ef ym Mynwent Eglwys Llangïan yn Llŷn. Daeth Cynan yno, ynghyd â thyrfa fawr, a minnau yn eu plith.

Winifred Ewing

Yn Ysgol Haf y Blaid, Dolgellau, ym 1967 y cyfarfûm i gyntaf â Winifred Ewing. Ag ewfforia Sgwâr Caerfyrddin yn dal i lynu wrth Gwynfor, yr oedd yn eilun yn yr Alban hefyd. A hithau ar fin ymladd isetholiad yn Hamilton, roedd Winnie hefyd yn teimlo'r ewfforia hwnnw. Cyflwynodd i Gwynfor ffiol yn cynnwys grug gwyn, gan ddweud: *'Before this heather flowers, I shall be with you in Westminster!'* Bu banllefau o gymeradwyaeth, ond doedd neb yn credu – yn eu calonnau go iawn – y byddai'n gwireddu ei haddewid. Ond fe wnaeth.

Cofiaf un Eisteddfod lle digwyddwn fod wrth y brif fynedfa pan ddaeth Gwynfor, ei briod Rhiannon, a Winnie Ewing i mewn. Roedd Winnie wedi bod yn aros yn Talar Wen, ac wedi gwisgo twll yn ei chroeso, braidd. Pan welodd Rhiannon fi, dyma hi'n gofyn i mi tybed a fedrwn fynd â Winnie oddi ar ei dwylo am ryw awr neu ddwy. Cytunais, a gofynnais i Winnie – na fu eioed mewn Eisteddfod o'r blaen – tybed beth y dymunai ei weld gyntaf. *'Where's the whisky tent?'* oedd ei hymateb. O ddiffyg pabell chwisgi, euthum â hi i stondin Merched y Wawr. Cyfarchwyd fi gan nifer ohonynt ond gofynnodd un i Winnie, 'A sut ydych chithau, Gwenan?' Embaras – hwnna oedd o.

Y tro diwethaf i mi ei gweld oedd yn angladd Gwynfor Evans. Euthum ati i siarad – nid oeddem wedi gweld ein gilydd ers blynyddoedd. Dywedodd wrthyf ei bod, rhwng y daith ymlaen ac yn ôl, wedi teithio mil o filltiroedd i ddod i gladdu Gwynfor. *'I would have travelled ten thousand,'* ychwanegodd.

Ar daith

'Dechrau wrth dy draed,' meddai'r hen air. Gan hynny, yn ogystal â theithio dramor, penderfynwyd ceisio dod i adnabod ein gwlad ein hunain yn well. Y cynllun a fabwysiadwyd – ac a weithiodd – ydoedd egwyl-penwythnos-hir rhyw dro rhwng y Pasg a'r Sulgwyn a mynd i grwydro Cymru. Ar yr adeg yna o bob blwyddyn, byddai'r tywydd wedi gwella a'r rhuthr ymwelwyr heb gychwyn. Gan ddefnyddio un gyfrol y flwyddyn o'r gyfres ragorol *Crwydro Cymru*, buom yn mynd o sir i sir gan ddilyn ôl troed yr awduron T I Ellis, Bobi Jones, Frank Price Jones, Aneirin Talfan a'r gweddill.

Cofiaf holi yn Llanymddyfri sut i ddod o hyd i Bantycelyn. Ar ôl gwneud hynny mewn rhyw dair siop ac ar y stryd, cyfaddefodd un fenyw wrthym: *'It rings a bell,'* a dyna oedd pendrawdod ei gwybodaeth am y Pêr Ganiedydd. Cawsom hyd i'r lle o'r diwedd, ac wrth i wraig y tŷ baratoi i'w ddangos i ni, gofynnodd, er mwyn gwneud sgwrs yn fwy na dim, 'Gwedwch. Gweinidog ynteu athro ŷch chi?' Atebais innau, yn fy niniweidrwydd, 'Cyfreithiwr.' Dychrynodd yr hen fadam.'Cyfrîthwr? MOWREDD!' ebychodd.

Ar adeg arall o'r flwyddyn, aem i dreulio pythefnos yn crwydro tipyn ar Ewrop. Fel arfer, crwydro heb fod mewn grŵp a wnaem, gan drefnu'r gwestyau cyn gadael, a chodi tocynnau trên a llong yn swyddfa deithio Wmffra Roberts, Caernarfon. A dibynnu ar lyfr ymadroddion mewn gwahanol ieithoedd. Yng Ngorllewin Ewrop nid oedd fawr anhawster. Stori arall oedd y gwledydd Arabaidd a'r Dwyrain Pell.

Anfonodd Wmffra ni i Tiwnisia un tro, lle buom ar gefn camelod. Yr oedd menyw arall, tua'r un oed â Gwenan, yn digwydd bod yn ein cwmni y diwrnod hwnnw. Wrth weld y ddwy ohonynt ar eu camelod, y tu ôl i'm camel i, gofynnodd y bachgen bach a'm tywysai yn hollol ddifrifol, 'Ai dwy o'ch gwragedd yw y menywod hyn?'

Nid hanesion teithio'r byd yw pwrpas hyn o hunangofiant. Ond mae ambell nodwedd a berthyn i aelodau o'r cenhedloedd bychain yn dod i'r wyneb o bryd i'w gilydd. Er enghraifft, yr achlysuron lle bu i ni gyfarfod Cymry Cymraeg ym mhellafoedd daear, ac weithiau – fe ddigwyddodd fwy nag unwaith – hyd yn oed rhywun neu rywrai yr oeddem yn eu hadnabod.

Dim ond unwaith y bu i mi ddifaru peidio cario camera: yn Thailand, gerllaw y ddrwgenwog 'Bont ar yr Afon Kwai' y bu hynny. Roedd mynwent filwrol anferth gerllaw, ac ynddi rai miloedd o feddau. Wrth i ni gerdded rhwng y rhesi, gwelsom amryw o 'feddfeini' efydd yn dwyn arysgrif yn Gymraeg. Bu'n loes i mi, lawer tro wedyn, nad oeddwn wedi tynnu eu lluniau, fel y gallwn olrhain eu teuluoedd, ac anfon darlun iddynt. Wedi'r cyfan, mae Thailand yn llawer pellach na, dyweder, gogledd Ffrainc neu Fflandrys, i deulu mewn galar i fynd draw i weld bedd rhywun annwyl.

Enwau Strydoedd

Ym 1963, penderfynodd Cyngor Llŷn ddodi platiau, yn dwyn eu henwau, ar y strydoedd. Dechreuwyd yn Nefyn, treflan fwyaf y Dosbarth, a chefais innau fy mys i'r briwas. Ni freuddwydiodd neb am roi enwau Saesneg: y dewis oedd rhwng enwau Cymraeg a rhai dwyieithog. Yr opsiwn 'uniaith-Gymraeg' a ddewiswyd.

Parodd hynny randibŵ dychrynllyd. Cafodd y cyfryngau eu dannedd i'r mater, gan gynhyrchu penawdau breision megis 'NEFYN GOES ALL-WELSH!' Bu llythyru brwd yn y wasg am fisoedd. Ar y pryd, serch bod enwau yn 'bodoli' ar rai o strydoedd Nefyn, nid oedd platiau yn unman i ddweud beth oeddynt. Felly, o roi *Stryd y Ffynnon-Well Street*, neu *Stryd Fawr-High Street*, byddai hynny'n wahoddiad i ddefnyddio'r ffurfiau 'parchus' Saesneg. A'r Cymry Cymraeg oedd yn gweiddi am fod yn bei-ling! O leiaf, cefais ddewis enw i'r ffordd lle mae Gwenan a minnau'n byw: *Rhodfa'r Môr*. Roedd ambell un eisiau ychwanegu '*Marine Drive*' at yr enw Cymraeg: ych a fi! Diweddodd y gân o blaid y Gymraeg, pan aethpwyd i ystyried rhoi enwau dwyieithog ar bentrefi Llŷn yn ogystal.

Cefais gyfle i awgrymu, ar gorn enwau pentrefi dwyieithog, y dylid cychwyn yn y Rhiw – os dymunid cael enw Saesneg arno yn ogystal, pa well trosiad na '*SEX*'? Ar ôl hynna, Cymraeg-yn-unig a orfu. Pan aethom ati i roi platiau Saesneg yn Aber-soch, lle'r oedd llawer o Saeson dŵad yn byw hyd yn oed yr adeg hynny, ni leisiodd neb, yn Gymro na Sais, air o wrthwynebiad.

Barn yn *Barn*

Tua chanol y Chwe Degau, gofynnodd Alwyn D Rees, a oedd erbyn hynny yn olygydd *Barn*, i mi sgrifennu colofn fisol iddo ar faterion cyfreithiol, gan mwyaf yn ymweud â statws y Gymraeg. Yr oedd Mesur yr Iaith 1967 (a ddaeth wedyn yn Ddeddf) newydd ei gyhoeddi, ac eisoes, roedd y gwallau ynddo yn dechrau dod i'r amlwg. A hynny er gwaethaf datganiadau gan Ysgrifennydd Cymru, Cledwyn Hughes, fod yr iaith bellach wedi'i hachub trwy gael ei phriod le ym mhob agwedd ar fywyd Cymru. Cydymffurfiais â chais Alwyn ac, yn naturiol ddigon, ymosod ar bolisïau Cledwyn Hughes – a hynny'n gignoeth ar brydiau – a wnawn o fis i fis.

Ym Mehefin 1967 cefais wahoddiad, ynghyd â Gwynfor Evans a Threfor Morgan, i fod yn siaradwr gwadd yng nghyfarfod cyhoeddus cyntaf Cymdeithas yr Iaith Gymraeg – newydd ei ffurfio – a gynhaliwyd, gyda chynulleidfa o tua chant, yn Narlithfa Reardon-Smith, Caerdydd. Yr hyn a gofiaf fwyaf am yr achlysur oedd fy mod wedi bod mor ffôl â gyrru o Nefyn i Gaerdydd ac yn ôl yr un diwrnod – pum awr o daith bob ffordd. Dyna'r unig dro i mi wneud hynny: yr oeddwn wedi ymlâdd. Ar y gorau, ni fyddaf yn hoffi gyrru car. Bûm unwaith yn berchen car *Mercedes-Benz*, y mwyaf pwerus a fu gennyf erioed, ond hyd yn oed yn hwnnw, ni ddysgais ddod yn hoff o yrru.

Tua'r adeg yma cynhaliwyd Eisteddfod yr Urdd yng Nghaergybi, ac aeth Gwenan a minnau draw. Y rhai cyntaf a welsom ar ôl mynd drwy'r porth oedd Cledwyn Hughes a'i briod, Jean. Daeth Cledwyn ataf a'm croesawu i Gaergybi a'r Eisteddfod yn y modd mwyaf rhadlon a charedig; yr oeddwn i'n gwrido, braidd, o gofio'r pethau yr oeddwn wedi bod yn eu dweud amdano yn *Barn*.

Roedd Alwyn D yn 'i medru hi, hefyd. Ffoniodd fi un diwrnod, tua dechrau'r Saith Degau, i ofyn a fyddwn yn ystyried y posibilrwydd o sgrifennu erthygl ar fater arbennig oedd yn cael ei wyntyllu ar y pryd, sef pwy oedd i'w ddewis yn Brifathro Coleg Aberystwyth, i ddilyn Syr Thomas Parry. Dywedodd mai yn ei farn ef, Goronwy a gâi ei benodi. Buom am gryn bum munud yn trafod o bobtu'r gwrych: am Goronwy *Daniel* yr oedd Alwyn yn sôn, a minnau'n credu mai Goronwy *Roberts* oedd gwrthrych ein sgwrs!

Ar ôl i ni ddod i ddeall ein gilydd, gofynnodd a wnawn i lunio erthygl ar y testun 'Pwy fydd Prifathro newydd Aberystwyth?' Nid oedd am i ddim ymddangos dan ei enw'i hun, am resymau digon da. Ond credai fy mod i'n ddigon pell – yn y ddau ystyr – o'r digwyddiad, fel na fyddwn yn codi storm pe deliwn *i* â'r pwnc. Dywedais nad oeddwn yn ddigon cyfarwydd â'r dadleuon, ond addawodd eu rhoi ar bapur i mi. Felly, fel cymwynas i Alwyn, cytunais.

Pan ddaeth y nodiadau ar gyfer fy erthygl, roedd Alwyn wedi bod mor ddeheuig â'u sgrifennu yn Saesneg, rhag i unrhyw arlliw o'i arddull Gymraeg ef ymddangos dan fy enw i! Felly, yn fy arddull fy hun – a oedd mewn gwirionedd yn gyfieithiad, mwy neu lai – yr ymddangosodd fy erthygl y mis canlynol. Hyd y gwn, doedd neb ddim callach.

D***L

Ym mis Ionawr 1968 ymddangosodd Eirug Wyn, bachgen ysgol 17 oed o Ddeiniolen, gerbron Llys Ynadon Caernarfon am osod y llythyren D yn lle L ar ei gar. Yr oedd wedi clywed pobl bwysig iawn, gwleidyddion gan mwyaf, yn honni, ar y teledu, fod y Gymraeg bellach yn gyfartal ym mhob manylyn, â'r Saesneg. Dangosodd Heddlu Gwynedd iddo faint oedd tan y Sul. Gofynnodd Eirug i mi ei gynrychioli yn y Llys. Chwarae teg iddynt, yr oedd yr ynadon yn barod i wrando a chafodd Eirug ryddhad diamod. Yr oeddym wedi cael pob gwŷs a dogfen yn Gymraeg a chynhaliwyd yr achos yn gyfan gwbl yn Gymraeg. Yn anffodus, yr oedd tu hwnt i allu'r Llys i ymatal rhag marcio ei drwydded, felly bu rhaid gwneud hynny.

Bron chwarter canrif yn ddiweddarach, ym 1991, ymddangosodd gŵr ifanc arall 17 oed, Llŷr Dyfan, o Lanrug, gerbron Ynadon Bangor am yr union drosedd. A oedd pethau wedi gwella, tybed? Ysywaeth, nac oeddynt. Cafodd Llŷr farcio'i drwydded a dirwy o £20 yn y fargen. Bûm yn trafod yr achos ar *Stondin Sulwyn* gyda thad Llŷr, Dyfan Roberts, a chefais y cyfle i leisio fy marn fod Ynadon Bangor wedi cosbi'n faleisus o ddiangen, gan fod Eirug Wyn wedi rhoi cynsail iddynt i beidio â gwneud hynny.

Bron ddeng mlynedd ar hugain ar ôl achos Eirug, a phump ar ôl achos Llŷr, caniataodd *Rheoliadau (Trwyddedau Gyrru) Cerbydau Modur 1996* i ddysgwyr yng Nghymru arddangos D ar y car. Dagrau pethau yw mai – at ei gilydd – dim ond platiau L a werthir yn y rhan fwyaf o'r gareisiau a'r siopau moduro. Yn y siopau llyfrau Cymraeg a mannau cyffelyb y gwerthir platiau D. (Mae *Siop y Modur*, Caernarfon, yn eithriad teilwng.) O ganlyniad, hyd yn oed heddiw, fe welwch sawl L am bob D. Bydd yn fy nghythruddo pan welaf gar y *British School of Motoring* yn dalog wrth ei waith ym Mhwllheli â'r holl ysgrifen arno yn uniaith Saesneg, gydag L ar ei ben blaen a'i ben ôl. Caniatâd moel, heb orfodaeth nac anogaeth, er mwyn cau ceg a roddwyd i ni gan y gyfraith yn y pen draw. Dyna hefyd yw pendrawdod yr hawl i ddodi CYM yn lle GB ar y plât rhif yn ogystal.

I sefyll yn Arfon?

Mae'n rhaid y bu gen i unwaith – pan sefais yn enw Llafur – ryw lun ar uchelgais Seneddol. Erbyn i mi ddychwelyd i gôl Plaid Cymru ym 1965, yr oeddwn, fel tröedigyn, yn aelod digon brwd; eithr nid o'm tu i y daeth yr awgrym i mi ddod yn Ymgeisydd iddi yma yn Arfon. Nid Llundain oedd fy Mecca i. Pwyllgor Rhanbarth y Blaid a awgrymodd, ac wedyn a ofynnodd yn ffurfiol, i mi a fyddwn i'n barod i ystyried sefyll. Cyn y medrwn ateb y cwestiwn roedd rhaid meddwl yn ddwys a difrifol, a hynny ar y cyd â Gwenan, gan y byddai unrhyw benderfyniad ar fy rhan yn effeithio arni hithau hefyd. Roedd hi'n amlwg, yn sgîl Caerfyrddin – a'r isetholiadau trwch-blewyn yn y Rhondda ym 1967 (a Chaerffili wedyn, ym 1968), yng nghadarnleoedd Llafur – fod y Blaid yn magu nerth yn gyflym. Felly, os ymladdwn yng Nghaernarfon, byddai'n fater o ymladd i ennill.

Gofynnais am fis o amser cyn rhoi ateb. Mis i feddwl, ailfeddwl a thrydydd meddwl. Pe digwyddai'r Etholiad, dyweder, ym 1970, fe fyddwn i'n ddeugain oed. Ymgynghorais ag arbenigwr meddygol, a'm harchwiliodd o'm corun i flaenau fy nhraed, ac roeddwn yn iach fel y gneuen. Soniais wrth Nhad a Mam. Roedd Mam o blaid, a Nhad yn ffyrnig yn erbyn – nid oedd wedi 'llyncu' llwydd-iannau'r Blaid fel y gweddill ohonom – tueddai i lynu wrth Lafur. Ystyriais yr effaith posibl ar fy mhractis cyfraith pe bawn i'n ennill, a phenderfynais groesi'r bont honno pan, ac os, deuwn ati, sef chwilio am gyfreithiwr i'w gyflogi. Teimlwn, pe gwrthodwn y gwahoddiad, y dichon y byddwn yn difaru am weddill fy oes. Erbyn diwedd mis o wewyr, penderfyniad cytûn Gwenan a minnau oedd derbyn.

Dim ond un aelod o'r Pwyllgor Gwaith a welai – neu a grybwyllai'n agored – unrhyw wall ynof fel Ymgeisydd. A'r Thomas yr Anghredadun hwnnw oedd y Parchedig J P Davies, Porthmadog. Doedd ganddo ddim yn f'erbyn i'n bersonol, pwysleisiai. Ond doeddwn i ddim yn Fethodist. Yr *oedd* Goronwy

Roberts yn aelod o'r Hen Gorff ac yn flaenor: dyna oedd wedi ei gadw yn ei Sedd Seneddol cyhyd, yn ôl JP. Roedd hynny'n pwyso'n drwm yn ei glorian. Aeth mor bell â pharatoi tabl, i ddangos pa faint o Fethodistiaid Calfinaidd oedd yn byw yn Etholaeth Arfon. Efallai fy mod wedi colli rhai pleidleisiau am nad oeddwn Fethodus. Os felly, efallai mai dyna pam na lwyddais i gipio'r Sedd, a enillwyd mor llwyddiannus gan Ddafydd Wigley – a *oedd* yn Fethodus – ym 1974!

Cafodd y Blaid yn Arfon, a minnau yn ei sgîl, lond trol o gyhoeddusrwydd. Rhyw gymaint am mai hon, yn rhannol, oedd yr Etholaeth gyntaf erioed i'w hymladd gan y Blaid, ym 1929, pan bôliodd Lewis Valentine 609 (y *'noble six hundred'*). Roedd y Sedd wedi ei dal yn gadarn gan Goronwy Roberts ers 1945. Meddyliais mewn difri sut, tybed, y byddai Goronwy yn teimlo, ac yntau wedi helpu i wthio fy nghwch gwleidyddol i'r dwfn yn Ninbych ym '55. Oni fyddwn 'yn brathu'r llaw a'm bwydodd'? Ni synnwn pe byddai Goronwy yn flin, ac yn ddig iawn wrthyf. Ac felly y bu: ni fedrwn ei feio am hynny, serch bod tactegau o'r fath yn ddigon teg a derbyniol yn y byd gwleidyddol. Ond, a bod yn onest, ni chollais ddim cwsg oherwydd hynny.

Nid ymdrech i mi – neu i mi a Gwenan, can's ar y cyd y gweithiem – yn unig fu hon yn Arfon. Bu'n ymdrech i laweroedd. Rwy'n falch o fedru cofnodi y tynnodd pawb yr ewinedd o'r blew, a hynny trwy gydol ymgyrch ddi-stop am dair blynedd. Mae'n amhosibl enwi pawb a fu o gymorth mawr, ond mi enwaf dri a weithiodd yn ddi-baid, â'u ffydd a'u sêl dros yr achos yn eu cynnal o'r dechrau i'r diwedd. A'r drindod ryfeddol hon oedd Wmffra Roberts, fy Asiant Etholiad; Phyllis Ellis, Ysgrifennydd Pwyllgor Gwaith Arfon; a Rôs Williams, a ddaeth atom yn Drefnydd.

Mewn tair blynedd o ymgyrchu, ni fedraf ddweud yr ymwelais â phob tŷ yn yr Etholaeth. Ond mi fûm ym mhob ffordd, pob stryd a phob sgwâr, ddwywaith neu dair. Cynhaliwyd cyfarfodydd cyhoeddus a nosweithiau llawen, ffeiriau sborion a gyrfâu chwist, a hynny'n rhai brwdfrydig a difyr. Ymgyrchu a mwynhau: dyna sut y bu hi.

Weithiau yr oedd rhaid ymatal rhag gwleidydda. Cofiaf noson lawen ar dir Glasfryn Fawr, Y Ffôr, lle'r oedd y caniatâd wedi'i roi ar yr amod na cheisiem elw gwleidyddol o'i gynnal. A Jac Pollecoff yn Faer Pwllheli ar y pryd, llwyddodd i berswadio Owen Cowell i ddod ag ef draw yn ei gar. Serch ein bod rai milltiroedd o Bwllheli, gwisgai Jac gadwyn aur ei swydd. Dim ond cwrtais oedd i ni ofyn iddo ddweud gair, er nad oeddwn i, y darpar-ymgeisydd, i annerch o gwbl. Bwriodd Jac iddi, a chawsom ganddo araith mor hiliol nes oedd pawb yn gwrido. Anogodd ni'r Cymry i fynd adref i blanta, megis y gwnâi yr Iddewon yn Israel, 'er mwyn cael mwy o *Jîws* bach ... Ishio i'r *Welsh* bod fel y *Jîws*, a cael lot o *Welsh* bach, i tyfu i fyny i fotio i'r *Welsh Nationalists* ... wedyn chi'n ennill pob *election*!'

Cynhaliwyd fy Nghyfarfod Mabwysiadu yn Neuadd y Dref, Pwllheli. Roedd y lle dan ei sang, a hynny am reswm da. Y prif siaradwr oedd Gwynfor Evans – ag ewfforia Sgwâr Caerfyrddin yn dal i lynu wrtho. Penderfynodd Jac Pollecoff, y Maer, gynnig Croeso Dinesig iddo ar lwyfan y Neuadd. Ar ôl i'r ddau siaradwr cyntaf, John Bevan a minnau, annerch, galwodd y Cadeirydd, Meirion Lloyd Davies, ar y Maer i estyn ei Groeso ffurfiol. Daeth Jac, unwaith eto yn ei gadwyn faerol, ymlaen at y meicroffon, a dechreuodd siarad. 'Mistar *Chairman*: mae fo yn pleser mawr, yn *great pleasure* i fi heddiw, fel *Mayor of Pwllheli*, i rhoid *big hand* a *civic welcome* i Mister ... Mister ...'

Edrychodd Jac o'i gwmpas, braidd yn wyllt, nes ei bod yn amlwg i bawb ei fod wedi anghofio enw gwrthrych ei groeso. Ceisiodd y rhai agosaf ato, mewn sibrydion llwyfan uchel, ei helpu trwy ynganu 'Gwynfor Evans ... Gwynfor Evans!' 'Yes, yes,' meddai'r Maer, tan amneidio'n ddiamynedd, 'I know his name!' Aeth ymlaen '... i rhoid *big hand* a *civic welcome* heddiw i *Mister Goronwy Roberts*!' Aeth y banllefu chwerthin ymlaen am funudau lawer. Nid effeithiodd ei lithriad Ffreudaidd ddim oll ar Jac: roedd yn un o'r dynion mwyaf croendew a di-dact a gyfarfûm erioed. Eisteddodd Gwynfor drwy'r cwbl yn ddigyffro, gyda'i hanner gwên arferol.

Ar adeg rali arall, y tro hwn yng Nghaernarfon, yr oedd Gwynfor a minnau wedi mynd am dro i fyny Stryd y Llyn ar ôl cinio. Yn sydyn stopiodd Gwynfor yn stond, ac meddai, 'Safwch, Robyn!' Stopiais innau. Yna: 'Gwrandewch!' Clustfeiniais, ond ni chlywn ddim allan o'r cyffredin. Edrychais arno'n ymholgar.

'Gwrandewch!' meddai drachefn, 'mae pob copa walltog ar yr hewl yma'n siarad Cymraeg!' Gwrandewais, a sylweddolais ei fod yn iawn: dim ond y Gymraeg oedd i'w chlywed ar wefusau pob Cofi. Ar ôl clustfeinio dan gyfaredd am ychydig eiliadau'n rhagor, ychwanegodd Gwynfor, 'Ond so i'n deall yr un gair maen nhw'n ddweud!'

'... ein tŵr a'n tarian'

Digwyddiad mwyaf diwedd y Chwe Degau – neu'n hytrach yr un a gafodd fwyaf o gyhoeddusrwydd – oedd yr Arwisgiad yng Nghaernarfon ym 1969. Gŵyr pawb beth a ddigwyddodd, ac i bwy, felly nid oes bwrpas ailadrodd yr hanes. Ond cyffyrddodd â mi mewn sawl ffordd. Gŵyr pawb sy'n f'adnabod fy mod yn weriniaethwr; neu'n wrth-frenhinwr os mynnwch – serch fy nhrip i Gaernarfon yn saith oed efo Gwilym Wern i weld y Cin-a-cwîn o falconi'r Rhyddfrydwyr. Mae'n bosibl mai gan Mam y cefais i'r chwilen weriniaethol: rwy'n credu ei bod yn fy nghyfansoddiad ar wahân i'm Cymreictod. Er na fedraf byth brofi hynny i mi fy hun, credaf y byddwn i'n weriniaethwr hyd yn oed pe bawn i'n Sais o Loegr-ganol, lle sy'n bod yn y meddwl, nid lle ar fap fel 'Canolbarth Lloegr'.

I ddechrau cychwyn yr oeddwn wedi fy newis yn ddarpar-Ymgeisydd Seneddol Plaid Cymru, a hynny yn Etholaeth Arfon o bobman. Yn fy libart gwleidyddol i yr oedd y sbloet i'w chynnal. Felly doedd dim modd ar y ddaear osgoi'r peth. Gwneuthum fy safbwynt yn hollol glir: colli pleidleisiau neu beidio, yr oeddwn i yn erbyn cynnal Arwisgiad o gwbl, oherwydd yr hyn a gynrychiolai, heb sôn am y gost aruthrol.

Dechreuais sgrifennu i'r Wasg (fel y gwna pob darpar-ymgeisydd i hel cyhoeddusrwydd i'w enw ac iddo'i hun a'i blaid), ond rhoes John Eilian, Golygydd *Yr Herald Cymraeg* a'r *Caernarvon & Denbigh Herald*, gaead ar fy mhiser. Datganodd yn blwmp ac yn blaen nad oedd yr un o'i ddau bapur ef yn mynd i gyhoeddi yr hyn a alwai yn 'ddaliadau annheyrngar'. Am fwy na dwy flynedd, ni chyhoeddodd y naill *Herald* na'r llall un gair o wrthwynebiad i'r Arwisgiad. Ar yr un pryd, bu'r ddau bapur wrthi'n cefnogi ac yn canmol y rhialtwch bwriadedig i'r entrychion. Mae'n werth nodi y broliai'r *Herald Cymraeg*, ar ei dudalen flaen, yn union dan deitl y Papur, yr hen air: 'Rhydd i bawb ei farn ac i bob barn ei llafar'! Haws oedd i John Eilian ddweud na gwneud.

Roedd John Eilian yn Dori rhonc ac wedi sefyll dros y blaid honno deirgwaith ym Môn. Ar wahân i hynny, honnai fod ganddo rhyw gyfiawnhad yn Llyfr Hosea (na ddeallais i erioed mo'i resymeg) dros gynnal yr Arwisgiad. Ond gwelodd yn dda i gyhoeddi llythyrau o'm heiddo nad oeddynt yn sôn am yr arwisgiad, a rhoes rhyw gymaint o gyhoeddusrwydd i'm hymgyrch etholiadol, ar yr un tir â phawb arall.

Ar un achlysur, cefais ddirwy o £2 am barcio ar y llinellau dwbl yng Nghaernarfon. Arferiad yr Heddlu oedd hel enwau drwy'r haf, a chyflwyno rhestr i Lys yr Ynadon gyda'i gilydd pan ddôi'r hydref. Felly yr oedd fy enw ymhlith tua thri chant, a doeddwn i ddim hyd yn oed yn bresennol, gan fy mod i wedi syrthio ar fy mai a phledio'n euog trwy lythyr. Ond roedd John Eilian wedi anfon gohebydd llygadog i'r Llys. Yn y naill bapur ymddangosodd pennawd 'DIRWYO CYFREITHIWR' ac yn y llall, yn fwy ansoddeiriog: *'PROMINENT SOLICITOR FINED'*. Un enw allan o dri chant!

Gŵr arall y croesais gleddyfau ag ef ym mater yr Arwisgiad oedd I B Griffith, Maer Caernarfon. Un o ddeiliaid Goronwy Roberts a'r Blaid Lafur oedd IB, a'i gyfiawnhad ef oedd yr holl fendithion tybiedig a ddôi i dref Caernarfon yn ei sgîl. At hynny, yr oedd wedi cyfarfod y Gwrthrych – 'hen hogyn clên' oedd o, yn ôl IB. Atebais innau nad am ei fod yn 'hen hogyn clên' y bwriedid ei arwisgo, ond am ei fod yn aer cyntaf-anedig Brenhines Lloegr. O edrych yn ôl, yr wyf yn gadarn o'r farn, pe bai John Eilian ac I B Griffith wedi bod mor frwdfrydig a gweithgar yn gwrthwynebu'r Arwisgiad ag y buont yn ei gefnogi, ni fedrid bod wedi ei gynnal o gwbl.

Bu Gwenan a minnau mewn rali gwrth-arwisgawl o filoedd, a gynhaliwyd ar y Cei yng Nghaernarfon, yn union dan furiau'r Castell. Y prif siaradwr oedd yr athronydd a'r proffwyd, yr Athro J R Jones, Abertawe, a fu farw yn ystod ymgyrch Etholiad 1970. Roedd yr heddlu cudd yno yn eu hugeiniau, yn nodi pwy oedd yn bresennol ac yn tynnu ein lluniau. Gwelodd Gwenan un o blismyn Pwllheli – gŵr i ffrind iddi – yn anelu camera tuag ati. Stopiodd, sythodd, unionodd ei chap a gwenodd yn glên arno, tan ddweud: 'Dyna ni, 'te. Mi gewch dynnu'n llun i rŵan.' Ni wyddai'r creadur bach lle i'w roi ei hun: roedd yn gwrido gan embaras.

Uchod, wrth sôn am fy machgendod, awgrymais bod lle i amau cysylltiad rhwng y Tân yn Llŷn a'i ganlyniadau ac Ymweliad Brenhinol 1937. Yn sicr yr oedd cysylltiad rhwng Arwisgiad 1969 a thwf y mudiad Cenedlaethol yn sgîl Caerfyrddin ym 1966. Cyfaddefodd George Thomas hynny mewn du a gwyn yn ei hunangofiant ffuantus. Ys gwn i pwy oedd yn eistedd ar falconi Clwb y Rhyddfrydwyr pan ddaeth y Tywysog heibio i'w arwisgo yn y Castell ym 1969?

Cefais fy nhynnu i'r potes mewn modd arall hefyd. Yr oedd yr heddlu cudd o gwmpas, ac yn gwylio llaweroedd, yn genedlaetholwyr neu'n weriniaethwyr (neu'r ddau). Efallai fy mod i fy hun yn cael fy ngwylio ond ni chefais unrhyw deimlad na phrawf o hynny. Eithr yr oeddwn yn derbyn cwynion, gan lawer, am y nesaf peth i erlid. Mynychwn y llysoedd i amddiffyn rhai oedd yn cael eu herlyn am beintio sloganau gwrth-arwisgawl – a'u drwgdybio o ymhél â ffrwydron drwy Gymru gyfan, o Arfon i'r Deml Heddwch, Caerdydd. Os nad oedd eich gwep yn ffitio, yr oedd eich byd bron cyn waethed â phe baech yn byw mewn gwladwriaeth blismyn: doedd y rhai 'penchwiban', 'rhydd' yn y gymdeithas ddim yn sylweddoli hynny.

Yn dilyn un cyrch dwyn baneri yng Nghastell Caernarfon, deffroais un bore i weld anferth o Jac yr Undeb wedi'i thaenu ar draws giât y ffrynt nes ei gorchuddio'n llwyr (giât fferm, yn llenwi tua deg troedfedd rhwng y pyst). Ffoniais yr Heddlu, ac anfonwyd cwnstabl acw i mofyn y Jac. Rhoddodd rysêt i mi am 'One Jack Undeb', a hysbysodd fi'n ddifrifol, pe na bai neb wedi ei hawlio ymhen tri mis, y cawn ei chadw.

Cawsom (y Blaid felly) wahoddiad i arddwest yn y Faenol gan Syr Michael Duff a oedd yn Arglwydd-Raglaw Sir Gaernarfon. Cyn ei dderbyn, gofynnwyd y cwestiwn, mewn llythyr, a oedd unrhyw gysylltiad rhyngddo a'r Arwisgiad. Cawsom lythyr yn ôl yn dweud nad oedd; mai digwyddiad hollol annibynnol y bwriedid iddo fod. Felly aeth pedwar ohonom draw, sef Gwenan, Phyllis Ellis, Lis Miles (mewn hetiau crand, Ascotaidd bron) a minnau (yn ddi-het).

Roedd pawb yno: John Eilian yn gwenu, Goronwy Roberts yn gwgu, ac I B Griffith yn gwneud y ddeubeth. Y tro nesaf i mi fynd trwy borth yr ystad oedd i Eisteddfod Genedlaethol 2005 a gynhaliwyd ym Mharc y Faenol.

Ddwy noson cyn y Diwrnod mawr, roedd Gwenan a minnau wedi bod yn y Waunfawr mewn cyfarfod o'r Blaid. Gwahoddwyd ni i swper yn nhŷ'r Dr a Mrs Miles: roedd Gareth i ffwrdd yn rhywle, ond roedd Lis gartref. Yn naturiol, y prif bwnc trafod oedd yr Arwisgiad a'i effeithiau. Yr oedd rhywun – ni wn ai Cyngor Caernarfon – wedi rhoi paent am ddim i'r rhai oedd ag adeiladau yn ffinio ar lwybr yr orymdaith. Roedd pawb wedi ei ddefnyddio i bwrpas. Ac eithrio Eric Jones, a gadwai siop lyfrau ail-law J R Morris yn y Bont Bridd. Roedd Eric wedi ymorol fod ei siop yn edrych mor aflêr a budr ag y medrai ei gwneud, fel rhan o'i brotest bersonol yn erbyn yr Arwisgo.

Dywedodd Lis wrthym ei bod wedi taro ar I B Griffith rhyw ddiwrnod neu ddau ynghynt. Aeth IB ati i iro'r flonegen a brolio golwg y dref. 'Dwyt ti ddim yn meddwl mewn difri, Lis', meddai, 'fod yr hen dre 'ma yn edrach fel priodferch wedi'i thrwsio i'w gŵr?' 'Nac ydw, IB', atebodd Lis, 'mae hi'n f'atgoffa i o butain wedi'i choluro ar gyfer ei gwerthu.'

Ar ddydd yr Arwisgiad euthum i gyflawni diwrnod cyffredin o waith yn fy swyddfa. Bu Gwynfor Evans, yntau, yn San Steffan yn dilyn ei alwedigaeth yn Aelod Seneddol. Roedd pob AS arall o Gymru yn jolihoetian yng Nghastell Caernarfon. Achosodd hynny drafferth i Gwynfor yng Nghaerfyrddin, maes o law.

O ie. Bu Gorsedd y Beirdd yn yr Arwisgiad, dan arweiniad yr Archdderwydd Gwyndaf a'r Archdderwydd Emeritws Cynan. Cawsant eu gorymdaith eu hunain o ddeg ar hugain – gosgordd fwy na'r un arall yn yr Arwisgiad – gyda Dilwyn Cemais yn Arwyddfardd a Gwynn Tregarth yn cario'r Cledd. Clywais gan Gwynn fod Dug Norfolk, yr Iarll-Farsial, wedi ei drin fel pe bai'n filwr yn cario cleddyf rhyfel, trwy weiddi arno: *'Sword-bearer! Quick march!'* Yn ôl Dilwyn Cemais, yr oedd Cynan wedi llwyddo i ddyblu'r nifer a wahoddwyd ac a gymerodd ran yn Arwisgiad 1911. Wrth gwrs, pe na bai am ehediadau cynllwyngar Lloyd George ym 1911, ni fyddai Cymru wedi gorfod ailoddef Arwisgiad ym 1969 o gwbl. Pwysleisiaf nad oeddwn i ddim yn aelod o'r Orsedd yr adeg honno.

Yr Ymhonnwr a'r Brifwyl

Yn dilyn yr Arwisgiad bu'r Ymhonnwr ar daith trwy Gymru. Un o'r mannau yr ymwelodd â hwy oedd Maes a Phafiliwn Eisteddfod y Fflint, lle bu Cynan a Pharry-Williams – y ddau 'Syr' – yn ei lyfu. Roeddwn innau yno hefyd ond nid am ei fod ef yn dod. Eithr daeth rhai draw yn unswydd-bwrpas i gael cip arno: y crachach na thywyllodd unrhyw eisteddfod na chynt na chwedyn. Poethodd pethau, gyda dwy garfan, o blaid ac yn erbyn yr Ymhonnwr. Un bob ochr i res o geir, a rhes o blismyn a ymdrechai i'w cadw ar wahân. Bu Richard Morris Jones ('Moi') o gwmpas y Maes yn chwilio amdanaf i fynd draw i garafán yr Heddlu i achub cam rhai o'r protestwyr a gawsai eu harestio.

Nid arestiwyd neb a oedd yn bleidiol i'r Ymhonnwr: roedd rhai o'r cefnogwyr wedi peri llawn cymaint o fwstwr a sŵn â'r protestwyr. Pan euthum i mewn i'r garafán a gofyn beth oedd yn mynd ymlaen, gofynnodd rhyw Uwch-arolygydd yn sarrug, 'And who the hell are you?' Wrth lwc, yr oedd un o'r plismyn yn f'adnabod ac yn medru cadarnau mai myfi oeddwn, a 'mod i'n gyfreithiwr. Gofynnais beth oedd yr hogiau wedi'i wneud, ac atebwyd, 'Protestio.' Gan nad oedd y fath drosedd â 'phrotestio' yn bod, gofynnais i'r Heddlu eu rhyddhau, ac ar ôl tipyn o ddadl, gwnaed hynny. Yr oedd dau neu dri o'r protestwyr wedi cael cleisiau ac roedd gwaed i'w weld ar wyneb a dwylo ambell un. Ar ôl i bob un ohonynt ymadael euthum innau allan o'r garafán.

Bu'r cyfryngau braidd ar ei hôl hi. Erbyn i'r camerâu teledu gyrraedd roedd yr hogiau wedi mynd. Felly, yr unig lun a gafwyd oedd llun ohonof fi yn dod allan trwy ddrws Carafán yr Heddlu ac i lawr y grisiau. Cyplyswyd eitem â llun trwy i'r darllenwr newyddion egluro: '... ar ôl iddynt gael eu holi, cawsant eu gollwng yn rhydd.' Wrth iddo yngan y geiriau 'gollwng yn rhydd', wele fy llun i yn dod allan ac i lawr y grisiau. Yn dilyn hyn bu stori fawr o gwmpas y lle – a Phwllheli a Llŷn yn arbennig – mai myfi oedd wedi fy arestio a'm rhyddhau! Mae gan frenin-addolwyr Cymru gryn lawer i ateb drosto.

Pennod 8

CIPIO ARFON
(1970-1974)

Ymgyrch 1970

Cynhaliwyd Etholiad Cyffredinol 1970 ar 17 Mehefin. Lai na blwyddyn wedi'r Arwisgiad (1 Gorffennaf 1969). Roedd y Blaid yn Arfon yn barod amdani. Yr oedd tri pheth yn peri pryder: tri pheth yr ofnwn a fyddai yn ein niweidio ac yn achos colli pleidleisiau. Sef (a) yr Arwisgiad, (b) y paent, a (c) y bomiau. Ond, er mawr syndod i mi, ni soniodd neb air am yr un o'r tri, ac eithrio i gydymdeimlo â ni yn eu cylch. Gofynnais i weithwyr eraill y Blaid ynghylch hyn, ond ni chafodd neb arall achlust chwaith.

Cawsom ymgyrch ryfeddol o lwyddiannus. Gwenodd yr haul arnom – ac ar y pleidiau eraill wrth gwrs – trwy gydol cyfnod yr ymgyrch. Gwnâi hyn wahaniaeth mawr, yn enwedig pan aem o gwmpas gyda'r car corn siarad. Deuai pawb i ben-drws i wrando arnom gan fwynhau sefyllian yn yr haul. Arbedodd hynny i mi orfod curo ar ddrysau: bu ein mintai cefnogwyr yn ddygn iawn yn rhannu taflenni.

Yr oedd i'r corn siarad ei stori hefyd. Prynwyd un newydd sbon danlli i bwrpasoedd yr ymgyrch. Er mwyn ymarfer ac arbrofi gyda'r teclyn, aethom draw i Nant Gwynant, lle bûm yn annerch llond cae o ddefaid, gan eu hannog 'i bleidleisio i Blaid Cymru y tro hwn.' Dywedodd Wmffra, yn angharedig braidd, y gwnâi'r ymarfer les i mi pan fyddwn yn ceiso annerch rhai o gefnogwyr y Blaid Lafur!

Roedd Wmffra wedi trefnu 'taith siarad' i mi bob min nos. A hynny, fel arfer, mewn ysgolion a neuaddau pentref. Yn aml iawn, a'r tywydd mor heulog, yr oedd modd cynnal ein cyfarfodydd yn yr awyr agored heb angen mynd rhwng pedair wal. Cofiaf un daith, a gychwynnodd ym Mhentrefelin, ac a oedd wedi'i threfnu i orffen yn Aber-soch – yr unig le lle byddai angen rhywfaint o Saesneg. Wrth i ni gyrraedd Llanystumdwy, yr oedd un Cynghorydd Llafur yn ein disgwyl; erbyn gweld, ef oedd ceidwad neuadd y pentref hefyd. Hysbysodd ni'n gwta nad oedd neb wedi llogi'r neuadd ar ein cyfer, ac aeth â ni i mewn iddi, er mwyn rhwbio ein trwynau yn y ffaith ei bod wedi'i gorchuddio â phosteri Llafur. Popeth yn iawn: a hithau yn noson mor fendigedig, cawsom gynnal ein cyfarfod 'yn wyneb haul llygad goleuni.' Eglurais wrth bobl dda Llanystumdwy beth oedd eu hannwyl gynghorydd wedi'i wneud i geisio mygu ein hymgyrch.

Ymlaen o Lanystumdwy, drwy'r pentrefi eraill, ac i Aber-soch, gan egluro ym mhobman sut y bu i Lafur geisio ein rhwystro rhag cyflwyno'n hachos. Cawsom gydymdeimlad, a sawl 'rhag cywilydd' gan bentrefwyr Eifionydd a Llŷn. Erbyn cyrraedd y cyfarfod olaf, yn Aber-soch, yr oedd wedi nosi, felly dan do yn yr ysgol y cynhaliwyd y cyfarfod. Roedd nifer o Saeson yn bresennol. Adwaenwn ambell un; gwyddwn fod rhai yn Dorïaid, tra oedd eraill, i'm tyb rhagfarnllyd i, yn 'edrych fel Torïaid'. Un yn unig y gwyddwn ei fod yn aclod gweithgar ac amlwg o'r Blaid Lafur. Eisteddai yn y rhes flaen, yn gwisgo tei coch, ei freichiau wedi'u plethu a'i wefusau'n dynn.

Adroddais 'hanes Neuadd Llanystumdwy' unwaith yn rhagor. Pan ddaeth hi'n amser cwestiynau, cododd un Sais yng nghefn y Neuadd: dywedodd ei fod yn Dori, ond y carai, ar ran Torïaid Aber-soch, ymddiheuro'n gyhoeddus am y driniaeth a gawsem ar law'r Blaid Lafur! Roedd y cyfaill tei coch yn gwingo: ni wyddai ym mhle i'w roi ei hun. Clywsom wedyn fod y stori wedi lledaenu fel tân gwyllt a bod nifer annisgwyl o Saeson 'yr Abar' wedi pleidleisio i'r Blaid.

Er bod fy anerchiadau yn amrywio o ddydd i ddydd ac o le i le, yr un oedd y cnewyllyn, sef yr angen am dwf ym mhleidleisiau'r Blaid, er mwyn iddi ddod yn rym effeithiol yng ngwleidyddiaeth

Cymru. Un cyfeiriad a wnawn yn aml oedd dyfynnu Lloyd George, a ddywedodd am y Blaid ei bod wedi dod mewn undydd-unnos 'megis cicaion Jonah', ac y diflannai yr un mor gyflym. Arferwn orffen gyda pherorasiwn a ddywedai '... ond nid Plaid Cymru a ddiflannodd, gyfeillion. Mae hi yma o hyd, ac yn mynd o nerth i nerth!' Yr oeddwn wedi rhygnu cymaint ar y thema yma, nes y dywedodd Phyllis Ellis, 'Os clywa i unwaith eto am y blydi "cicaion Jonah" yna, mi sgrechia i dros y lle!'

Un noson yr oedd Gwenan a minnau yn Swyddfa'r Blaid ym Mhwllheli, ac ar fin rhoi tro am ben draw Llŷn. Ein Trefnydd, Rôs Williams, oedd ar ddyletswydd. Gyda hi, ac yntau'n fân iawn yr adeg hynny, yr oedd ei mab, Siôn Llŷr. Mae'n rhaid ei fod, yn ddiarwybod iddi, wedi mynd i grwydro. Daeth i mewn i'r Swyddfa yn gafael mewn cath wlyb a sgryfflyd, y daethai o hyd iddi yn rhywle. Edrychodd Rôs ar y ddau ohonynt, a sgrechiodd, 'Siôn Llŷr! Dos â'r hen gath flêr, fudur 'na o 'ngolwg i'r funud 'ma! *Dwyt ti ddim yn gwybod i ba blaid mae hi'n perthyn!'*

A'r pleidiau mawrion yn cael llawer iawn mwy o sylw ar y cyfryngau na'r Blaid, un nodwedd a fu'n gymorth aruthrol i hysbysebu ein hymgyrch oedd cael caniatâd Hogia'r Wyddfa, a Glyn Roberts, i chwarae *Safwn yn y Bwlch* ar ein corn siarad. Rhoddai wybod ein bod yn yr ardal, a bu'n arwyddgan i'n holl ymgyrch. Bron fel fan hufen iâ, yn chwarae Agorawd *Wilhelm Tell* er mwyn denu cwsmeriaid. Fel gydag arwyddgan rhaglen radio neu deledu, bob tro y byddaf yn ei chlywed, mae fy meddwl yn gwibio'n ôl i Etholiad '70. Yr oedd hyd yn oed plantos mân yn ei chwibanu ac yn ei chanu gan godi calonnau pawb.

Ond bu ambell ddigwyddiad annifyr, lle'r oedd plant bychan iawn dan sylw. Yr oedd nifer ohonynt yn gwisgo sticeri gwyrdd ar y Maes, Pwllheli, un diwrnod. Daeth rhai o ganfaswyr Llafur heibio, a dweud wrthynt, 'Plant bach Hitler ydach chi!' Nid oedd y rhai bach yn deall y ddifrïaeth: ni chlywsant erioed am Adolf Hitler.

Noson olaf yr ymgyrch. Gorffen yn yr union fan lle'm mabwysiadwyd: Neuadd y Dref, Pwllheli. Roedd hi fel cyfarfod diwygiad, a'r neuadd yn orlawn. Ond yr hyn a roddodd fwyaf o bleser i mi oedd gweld Mam a Nhad yn y rhes flaen. Roedd Nhad wedi hen dderbyn fy mhenderfyniad i newid plaid, ac wedi fy nghefnogi bob cam o'r ffordd. Erbyn canol 1970 yr oedd yn gwaelu: bu farw ddechrau 1971.

O'r diwedd daeth diwrnod tyngedfennol y pôl. Yr oeddwn i gael fy hebrwng o amgylch yr Etholaeth gyfan, gan alw yn y gorsafoedd pleidleisio. A Gwenan hithau, hefyd, ond mewn patrwm gwahanol i'r un a drefnwyd i mi. Cyn i ni adael y tŷ y bore hwnnw, canodd gloch y drws ffrynt. Miss Hughes, Llys Awel, oedd yno, wedi dod i ddymuno'n dda i mi. 'Fotio drwy'r post ydw i,' meddai, 'ac rydw i wedi dŵad â'r papur fotio i chi, gan 'mod i wedi anghofio ei bostio i Gaernarfon.' Rhoddodd i mi bapur pleidleisio, ac arno groes dwt gyferbyn â'm henw! Doedd gen i ddim calon i ddweud wrthi nad oedd y bleidlais, bellach, yn dda i ddim, felly diolchais iddi am ei dymuniadau da (ac am bleidleisio i mi!). Deil pleidlais Miss Hughes yn fy meddiant, i'm hatgoffa o'r dyddiau a fu. Diolch i'r Drefn nad o *un* bleidlais y methais ennill! Methodd Gwynfor Evans o *dair* ag adennill Caerfyrddin yn Chwefror 1974.

Yn ddiweddarach yr un bore, cychwynnodd Wmffra ein taith trwy fynd â mi o gwmpas bythau pleidleisio tref Caernarfon. Roedd ganddo restr yn ei law ac edrychai arni cyn cyrraedd pob gorsaf. 'Mae gen i chwech yn y fan yma,' meddai. Ie, chwech fan hyn, wyth fan draw, dwsin mewn man arall, ac yn y blaen. Ac yntau'n drefnydd teithiau wrth ei alwedigaeth, yr oedd wedi ymorol bod pob un o'i gwsmeriaid, cyn mynd ar wyliau, yn trefnu pleidlais-ddirprwy yn ei enw ef, Wmffra Roberts! Bu wrthi'n bwrw mwy na phedwar dwsin o bleidleisiau-dirprwy yng ngorsafoedd pleidleisio Caernarfon yn unig y bore hwnnw! Doedd Wmffra ddim yn torri cnau gweigion. I ble'r aeth egwyddor fawr 'un dyn: un bleidlais,' deudwch?

Erbyn diwedd y pnawn, yr oeddem i gychwyn ein taith o amgylch Llŷn. Y drefn ym mhob bwth pleidleisio ydoedd ysgwyd llaw efo pawb, boed gyfaill neu elyn. Cychwyn, fel arfer, â'r Swyddog Pleidleisio, a gwneud sgwrs fel, er enghraifft: 'Sut mae pethau'n mynd? a dilyn y sgwrs o fanno i ble bynnag yr âi. Roedd rhai gorsafoedd mewn mannau anghysbell iawn, a chwta ddyrnaid o enwau pleidleiswyr ar eu rhestrau. Yn un lle (nas enwaf) atebodd y Swyddog Pleidleisio fi fel hyn: 'Mae yna bleidleiso da iawn i le mor fach. Trigain yn unig sydd ar y rhestr ac mae tri deg wyth wedi

bod yma'n fotio: dau ddeg naw ohonyn nhw i chi.' Roeddwn i'n
gwrido. Mae'n amlwg nad oedd Deddf Pleidleisio Cudd 1872 eto
wedi cyrraedd Pen Llŷn!

Roedd hi'n mynd i fod yn noson hir. Y gorsafoedd pleidleisio'n
cau am ddeg, ond dim gobaith am ganlyniad tan ddau neu dri y
bore, a hynny os na fyddai angen ailgyfrif. Roedd hi sbel ar ôl
hanner awr wedi un y bore arnom yn mynd draw i Ysgol Maesincla,
Caernarfon. Cawsom fân-sgyrsiau digon difyr gyda'r Rhyddfryd-
wyr a'r Torïaid. Anwybyddwyd ni'n llwyr gan gefnogwyr Llafur:
troes rhai eu cefnau arnom.

Mae'n ymddangos, â chymaint o ferched ifanc, digon golygus, yn
cefnogi ein hymgyrch, fod rhywun (ni ddywedaf o ba blaid) wedi
bod yn awgrymu fy mod i'n cynnal carwriaeth efo nifer ohonynt.
Meddai'r Ymgeisydd Torïaidd, Kathleen Smith wrthyf, *'If half the
stories I've heard about your conquests are true, Robyn, you must be as
virile as hell!'*

Dywedwyd wrthyf wedyn fod gan y Blaid Lafur ddiddordeb
arbennig ym mocs Nefyn: roedd ein pobl ninnau yn ei wylio fel
barcud. Yn hyn o beth roedd Wmffra, yntau, yn dra llygadog. Erbyn
deall, cafodd y Blaid ddwywaith yn fwy o bleidleisiau Nefyn na'r
tair plaid arall gyda'i gilydd: onid oes yna ryw ddywediad am
broffwyd yn ei wlad ei hun? Rwy'n dal i deimlo'n gynnes tuag at
bobl Nefyn am fod mor garedig wrthyf. Mewn un pentref – digon
bychan ei boblogaeth, mae'n wir – bwriwyd pob pleidlais yn y bocs
i Blaid Cymru.

Ni chipiodd y Blaid mo'r Sedd ym 1970, serch bod y wyrth bron
â'i chyflawni. Y canlyniad oedd:

Roberts (Llafur)	13,627
Lewis (Plaid)	11,331
Smith (Ceid.)	6,812
Williams (Rhydd.)	2,195

Dyma Blaid Cymru wedi llwyddo i dorri mwyafrif Llafur o 10,678
i 2,296. Yr oedd llawer iawn o bobl wedi gweithio, dros
flynyddoedd meithion, i sicrhau'r fath ganlyniad. Dôi enwau'r rhai
a fraenarodd y tir i'r meddwl: Lewis Valentine, J E Daniel, Ambrose
Bebb, J E Jones, R E Jones, Dafydd Orwig ac Wmffra ei hun.

Roedd Goronwy Roberts yn gandryll. Pan aeth y Rhyddfrydwr a'r Tori ato i siglo'i law a'i longyfarch, derbyniodd hynny'n rasol. Wrth i mi geisio gwneud yr un peth, meddyliais ei fod am wrthod ysgwyd fy llaw, ond ar ôl petruso rhai eiliadau, gwnaeth hynny – yn anfoddog. Pan fabwysiadwyd fi gyntaf ym 1967 yr oeddwn wedi ceisio dyfalu sut, tybed, y byddai Goronwy yn teimlo tuag ataf. Cafodd pawb weld.

Pan wahoddwyd ef i annerch, canmolodd y ddau arall am 'frwydr lân a chwrtais.' Yna aeth ymlaen i sôn fod yna rai pobl, na fedrai eu disgrifio ond mewn un ffordd. Cliciodd ei sodlau, cododd ei fraich a'i law dde yn lletraws, ac arthiodd: *'Sieg Heil!'* Cythruddodd hyn gefnogwyr pob plaid: mae'n resyn nad oedd yno gamerâu.

*   *   *   *

Yn Etholiad '70 collodd Gwynfor Gaerfyrddin i Gwynoro Jones (Llafur). Roedd Gwynfor yn gadarn o'r farn mai ei ddiffyg brwdfrydedd dros yr Arwisgiad a'r Tywysog oedd yn gyfrifol am iddo golli. Methwn innau â chytuno, yn wyneb ein pleidlais ryfeddol o drom yn Arfon. Os oedd Gwynfor yn iawn, sef mai'r Arwisgiad oedd yn gyfrifol, yna, heb Arwisgiad, oni fyddai'r Blaid wedi cipio Arfon ym 1970? Efallai mai 'man gwyn man draw' oedd Castell Caernarfon i bobl dda Caerfyrddin. Nyni, yma – nid hwy, yno – oedd wedi cael stwffio'r sbloet i lawr ein corn gyddfau am ddwy flynedd. Oni cheir dywediad: 'mwyna' byth y man ni bôm'?

Ar ôl canlyniad Caernarfon roedd yn dra thebygol y byddai'r Blaid yn ennill y Sedd yn yr Etholiad nesaf. Roedd y brwdfrydedd yn dal, a'r awch am y frwydr i ddod yn eiddgar. Os oeddwn wedi gorfod ystyried yn ddwys cyn derbyn yr ymgeisiaeth ar gyfer 1970, bellach yr oedd mwy nag erioed o angen pwyso a meddwl. Un peth yw mynd o gwmpas ym merw etholiad, gan chwifio'r Faner a gweiddi hwrê: peth hollol wahanol yw cymudo bob wythnos yn ôl a blaen i Lundain.

Yr oedd ar Arfon angen Aelod Seneddol llawn-amser, a fedrai fynd i'r afael â'i phroblemau. Ar ôl dwys ystyried, deuthum i'r casgliad nad myfi oedd y gŵr priodol i ysgwyddo'r fath gyfrifoldeb; roedd Arfon a'r Blaid yn haeddu gwell.

Yn y bôn, cenedlaetholwr iaith a diwylliant oeddwn – ac wyf hyd heddiw. Credwn y medrwn, yn llawer rheitiach, gyfrannu trwy ymgyrchu dros y Gymraeg ym myd Seisnigaidd y Gyfraith, a hynny trwy ddal i eiriadura (daeth fy ngeiriadur cyntaf, *Termau Cyfraith*, allan ym 1972) a llenydda. Yr oedd angen llafurio yn y llysoedd dros y Gymraeg hefyd. O ganol y Chwe Degau ymlaen, bu aelodau Cymdeithas yr Iaith Gymraeg yn gofyn i mi achub eu cam dro ar ôl tro. Bûm gerbron meinciau Cymru, ar eu rhan, ugeiniau lawer o weithiau dros y blynyddoedd.

A minnau wedi bod yn arwain y frwydr yn Arfon, yr oeddwn dan reidrwydd i ymorol na fyddai cynnydd syfrdanol y Blaid yn cael ei afradu yn sgîl dewis ymgeisydd yn fy lle. Yr oeddwn wedi dod yn eithaf adnabyddus yn yr Etholaeth ac wedi cael rhyw gyfran o bleidleisiau'r Blaid ar dir personol. Pe bai ymgeisydd newydd yn methu ei hennill, arnaf fi, yn sicr, y syrthiai'r rhan fwyaf o'r cyfrifoldeb. Nid yn gymaint ymgeisydd oedd ei angen felly ond Aelod Seneddol.

O'r dechrau, Dafydd Wigley oedd y dyn a ddymunwn i'm holynu. Yr oedd ambell un arall wedi ffansïo'i siawns, cyn gynted ag y cafwyd si nad oeddwn am sefyll: yn wir, hynny'n syth ar ôl i mi leisio mymryn o amheuaeth wrth ddau neu dri, yn answyddogol. Roedd Dafydd braidd yn anfodlon ar y cychwyn. Yr oedd wedi peintio'i hunan i gongl, braidd, trwy ddweud na fynnai sefyll eilwaith ym Meirionnydd (lle daeth yn ail da i William Edwards ym 1970), gan fod Meirion yn rhy bell o'i gartref ym Merthyr: yr oedd Arfon, wrth gwrs, yn bellach!

Cofiaf sgwrsio ag ef yng Nghynhadledd y Blaid yn y Rhyl, a gofyn a fyddai yn rhoi ei enw ymlaen ar gyfer Arfon. Tueddai i wrthod, gan na wyddai ai penderfyniad dilys a therfynol ar fy rhan i oedd peidio â sefyll, ynteu stori-wneud gan rai a fynnai gael gwared arnaf. Dywedais wrtho yn blwmp ac yn blaen, na fyddwn i – doed â ddêl – yn ailsefyll ac y byddwn yn ei gefnogi i'r carn i fod yn Ymgeisydd, ac wedyn i ennill y Sedd. Bu saith enw dan sylw, a'r ddau a ddaeth i'r rhestr fer derfynol oedd W R P George a Dafydd Wigley.

Wrth edrych yn ôl, yr wyf yn hollol fodlon ar fy mhenderfyniad i beidio sefyll. Cafodd Arfon, yn Dafydd, reitiach Aelod nag y byddwn i byth. Roedd wedi ei fwrw i fod yn Aelod Seneddol, ac nid ffug-ddiymhongarwch yw dweud hynny. Roedd ganddo'r amynedd i ddelio â'r glo mân, i astudio mantolen y genedl, ac 'i oddef ffyliaid yn llon' – doedd gen i ddim.

At hynny, yr oedd problemau economaidd Cymru ar flaenau ei fysedd. Yn ddiweddarach, pan ddechreuwyd teledu gweith-gareddau Tŷ'r Cyffredin, a minnau'n clywed rhai fel Thatcher a Kinnock yn malu c-c-concrit a gorddai fy stumog, roeddwn i'n edmygu Dafydd yn fwy byth am fedru eistedd yn y fath le heb sgrechian. A phan olynodd Gwynfor Evans yn Llywydd y Blaid ni fedrwn feddwl am neb mwy teilwng ar gyfer y swydd.

Yn Etholiad Chwefror 1974 bûm wrthi fel lladd nadroedd. Canfasio, areithio, a helpu i ysgwyddo'r baich orau y medrwn. Bu Gwenan, hithau, yn teithio o gwmpas y bythau pleidleisio gydag Elinor, ac yn tynnu ei phwysau yn Swyddfa'r Blaid. Pan gollodd Dafydd ei lais am dridiau, bu rhaid i mi gymeryd ei le yn gyfan gwbl yn amserlen drom Wmffra. Un dydd Sadwrn, euthum o gwmpas Llŷn ac Eifionydd gyda'r corn siarad – yr oedd gennym ddau erbyn hynny – ac o gyfrif wedyn ym mhle roeddwn wedi stopio a siarad, sylweddolais fy mod wedi traddodi pedwar deg chwech o anerchiadau: doedd gen innau ddim gwich o lais ar ôl.

Cefais wahoddiad i dreulio noson ar lwyfannau Môn (lle safai Dafydd Iwan yn enw'r Blaid). Y diwrnod hwnnw, yr oedd Wmffra wedi derbyn bocseidiau o gopïau o Faniffesto'r Blaid. O Gaerdydd y daethant ond doedd gan Wmffra ddim meddwl uchel iawn o ddealltwriaeth Caerdydd o broblemau Arfon. Meddai wrthyf, 'Gan dy fod ti'n mynd i Sir Fôn, dos â'r bocsys Maniffesto efo chdi. Rho nhw i JB (y Doctor J B Hughes, Asiant Dafydd Iwan), a deud wrtho fo am daflu'r blydi lot i harbwr Caergybi!' Roedd gan Wmffra ei ffordd unigryw o drefnu etholiadau!

Serch cael gwahoddiad i'r Cyfrif, penderfynodd Gwenan a minnau aros gartref a gwylio'r teledu. Yn dra gwahanol i 1970, yr oedd y cyfryngau wedi ymorol bod yn bresennol yng Nghaernarfon. Ni chawsant mo'u siomi. (Cyn i ni ei weld ar y sgrîn fach, roedd Phyllis, tan orfoleddu, wedi ein ffonio gyda'r canlyniad.) Dyma sut y bu:

Wigley (Plaid)	14,103
Roberts (Llafur)	12,375
Garel-Jones (Ceid.)	5,803
David (Rhydd.)	2,506

Do, fe dorrodd y Blaid drwodd gyda buddugoliaeth Dafydd â mwyafrif o 1,728. Dyma hefyd yr Etholiad a gollodd Gwynfor Evans o dair pleidlais.

Trefnwyd Rali Ddathlu yn Neuadd y Dref, Pwllheli y pnawn Sadwrn wedi'r Etholiad. Unwaith eto yr oedd yn orlawn, ac ambell un yn wylo gan ewfforia. Cafodd Dafydd ac Elinor groeso i'w gofio. A minnau'n Gadeirydd Pwyllgor yr Etholaeth erbyn hynny, i mi y syrthiodd y gorchwyl pleserus o ddarllen y pentwr swmpus o negeseuon llongyfarch a ddaeth i law, gan rai megis Gwynfor a Winifred Ewing. Cafwyd cymeradwyaeth i bob un ar wahân. Roedd un ar ôl, a chyhoeddais mai hwnnw oedd y pwysicaf. Bu distawrwydd llethol wrth i mi ei ddarllen:

> Hyfryd clywed fod Arfon, o'r diwedd, wedi achub cam Cymru.
> *Saunders Lewis.*

Pan ddarllenais yr enw, cododd y dyrfa fel un gŵr, tan fanllefu a chymeradwyo. Dyna'r unig dro i mi weld – na chlywed am – neb yn cael cymeradwyaeth-ar-sefyll, a hynny yn ei absenoldeb!

Meddai Maldwyn Lewis, un arall o hoelion wyth y Blaid yn Arfon, yn ei hunangofiant *Wir Yr!* (2006):

> Y bore canlynol cefais alwad ffôn o'r gyfnewidfa ffôn yn gofyn a hoffwn glywed geiriad y telegram a anfonodd Goronwy Roberts at Harold Wilson. Cymerais mai rhywun oedd yn tynnu fy nghoes. Dyma ymuno â'r hwyl a dweud yr hoffwn glywed y neges. Darllenodd, *'Congratulations on your magnificent victory. I am willing to serve in the other place.'* Y 'lle arall' oedd Tŷ'r Arglwyddi – hyn gan ŵr a fu'n galw trwy gydol ei yrfa am ddileu'r sefydliad hwnnw. Ffoniais Robyn Léwis i ddweud yr hanes ac nid oedd yn fy nghoelio.

*   *   *   *

Cadwodd Dafydd y Sedd â mwyafrif o 2,894 yn Etholiad Hydref 1974. Enillodd Gwynfor Evans Gaerfyrddin yn ôl yn yr un Etholiad.

Ond serch y fath fuddugoliaeth, mae ôl-nodiad trist i'r hanes. Ddechrau 1976, bu farw Wmffra Roberts, yn 42 mlwydd oed. Cynhaliwyd ei angladd yng nghapel gorlawn Nantperis, ac yna yn Amlosgfa Bangor. Talwyd y deyrnged gan Dafydd Wigley, AS. Yn rhan o'r deyrnged honno, dywedodd:

> Gallaf ddatgan yn gwbl onest mai oherwydd Wmffra yr wyf heddiw'n cynrychioli Arfon yn y Senedd. Mae pedwar rheswm dros hyn. Ef a baratôdd y tir; ef a'm perswadiodd i sefyll, ef a drefnodd yr ymgyrch lwyddiannus honno ym 1974, ac Wmffra a'm cynhaliodd ar ôl dod yn aelod seneddol ...

Wrth ddisgrifio'r achlysur, credaf fod Dafydd yn gwneud anghyfiawnder ag ef ei hun. Meddai, yn ei gyfrol *O Ddifri* (1992), am ei deyrnged: 'Gan gymaint fy ngalar gwn imi siarad yn aneffeithiol iawn yn ei angladd ...'

Clywais Dafydd Wigley yn areithio laweroedd o weithiau. Clywais ef deirgwaith yn talu teyrngedau angladdol. I Wmffra, i Phil Williams ac i Gwynfor Evans. Oedd, yr oedd dan deimlad: roedd hynny'n amlwg i bawb. Ond ni chlywais erioed araith ragorach, na mwy diffuant, o'i enau erioed. Anghytunaf yn llwyr â'i ddisgrifiad 'yn aneffeithiol iawn'. Nid yw Dafydd Wigley ac 'aneffeithiol' yn bodoli ar yr un blaned.

GWEDDILL Y SAITH DEGAU
(1971-1979)

Gan draflyncu trefi Pwllheli, Cricieth, Porthmadog, plwyf Beddgelert ac ardaloedd Llŷn ac Eifionydd, daeth Cyngor Dwyfor i fodolaeth ym 1974. Yn ddaearyddol, golygai hyn arwynebedd a redai'n llythrennol 'o gopa'r Wyddfa i lawr i'r traethau.' At hynny, roedd galluoedd Dwyfor yn ehangach: meddiannwyd pwerau Cynllunio oddi ar Gyngor Sir newydd Gwynedd – er mawr ddicllonedd i'r Henadur Alwyn Hughes-Jones.

Roedd gen i hiraeth ar ôl yr hen Gyngor Llŷn. Oedd, roedd o'n hen ffasiwn, ac yn gwegian ar adegau, ond – wannwl! – roedd o'n rhad i'w redeg. Un pnawn, a'r Cyngor yn derbyn yr amcangyfrifon a'r cyfrifoldeb am adeiladu argae ddŵr Cwm Ystradllyn, cymerodd lai na phum munud i'r cynghorwyr godi dwylo i wario miliynau. Yn syth wedyn, bu'r cynghorwyr yn ymgecru am dri chwarter awr uwchben yr eitem nesaf ar yr agenda: rhyw wariant pitw o ychydig sylltau!

Nid af i fanylu ynghylch hanes cynnar Dwyfor, gan i mi wneud hynny eisoes mewn pennod 'Y Ddwyfor Honno' yn fy nghyfrol *Damcanu a Ballu* (1997). Pan aeth y Cyngor ati i ddewis ei Gadeirydd cyntaf, arnaf fi y syrthiodd y dewis hwnnw. Llywiais ef, orau y gallwn, am y 'flwyddyn gysgod', a'r flwyddyn weithredol gyntaf (1973-1975). Un nodwedd yr wyf yn falch ohoni yw yr ystyrid ef y cyngor 'Cymreicaf yng Nghymru'. Ar yr un pryd yr oedd eraill, megis Wmffra Roberts, Dafydd Orwig a Maldwyn Lewis, yn cyflawni gwaith cyffelyb yng Ngwynedd. Roedd ein polisïau, yn enwedig ein polisi iaith, yn peri i'r colofnydd Prydeinllyd Ivor Wynne Jones, yn y *Daily Post*, gyfeirio ataf fel *'President of the People's Republic of Dwyfor'*. Credaf ei fod wedi cael sgid hwch, braidd, pan sgrifennais lythyr i'w bapur i ddweud fy mod i'n ystyried y disgrifiad yn deyrnged ac y carwn gael yr hawl i arddel y teitl hwnnw go iawn.

Yn rhinwedd fy nwy flynedd yn Gadeirydd, cafodd Gwenan a minnau wahoddiad i arddwest ym Mhalas Buckingham: ddwywaith. Gwrthodwyd: ddwywaith. Cafodd yr Is-Gadeirydd, Richard Edgar-Jones a'i briod, Helen, y gwahoddiadau yn ein lle. A'r ddau'n Bleidwyr uniongred, gwrthod a wnaethon nhw hefyd. Ar ôl cryn grefu a chrafu, credaf yr aeth rhywun a'i wraig draw ond ni thrafferthais holi pwy.

Ymhen blynyddoedd, gwelais lythyrau digon piwis yn y *Daily Post* rhwng rhai o gynghorwyr ardal y Fflint. Pwy o'u plith oedd i gael yr 'anrhydedd' o fynd i arddwest frenhinol? Sgrifennais â phleser i roi pigiad cecrus trwy ofyn ai er mwyn gwasanaethu eu hetholwyr ynteu i gael hobnobio â'r Breninolion – ar draul eu trethdalwyr – yr oeddynt wedi eu hethol. Ac wrth gwrs, manteisiais ar y cyfle i gael brolio sut yr oedd cynghorwyr Dwyfor wedi gwrthod. Deallaf y bu embaras mawr tua'r Fflint.

Un gorchwyl rhyfedd ac anarferol a ddaeth i'n rhan oedd gweithredu yn sensoriaid sinema. Un waith yn unig. Y ffilm dan sylw oedd *The Exorcist*, a chafodd cynghorwyr Dwyfor ddangosiad preifat yn sinema'r *Palladium*, Pwllheli. Bu'r drafodaeth yn ein plith, wedyn, bron fel trafodaeth ysgol Sul. A oedd y fath ffilm yn bwdin rhy gryf i stumogau sensitif trigolion Dwyfor? Cymeradwywyd ei dangos yn Nwyfor gyda mwyafrif o un bleidlais (nid fy mhleidlais fwrw i fel Cadeirydd). Dyna'r unig dro yn fy mywyd, hyd y cofiaf, i mi gael mynd i'r pictiwrs am ddim.

Bu un llythyrwr i'r Wasg yn ymfalchïo ei fod, bellach, yn cael ei gynrychioli gan Bleidwyr swyddogol ar lefel plwyf, dosbarth, sir a Senedd. Cyn bo hir, medrodd ychwanegu Ewrop at ei restr. Un o'r troeon gwaethaf a wnaed â Chymru – gan John Redwood – oedd dadwneud y patrwm a ddaeth i fod ym 1974. I'm tyb i, mae safon llywodraeth leol wedi syrthio, wrth i gost llywodraeth leol entrychu. Eithr, yn fuan iawn ar ôl i mi orffen fy nhymor yng Nghadair Dwyfor, bu rhaid i mi ymddiswyddo o'r Cyngor yn gyfan gwbl: daeth galwad amgenach.

Ar y Fainc

Eisoes, roedd gen i amrywiaeth o bethau ar fy mhlât. Os oeddwn am gael lle i ragor, yna byddai'n rhaid cael plât mwy; a doedd hynny ddim yn bosibl. Pan awgrymodd aelod blaenllaw o'r Farnwriaeth yng Nghymru wrthyf y dylwn wneud cais i'm penodi'n ddirprwy-farnwr, gweuthum hynny. Derbyniwyd fy nghais gan Adran yr Arglwydd Ganghellor, felly doedd dim amdani ond ffarwelio â Dwyfor. Ar fy ymddiswyddiad cefais anrheg unigryw gan fy nghyd-Gynghorwyr. A Dwyfor wedi 'llyncu' Bwrdeistref Pwllheli, yr oedd yn berchen ar holl eiddo'r gyn-gorfforaeth. Cynhwysai hynny holl regalia'r Faeraeth a pherwig Clerc y Dref – arteffactau na fyddai mo'u hangen ar Ddwyfor. Un peth angenrheidiol ar y Fainc Farnwrol yw perwig. Mae perwig Dwyfor yn dal yn fy meddiant.

Mae i'r perwig yma un fantais fawr. Bu ym meddiant y Fwrdeistref ers tua dechrau'r bedwaredd ganrif ar bymtheg, os nad cyn hynny. Felly, yr oedd yn llwyd a llychlyd – yn lle bod yn wyn a dihalog – gan roi'r argraff i bawb fy mod innau yn hen brofiadol ym materion y Fainc. Ar fy more cyntaf oll yn Llys y Goron, Caerdydd, eisteddai dau Ynad Heddwch gyda mi ar y Fainc. Gofynnodd un ohonynt yn ystod yr egwyl goffi: '*How long have you been on the Bench, Judge?*' Atebais – yn hollol eirwir – '*All morning.*'

Beth amser ar ôl fy mhenodi, clywais gan gyfaill o gyfreithiwr ym Mhwllheli fod Cadeirydd y Llys Ynadon yn rhyfeddu'n arw at y penodiad. 'Fydd o ddim yn cael barnu mwrdwrs mawr, does bosib,' meddai. 'Na fydd,' atebodd fy nghyfaill, 'dim ond mwrdwrs bach.' Wrth gwrs, a minnau ar ris isaf y Farnwriaeth, ni fyddwn yn barnu 'mwrdwrs' o unrhyw fath.

Cyn mynd dim pellach, dylid egluro un peth am ddirprwy-farnwyr. Yn wahanol i Farnwyr llawn, swydd rhan-amser oedd hi, a olygai eistedd am wythnos ar y tro bob hyn a hyn. Hyd ddechrau'r Saith Degau, cyfyngid y swydd i fargyfreithwyr yn unig. Bûm yn ffodus i fod ymhlith rhai o'r cyfreithwyr cyntaf yng

Nghymru i'w penodi. Golygai fynd i un o Lysoedd y Goron yng Nghymru neu Gaer (tynnwyd Caer allan o Gylchdaith Cymru yn Ebrill 2007).

Gwisgai'r Barnwyr Cylchdaith wisg borffor a choch: du a wisgai'r dirprwyon. Roedd gan y Barnwyr hawl i'r teitl parhaol 'Eich Anrhydedd', hyd yn oed wedi iddynt ymddeol: câi'r diprwyon eu cyfarch ag 'Eich Anrhydedd' yn unig pan oeddynt yn y Llys – dychwelent i fod yn 'Mister' yr eiliad y darfyddai'r eisteddiad. Fe sylweddolwch, gan hynny, y ceid 'BARNWR' a 'barnwr' mewn gogoniant.

Yr oedd un llys lle na chaniatéid i mi eistedd, a hwnnw oedd Llys y Goron, Caernarfon. 'Rhag ofn i mi fod yn adnabod rhywun' oedd yr esgus. Mae'n haws credu mai'r gwir eglurhad oedd 'rhag ofn i rywun f'adnabod i'! Ni chefais achlust swyddogol nac answyddogol ar y pryd ond nid oeddynt ychwaith yn dymuno i mi eistedd ar unrhyw 'achos iaith.' Gweithredais yn ddirprwy-farnwr am wyth mlynedd, gan amlaf yng Nghasnewydd, Caerdydd neu Abertawe, ond hefyd yn achlysurol yn yr Wyddgrug, Caer a Dolgellau.

Cyn eistedd ar Fainc – ynadol neu farnwrol – mae angen i ddarpar-ynad heddwch neu ddarpar-farnwr ymweld â charchar. Yng nghwmni saith neu wyth o ddarpar-ynadon heddwch bûm ar ymweliad â Charchar Walton yn Lerpwl. Yr oeddwn wedi bod yno o'r blaen yn gweld ambell gleient, ond y tro hwn cafodd y grŵp ein tywys drwy'r carchar i gyd. Profiad annifyr yw ymweld â charchar: mae fel mynd i weld anifeiliaid mewn sŵ, gyda'r gwahaniaeth bod yr 'anifeiliaid' hyn yn fodau dynol.

Un aelod o'r grŵp oedd Margaret Cowell (gwraig Owen y deintydd) a ddaeth ymhen blynyddoedd yn Gadeirydd Ynadon Pwllheli. Roedd yn Ysgol Pwllheli a Choleg Aberystwyth ar yr un pryd â mi. O ganlyniad, wrth i mi annerch ar ôl cinio un tro, mentrais dynnu ei choes trwy adrodd sut y bu i ni fod 'gyda'n gilydd yn yr ysgol, gyda'n gilydd yn y coleg a chyda'n gilydd yn y carchar.'

Roedd y Gymraeg yn brin iawn yn Llys y Goron. Cofiaf un o'r deuddeg rheithiwr mewn achos yng Nghaerdydd yn dewis tyngu'r Llw yn Gymraeg – ymddangosai yn y ddwy iaith ar y cerdyn.

Soniais wrth un o'r Barnwyr llawn-amser am hyn dros ginio. Ei ymateb oedd dweud wrthyf ei fod ef wedi bod ar y Fainc ers wyth mlynedd, ac yn rhan-amser cyn hynny, ac nad oedd erioed wedi clywed neb yn tyngu'r Llw yn Gymraeg. Trist.

Un nodwedd hollol afresymegol o'n llysoedd barn yw eu bod yn cael eu hawdurdod 'yn enw'r Goron'. Ond 'yn enw'r Goron', hefyd, yr erlynir honedig-droseddwyr. Yr afresymeg yw bod 'y Goron' yn ymddangos ar un ochr yn unig, a'r 'Goron' yn eistedd mewn barn rhwng y naill ochr a'r llall fel ei gilydd. Soniais wrth amryw am y gyfundrefn unochrog hon ond yr unig ymateb oedd dweud mai dyna sut y bu pethau 'erioed', a'i bod wedi gweithio'n foddhaol dros y canrifoedd. Hô-hým: tybed?

Gofynnwyd i mi'n aml a fu i mi fwynhau fy nghyfnod ar y Fainc: yr unig ffordd y medraf ateb y cwestiwn yw dweud ei fod 'yn ddiddorol'. Fedr neb ddweud ei fod yn 'mwynhau' pennu cosb: os medr, yna nid y Fainc Farnwrol yw ei le. Ond nid cosbi yn unig yw dyletswydd barnwr. Medr ryddhau, hefyd, pan fo cyhuddiad – gormesol, weithiau – ar gam. Oedd, roedd yn ddiddorol, ac yn addysgiadol am y gyfraith a'r natur ddynol fel ei gilydd. Bu'r profiad yn gaffaeliad mawr i mi fel erlynydd ac fel amddiffynnwr yn y llysoedd wedi hynny.

Roedd rhai yn chwilfrydus i wybod beth oedd y peth mwyaf anodd i mi, fel barnwr, ymdopi ag ef. Feddyliech chi byth, ond siarad yn gyhoeddus ar fy eistedd, fel y bydd rhaid i farnwr – er mai gwrando, nid siarad, yw ei brif ddyletswydd ac eithrio pan fo'n crynhoi'r achos i'r rheithgor. Roedd yn anodd, ar ôl blynyddoedd o siarad cyhoeddus, a hynny bob amser ar fy sefyll.

Rotarïa

Ychydig sydd i'w ddweud am fudiad Rotari, y bûm yn aelod ohono am flynyddoedd, o'r Chwech i'r Wyth Degau. Yn ei dro, gweithredai pob aelod yn Llywydd am flwyddyn. Un o'r pethau y gwrthodais eu gwneud oedd cynnig llwncdestun i'r Frenhines Elisabeth. Yn gyntaf, rydw i'n weriniaethwr. Ac yn ail, mae Rotari yn honni bod yn fudiad rhyngwladol: pam felly yr oedd rhaid wrth lwncdestun i bennaeth unrhyw wladwriaeth? Bûm mewn llaweroedd o Glybiau Rotari ar y pum cyfandir: doedd dim sôn am

140

bennaeth gwladwriaeth yn yr un, dim hyd yn oed yn yr Unol Daleithiau.

Nid pawb oedd yn cyd-weld â'm safiad. Sgrifennodd Jac Pollecoff i'r pencadlys Prydeinig yn Llundain i gwyno. Eu hunig ymateb (rwy'n amau na chawsant gŵyn o'r fath cyn hynny) oedd mai mater i'r clybiau unigol ydoedd. Torrwyd y ddadl trwy i Jac, a oedd yn Is-Lywydd, gynnig y llwncdestun yn fy lle, tra arhoswn i ar fy eistedd. Ond – â'i ddiffyg tact arferol – mynnai Jac ychwanegu'r diangen '... *and the Prince of Wales, God bless him!'* Onid oeddem wedi cael mwy na digon o drafferth â'r brawd hwnnw?

A hithau'n arfer i Rotariaid, ar wyliau neu ar fusnes, fynychu clybiau ei gilydd, deuai nifer a fwriai eu gwyliau yn Llŷn i Glwb Pwllheli. Un diwrnod, a ninnau'n disgwyl yr alwad i ginio, gofynnodd rhai o'r ymwelwyr hyn i mi, *'Do you have much trouble in these parts with Welsh Nationalists?'* Roeddwn i, a gweddill aelodau Clwb Pwllheli, yn ein dyblau. Pan eglurais i'r ymwelwyr mai fi oedd Is-Lywydd Plaid Cymru ar y pryd, bu gwepau cochion!

Arwyddion Bowen

Ym 1971-72 bu Pwyllgor Roderic Bowen yn ystyried mater Arwyddion Ffyrdd Dwyieithog. Os bu canlyniad uniongyrchol erioed i'r tor-cyfraith o beintio arwyddion, Pwyllgor Bowen oedd hwnnw. Cyflwynais dystiolaeth, fel unigolyn ac nid ar ran y Blaid, gerbron y Pwyllgor. Ym 1972 cyhoeddwyd ei Adroddiad. Ar ôl argymell y dylid codi arwyddion dwyieithog trwy Gymru benbaladr, meddai (t. 73):

> Ystyriwyd yn fanwl y cwestiwn ai'r Gymraeg neu'r Saesneg ddylai ddod gyntaf ... penderfynwyd gyda mwyafrif sylweddol i *argymell* y dylid dangos y geiriad Cymraeg yn gyntaf ar bob arwydd dwyieithog ... Gan gofio'r gwahaniaethau bychan rhwng amserau darllen a ddangoswyd gan dystiolaeth y Labordy Ymchwil Trafnidiaeth a Ffyrdd, y mae'r rhan fwyaf ohonom yn ystyried y gellid gweithredu'r drefn a argymhellir o ddangos yr ieithoedd heb gael effaith andwyol ar ddiogelwch y ffyrdd.

Tynnodd Ysgrifennydd Gwladol Cymru, John Morris, nyth cacwn i'w ben ym 1974 pan gyhoeddodd y byddai'r Saesneg uwchben y Gymraeg ar yr arwyddion ffyrdd dwyieithog newydd (gw. *Llyfr y*

141

Ganrif, 1999). Ar ôl gwrthwynebiad cryf o sawl cyfeiriad – gan gynnwys Archdderwydd Cymru ac Archesgob Cymru – caniata-wyd i siroedd Gwynedd (gynt Caernarfon, Meirion a Môn) a Dyfed (gynt Ceredigion, Caerfyrddin a Phenfro) ddodi'r Gymraeg yn uchaf. Cytunodd – neu dewisodd – y pum sir arall ddodi'r Saesneg yn uchaf. Deil yr arwyddion felly hyd heddiw. Wrth groesi ffin trefn-yr-ieithoedd, mae'r iaith uchaf a'r iaith isaf yn newid lle. Fe dybiwn i fod hynny'n fwy perygl na phe bai'r Gymraeg wedi ei gosod yn uchaf ym mhobman, fel yr argymhellodd Bowen. Ond y gwleidyddion biau'r gair olaf bob amser.

Mae'r arfer gwrthun o ddodi'r Saesneg yn uchaf wedi treiddio i bob twll a chornel o'r gymdeithas, yn enwedig yn y De-ddwyrain. Ac nid yn unig ar arwyddion ffyrdd, erbyn hyn. Mae'r Saesneg yn uchaf ar enwau ysgolion, ysbytai, swyddfeydd cynghorau, a bron ym mhobman lle gwelir y ddwy iaith gyda'i gilydd. Ceir yr argraff bod i'r Gymraeg le, a statws, fel pe na bai ond wedi ei dodi ar yr arwydd fel math o ôl-ystyriaeth, a dim mwy. Gorwedd y cyfrifoldeb am y fath gybolfa ar ysgwyddau'r Ysgrifennydd Gwladol ar y pryd. Ni wn pam y gwnaeth y fath benderfyniad. Ond fel chithau, medraf ddyfalu mai gwleidydda yr oedd.

Dylid egluro wrth bawb sy'n ymwneud ag arwyddion dwyieithog mai Cymraeg â chyfieithiad i'r Saesneg y dylent fod; nid Saesneg â chyfieithiad i'r Gymraeg. Mae pawb yn deall Saesneg, felly does dim angen cyfieithiad Cymraeg er mwyn eu deall. Nid yw pawb yn deall Cymraeg, felly mae angen cyfieithiad Saesneg. Mater o statws yw cael arwyddion Cymraeg, nid mater o ddeall neu beidio deall. Gan hynny mae arwyddion sy'n rhoi'r Saesneg yn gyntaf yn nonsens afresymegol. Ond mae'n amlwg fod hynny tu hwnt i grebwyll ambell wleidydd.

Byddaf weithiau yn cymharu statws 'cyfartal' presennol y Gymraeg trwy aralleirio dywediad enwog y coeglyd a'r cignoeth George Orwell yn ei lyfr *Animal Farm,* sef: 'Mae'r ddwy iaith yn gyfartal, ond mae un iaith yn fwy cyfartal na'r llall.'

Is-lywydda

Bûm yn Is-lywydd Plaid Cymru am chwe blynedd, o 1971 hyd 1977. Dim ond ambell beth sy'n werth eu crybwyll. Ar y cyd â Gwynfor

Evans, Dafydd Wigley a Phil Williams, cyflwynais dystiolaeth i Gomisiwn Crowther/Kilbrandon ar y Cyfansoddiad ym 1973. Fy mhriod faes i oedd yr agwedd ieithyddol, ac yn Gymraeg – trwy droswr ar y pryd – y dywedais fy nweud.

Cynhaliwyd y gwrandawiad yn Neuadd yr Arholiadau, yr Hen Goleg, Aberystwyth. Roedd yn agored i'r cyhoedd, eithr dim ond dyrnaid a drafferthodd ddod. Eisteddai Gwenan yn y seddau cyhoeddus wrth ymyl menyw arall. Erbyn gweld, myfyriwr ymchwil o Ganada ydoedd. Gofynnodd i Gwenan a oedd cyfle i rywun fel hi ofyn cwestiwn i Aelodau'r Panel (Arglwydd Crowther, Syr Alun Talfan Davies, Syr Ben Bowen Thomas a nifer o bwysigion o Loegr). Atebodd Gwenan nad oedd, ond gofynnodd iddi pa gwestiwn, tybed, y byddai wedi hoffi ei ofyn. Meddai, *'I'd just like to ask them: "If it costs England so much to keep Wales, why don't they let you go?"!'* Pan ddywedodd Gwenan yr hanes wrth Gwynfor wedyn, chwarddodd a dywedodd y byddai wedi bod yn gwestiwn da iawn i'w ofyn i Aelodau'r Comisiwn!

Ym 1973, galwodd Adroddiad y Comisiwn am gynulliad i Gymru. Gadawyd ef ar y silff. Cymerodd chwe blynedd i esgor ar ganlyniad. A hwnnw fu Refferendwm trychinebus 1979, y sonnir amdano maes o law.

Pan ddathlwyd hanner canmwyddiant y Blaid ym 1975, i mi y syrthiodd y fraint o gyflwyno i Gwynfor Evans y penddelw ohono'i hun a roddwyd iddo gan yr aelodau. Cyflwynwyd hefyd anrheg deilwng o aur Cymru i'w briod, Rhiannon.

Gan mai ym Mhwllheli y sefydlwyd y Blaid, yno y cynhaliwyd y Rali Ddathlu: dadorchuddiwyd plac ar demprans Maes Gwyn lle cyfarfu'r chwe sylfaenydd ym 1925. Gan na wyddai neb i sicrwydd pa adeilad yn hollol ydoedd Maes Gwyn, i mi y syrthiodd y dasg o holi a chwilota. Cawsom fod yr adeilad yn dal mewn bod ac mai yno, bellach, yr oedd siop esgidiau yr Henadur George Ensor (nad oedd yn un o gefnogwyr y Blaid, a dweud y lleiaf).

Aeth Dafydd Wigley a minnau i weld George a'i wraig Phil, ac wrth lwc yr oeddynt yn cofio mam Dafydd – Myfanwy Batterbee, gynt o Bwllheli. Roeddynt yn hollol fodlon i'r Blaid osod y plac. At hynny, roedd eu mab Tony (bellach y Barnwr Anthony Ensor) wedi eu siarsio i roi caniatâd, 'gan y byddai cael arddangos y plac yn anrhydedd fawr.' Darganfûm un ffaith annisgwyl am demprans Maes Gwyn. Yr oedd y rhai a'i cadwai ym 1925 yn perthyn i David Davies o Nefyn, gwyliwr nos Penýberth ym 1936!

Yr *SNP*

Un o'm gorchwylion mwyaf pleserus fu cynrychioli Plaid Cymru yng Nghynhadledd Plaid yr Alban yn Perth ym 1974. Soniaf am un gweithgaredd, sef *Highland Evening*, a oedd i'w chynnal ar y noson olaf. Roedd un amod mynediad: disgwylid i'r dynion wisgo *feile-beag* (cilt). Doedd dim amdani ond cael benthyg un, a dyna a ddigwyddodd. Roedd tua 90% o'r dynion mewn ciltiaid, felly roeddwn i'n ymdoddi i'r cefndir. Ond roeddwn i'n boenus o ymwybodol ohonof fy hun! Un peth yr oeddwn yn benderfynol o'i wneud oedd cadw allan o ffordd y gohebydd Clive Betts, a oedd yn y Gynhadledd ar drywydd straeon i'r *Western Mail*. Yn hynny o beth mi lwyddais, ac ar ôl yr holl flynyddoedd, dyma fi'n cynnwys darlun ohonof fy hun mewn cilt. O edrych arno, ni synnwch pan ddywedaf na fyddai gennyf yr hunanhyder i'w wisgo ar Faes yr Eisteddfod – o ran hynny, does gen i mo'r coesau, chwaith.

Steddfota

Ym 1974 derbyniais wahoddiad gan Orsedd y Beirdd i'm hurddo i'r Wisg Wen yn Eisteddfod Caerfyrddin, yn sgîl fy nghyfrol *Termau Cyfraith*. Yr Archdderwydd a'm hurddodd oedd Brinley Richards (Brinli), y cyfreithiwr o Faesteg, y bûm, saith mlynedd ynghynt, yn croesi cleddyfau ag ef ym mater *Cynan v.'Lol'* yn Eisteddfod y Bala, 1967. Derbyniais y gwahoddiad yn eiddgar. Yn wir, deuthum yn aelod mor frwd fel na chollais ond dau gynulliad o'r Orsedd o'r diwrnod y'm hurddwyd hyd heddiw.

Yr oedd nifer o Gymry adnabyddus i'w hurddo yr un diwrnod. Fy nghyn-Athro Cyfraith, Llywelfryn Davies; Y Fon. Eirys Edwards, gwraig Syr Ifan; Dai Francis; Emyr Humphreys; fy nghyn-weinidog, O M Lloyd; Trefor Owen, Sain Ffagan; Evan Roberts y naturiaethwr a'r llysieuwr, a'r Doctor Urien Wiliam, i enwi dim ond rhai. Yn arbennig, efallai, y Doctor (bellach yr Athro) Gwyn Thomas, Bangor. Cefais lawer i ymwneud ag ef wedyn, pan oeddwn yn ymgeisio am ddoethuriaeth ar law Prifysgol Cymru.

Ysywaeth, o'r pymtheg ohonom, dim ond Emyr Humphreys, Trefor Owen, Gwyn Thomas a minnau sydd ar ôl.

Euthum â chadwyn aur Cadeirydd Dwyfor i'm canlyn i Gaerfyrddin, i gynnal breichiau Emrys Jones, y cyfreithiwr o Gricieth a Chadeirydd Eisteddfod Bro Dwyfor, wrth iddo wahodd yr eisteddfodwyr draw atom ni ym 1975. Ond gwnaeth Dwyfor ei marc mewn modd arall ar Brifwyl Caerfyrddin. Enillwyd y Goron gan W R P George, a'r Gadair gan Moses Glyn Jones.

Roedd pethau'n argoeli'n dda ar gyfer ein Steddfod ni ymhen blwyddyn. Ddechrau'r wythnos ganlynol, ar ran y Cyngor, bûm mewn cyfarfodydd yng Nghricieth a Mynytho i groesawu a llongyfarch ein dau Brifardd newydd. Prif siaradwyr y cyfarfodydd oedd, yng Nghricieth, yr Arglwydd Morris o Borth-y-gest; a'r Doctor John Gwilym Jones ym Mynytho: fel y tybiwch, buont yn ddau gyfarfod hollol wahanol i'w gilydd!

Dylwn nodi mai Clybiau Rotari Pwllheli a Phorthmadog, ar y cyd, a gyflwynodd y Gadair, a enillwyd gan Gerallt Lloyd Owen am ei Awdl 'Afon'. Hefyd, gan nad oedd iechyd Emrys Jones yn rhy dda, bu angen i mi – yn un o'r Is-gadeiryddion – i ddirprwyo ar ei ran mewn ambell gyfarfod a derbyniad. Yr unig ddigwyddiad a gofiaf oedd i mi orfod dweud gair ar un achlysur, a rhoi fy nwy droed ynddi trwy sôn fod cryn gyffelybiaeth rhwng Alun Talfan o Gaerdydd, Llywydd Llys yr Eisteddfod, ac 'Alun' Capone o Chicago.

A minnau'n Is-gadeirydd y Pwyllgor Gwaith, roeddwn yn aelod o bob un o'r is-bwyllgorau. Dyma'r tro cyntaf i mi sylweddoli pa faint o bobl oedd yn fodlon rhoi eu hamser yn ddi-dâl a dirwgnach i gefnogi'r Brifwyl. Byddai'n amhosibl rhoi cyfrif o'r oriau gwaith, oriau teithio, a gyfrannodd at lwyddiant yr ŵyl, a'r cyfan yn llafur cariad o du llaweroedd yn Llŷn ac Eifionydd. Bu un sgîl-effaith llesol a pharhaol, sef dod â phobl o ddeupen y Ddwyfor newydd i adnabod ei gilydd am y tro cyntaf.

Yn y Gymanfa answyddogol ar bromenâd Cricieth ar y nos Sul, digwyddais daro ar James (bellach Jan) Morris. Dywedodd wrthyf, â balchder, fod ganddo fab yn ysgol fonedd Amwythig – neu 'Shrowsbyri' ys dywedai – a bod hwnnw yn derbyn gwersi Cymraeg. Doeddwn i fawr feddwl mai fi fyddai'n cadeirio'r Prifardd Twm Morys a'i ffan ym Meifod yn 2003, ac yn anfon y

Derwydd Jan Trefan i ganlyn yr Arwyddfardd Dyfrig ab Ifor allan i'r gynulleidfa i'w gyrchu i'r llwyfan.

Un gŵr a gyfarfûm am y tro cyntaf pan urddwyd ef i'r Wisg Wen gan yr Orsedd yn Eisteddfod Bro Dwyfor oedd neb llai na'r llaw-feddyg cellweirus, Owen Elias Owen (Owain Lawfeddyg), brodor o Gricieth. Yr oeddem i weld ein gilydd drachefn, yn fuan iawn.

Llawdriniaeth

Un min nos, rhai wythnosau ar ôl y Brifwyl, teimlais boen yn fy abdomen. Meddyliais mai diffyg treuliad ydoedd ond, ar ôl noson o fethu cysgu, dyma fynd at y meddyg. Ar ôl fy mhwnio a'm pannu, dyfarnodd mai llid y coluddyn crog ydoedd ac anfonodd fi'n syth i Ysbyty Môn ac Arfon, Bangor (y 'C & A'). Cyn diwedd y bore, dyna lle'r oeddwn ar wastad fy nghefn mewn gwely, yn gwisgo gŵn ysbyty wen – 'gwisg wen' mor gwta nes oedd fy nghoesau, o'm cluniau i flaenau fy nhraed, yn noeth a gweladwy i'r byd.

Yn edrych i lawr arnaf wrth erchwyn y gwely, safai Owain Lawfeddyg. 'A-a, Robyn Llŷn!' meddai. 'Pwy feddyliai y byddwn i'n dy weld di mor fuan â hyn? Mae'n rhaid i mi ddweud nad ydi dy Wisg Wen di yn yr Orsedd ddim yn gwneud cyfiawnder â dy goesau blewog di, fel y mae'r wisg wen yma!' Pwniodd a phwysodd, nes dod o hyd i'r union fan gwan. Tynnodd farciwr sialc neu greon glas o'i boced. 'Gad i mi dynnu llun y Nôd Cyfrin ar dy fol di, er mwyn i mi gael gweld yn hollol lle i dorri pan ga' i di ar y bwrdd!' Cefais y driniaeth orau bosibl, a phob gofal, ganddo yn ystod fy wythnos yn ei ysbyty. Bob min nos deuai o gwmpas y ward gan sgwrsio â'r cleifion tan ysmygu ei bibell. Fedrai hynny ddim digwydd heddiw yn yr Ysbyty Gwynedd aseptig a di-fwg a ddisodlodd yr hen 'C & A'.

Yn ystod fy arhosiad, daethpwyd â'r Prifardd John Evans, Llanegryn i'r ward, ac yntau yn wael iawn. Bu farw, ysywaeth, ymhen ychydig ddyddiau. Dysgodd wythnos yn yr ysbyty i mi fod yna lawer iawn o gleifion gwaeth eu stad nag oeddwn i.

Mam ar 'lwynion

Ac yntau'n ddi-briod, roedd Richard fy mrawd yn byw gyda Nhad a Mam yn Uwch-y-Don. Sbel ar ôl i ni golli Nhad ym 1971, penderfynodd Mam y carai ailafael mewn olwyn car. Ac olwyn car Richard oedd honno. Ers y Dau Ddegau, roedd ganddi drwydded lawn ar gyfer pob dosbarth o gerbyd, a honno wedi'i phrynu am bum swllt. Ond doedd hi ddim wedi cyffwrdd olwyn car ers o leiaf hanner canrif nac wedi sefyll unrhyw brawf gyrru: at hynny, nid oedd erioed wedi derbyn gwers o fath yn y byd.

O ystyried ei hoed a'r ffaith nad oedd ganddi syniad sut i yrru car achosodd ei phenderfyniad gryn bryder i 'mrawd a minnau. Ond fel y soniais, roedd Mam yn ystyfnig o benderfynol – un felly oedd hi. Yn y diwedd, ar ôl hir ddadlau, llwyddodd Richard a minnau i'w pherswadio y byddai'n burion syniad iddi, o leiaf, gael gwersi ar law hyfforddwr gyrru.

Cawsom air â 'Thwm Ffrainc', hyfforddwr gyrru proffesiynol o Bwllheli. Ar ôl i ni egluro'r sefyllfa, a'n pryderon am ffitrwydd Mam i fod ar y ffordd fawr o gwbl, cytunodd i fynd â hi allan yn y car, 'i gael gweld'. Rhybuddiodd ni, mai o'i brofiad ef lle'r oedd dysgwyr moduro dan sylw: 'hynaf yn y byd, anoddaf yn y byd'. Felly, dyma Mam yn cychwyn allan yng ngofal a than hyfforddiant gofalus a medrus Twm Ffrainc.

Tuag awr yn ddiweddarach, cyrhaeddodd yr hyfforddwr fy swyddfa, wedi cynhyrfu drwyddo. Roedd wedi cael profiadau hunllefus efo Mam wrth y llyw: roedd hi wedi crafu ochrau'r car ar gloddiau a waliau, ac ond y dim wedi taro nifer o bobl ar ymyl y ffordd, heb sôn am anwybyddu cyfyngiadau cyflymder yn llwyr. Ymbiliodd arnaf i'w darbwyllo i beidio â chyffwrdd olwyn car byth eto.

Bu rhaid i ni droi tu min. O'r diwedd fe wrandawodd Mam ar farn. Er mwyn ymorol na ddigwyddai'r fath beth byth wedyn, gwnaed trefniant gyda'r yswirwyr na fyddai yswiriant yr un cerbyd yn y teulu yn rhoi ymbarél sicrwydd i alluogi Mam i yrru wedi hynny. Aethom ati i egluro i Mam beth oedd union arwyddocâd cyfreithiol ei dad-yswirio: mae arnaf ofn y bu rhaid i mi ei dwrdio yn dra thwrneiol. Yn dilyn hyn, bu'n eithaf blin efo 'mrawd a minnau am sbel go dda. Ond cheisiodd hi ddim cyffwrdd â char wedyn.

Brwydrau'r iaith

Bûm dro ar ôl tro yn y Llysoedd ar ran aelodau Cymdeithas yr Iaith Gymraeg. Weithiau, ond nid yn aml, ceid hwy'n ddieuog. Unwaith, pan oedd criw ohonynt wedi meddiannu tŷ haf yn Llangefni, cyhuddwyd hwy o 'dorri i mewn.' Wedi llwyddo i gael gafael ar allwedd yr oeddynt – eglurhad mor syml, ond un na feddyliodd yr Heddlu amdano. Nid oedd unrhyw elfen, nac unrhyw dystiolaeth, o 'dorri'. Gan hynny, cafodd y Llys hwy'n ddieuog. Daeth y Prif Arolygydd atynt wedyn, yn glên i gyd, a dweud: 'Rŵan ta, hogia. Mae'r achos drosodd, a chitha'n rhydd. Mi fedrwn ni siarad "*off the record*" fel pe tae. Deudwch i mi, sut aethoch chi i mewn i'r tŷ 'na heb dorri dim?' Edrychodd y pen bandit arno, a dweud, 'Wel, rhyngon ni'n dau, *Chief*, a chan ein bod ni "*off the record*" chwedl chithau, mi ddyweda i wrthach chi. I lawr y simnai, run fath â Siôn Corn.' Roedd y Prif Arolygydd yn gandryll.

Mae'n anodd i ambell un ddirnad sut y gall rhywun fel fi, sydd – trwy ddiffiniad caeth, galwedigaethol – yn ŵr 'cyfraith-a-threfn', gefnogi mudiad fel Cymdeithas yr Iaith sy'n defnyddio dulliau tor-cyfraith, a hynny'n bolisi bwriadol. Wel, nid gŵr sy'n credu mewn 'cyfraith-a-threfn' mohonof ond gŵr sy'n credu mewn 'cyfraith-a-chyfiawnder.' Mae'n wir fy mod, fel cyfreithydd, yn credu mewn cyfraith: mae'n rhaid wrth gyfraith ym mhob cymdeithas wâr. Ond fel un sy'n astudio hanes, ni fedraf fod yn ddall i'r modd y newidiwyd cymdeithas er gwell. A hynny o fwriad, trwy ddulliau tor-cyfraith.

Mae'r enghreifftiau'n lleng: y mudiad undebau llafur, y Siartwyr, y duon yn yr Unol Daleithiau, y Swffragétiaid a'r bleidlais i fenywod, ac yn y Gymru sydd ohoni, y mudiadau iaith. Nid oes modd gwadu nad tor-cyfraith Eirug Wyn a Llŷr Dyfan a enillodd yr hawl i osod D ar geir dysgwyr, nac mai peintio, llys, dirwy a charchar – i laweroedd – a sicrhaodd i briffyrdd Cymru eu harwyddion dwyieithog. Maddeuwch i mi am fod yn goeglyd, eithr onid tor-cyfraith gan filoedd o gwsmeriaid – fel rhai ohonoch chi, ddarllenwyr? – a orfododd Lywodraeth John Major i ddeddfu i ganiatáu i archfarchnadoedd agor ar y Sul?

Pan fyddai troseddwr iaith gerbron ei well, deuai llond llys o gefnogwyr i gynnal ei freichiau. Dôi llaweroedd o blismyn yno hefyd: gorymateb – 'gor-ladd' yw gair Briws am *'overkill'*. Cofiaf ddiwrnod yn Llys Pwllheli lle oedd dau ŵr ifanc i ymddangos. Roedd y naill wedi difrodi caban teleffon ac yntau ar y pryd yn feddw gaib ('difrod troseddol'), a'r llall am iddo beidio â thalu dirwy am beintio arwyddion Saesneg.

Plediwyd ar ran y fandal meddw ei fod ar fin ymuno â'r fyddin ac na châi wneud hynny os byddai collfarn wedi ei chofnodi yn ei erbyn. Yn ddifeddwl erbyn gweld, rhoddodd yr Ynadon ryddhad diamod iddo, fel y câi fynd yn filwr â chymeriad dilychwin. Yn achos y peintiwr, dedfrydwyd ef i wythnos o garchar. Pan glywodd y cefnogwyr yr Wythnos o Garchar, yn syth ar ôl y Rhyddhad Diamod, aeth yn reiat yn y llys, a gwaeddwyd 'Bradwyr' – a phethau gwaeth – ar yr Ynadon.

Digwyddwn fod ar banel teledu y noson wedyn. Cododd cwestiwn ynghylch gweithgareddau Cymdeithas yr Iaith a dywedais beth oedd wedi digwydd ym Mhwllheli, gan ddatgan yn ddi-flewyn-ar-dafod fy marn fod Ynadon Pwllheli wedi gweinyddu anghyfiawnder bwriadol. Mynnodd Cadeirydd y Fainc fod y Clerc (fy nghyd-Eisteddfodwr Emrys Jones) yn anfon llythyr swyddogol ataf yn fy nghyhuddo o enllib. Cefais air ag ef ar y ffôn, a llwyddais i ddianc trwy leddfu fy ngeiriau, i'w cyhuddo o fod wedi gweithredu'n ddiddeall. Cael a chael fu hi. Ond dengys yr hanes yna pa mor finiog oedd teimladau'r naill ochr a'r llall yn ystod rhai o frwydrau'r iaith. A bod yna rai ynadon heddwch – hyd yn oed yn y Fro Gymraeg – a oedd yn benderfynol o gosbi troseddwyr iaith hyd eithaf y gyfraith.

Un tro daeth deg o brotestwyr iaith at ei gilydd yn Sarn Mellteyrn, Llŷn – pob un â'i frwsh a'i bot paent. Trefnwyd i bump fynd un ffordd – i gyfeiriad Aberdaron, tra aeth y pump arall y ffordd arall – i gyfeiriad Pwllheli. Roedd y ddau grŵp i beintio arwyddion mewn dau 'gylch' gwahanol – ar ffurf y ffigwr 8 – ac i gyfarfod ei gilydd wedyn am beint yn nhafarn y Tŷ Newydd, Sarn. Cafodd un grŵp eu dal gan yr heddlu. Gwysiwyd hwy, nid yn unig am y 'cylch' arwyddion a beintiwyd ganddynt hwy ond hefyd am y 'cylch' arwyddion a beintiwyd gan y grŵp arall!

O ganlyniad, un criw o bum peintiwr a ymddangosodd yn y Llys, eithr wedi'u cyhuddo am waith y criw arall yn ogystal. Plediodd pob un yn ddieuog, arwydd wrth arwydd. Yn hanner yr achosion, plediwyd yn ddieuog am nad oeddynt yn euog (h.y. am nad hwy oedd wedi'u peintio). Yr yr hanner arall, plediwyd yn ddieuog 'ar dir egwyddor'. Methai'r heddlu yn lân â deall y gwahaniaeth cyfrwys-gynnil rhwng dau fath o blediadau dieuog. Methai'r Ynadon â deall, chwaith. Yn y dryswch a ddilynodd cafwyd y diffynyddion yn ddieuog ar y cyfan o'r cyhuddiadau! Ond nid oeddwn yn cael lwc o'r fath ym mhob achos, o bell ffordd.

Y Tŷ Gwyn?

Ym 1974, buom yn yr Undeb Sofietaidd. Sgrifennais yn helaeth am y daith honno mewn pennod, 'Undeb ar Chwâl' yn fy nghyfrol *Troi'n Alltud* (1996). Y dymuniad i weld gwlad mor wahanol â phosibl – yn dilyn y Sofiet – oedd yn gyfrifol am i ni ymweld â'r Unol Daleithiau ym 1975. O'r ddwy, ni fyddwn, o'r hyn a welais ac a brofais, yn rhoi'r naill na'r llall ar y blaen: am resymau hollol wahanol, mae'n wir. Yn y Sofiet, dywedwyd wrthym fod gan yr amryw Weriniaethau yr hawl i dorri'n rhydd: nid oeddem yn eu credu, ond fe ddigwyddodd, ddiwedd yr Wyth Degau. Roedd yr UGSS yn dannod wrth yr Americanwyr eu bod hwy – yr Americanwyr – wedi ymladd rhyfel cartref yn unswydd bwrpas *rhag* i'r De dorri'n rhydd.

Rhyw bythefnos cyn i ni fynd i UDA, yr oeddwn wedi cadeirio cyfarfod ym Mhwllheli lle oedd Arglwydd Caradon (gynt Syr Hugh Foot, brawd Michael) yn ŵr gwadd. Roedd Caradon yn gyn-Lysgennad Prydain i'r Cenhedloedd Unedig yn Efrog Newydd. Digwyddais sôn y byddem yn Efrog Newydd ymhen ychydig amser. Cynigiodd yntau sgrifennu llythyr cyflwyniad ar fy rhan i'w olynydd, Ivor Richard, a bu garediced â gwneud hynny. Felly, trwy garedigrwydd y ddau, cefais gyfle i fynd i un o sesiynau'r Cenhedloedd Unedig. Serch bod y drafodaeth yn ddigon sych ac undonog, yr oeddwn wrth fy modd yn gwisgo'r ffonau clust ac yn troi o donfedd i donfedd i wrando ar nifer o'r cyfieithiadau i ieithoedd Twr Babel.

Yn sgîl cyfarfod Ivor Richard, cefais wahoddiad i ginio i'r Tŷ Gwyn yn Washington. Mae'n ymddangos ei bod yn arferiad, os methai un o'r gwahoddedigion, ar y funud olaf, â bod yn bresennol, y cynigid y gwahoddiad sbâr i'r gwahanol lysgenadaethau, yn eu tro. Tro Ivor Richard oedd hi, a chynigiodd y gwahoddiad i mi. Ffoniais y Tŷ Gwyn i ofyn a oedd modd i mi fynd â Gwenan hefyd. Yn anffodus, dim ond un gwahoddiad oedd ar gael, ac nid oedd modd, sut yn y byd, i gael dau. Felly gwrthodais y cyfle i giniawa – yng nghwmni tua chant o bobl eraill – â'r Arlywydd Gerald Ford. Mae'n debyg bod yna ambell un arall, yn rhywle, sydd wedi gwrthod gwahoddiad i Balas Buckingham ac i'r Tŷ Gwyn fel ei gilydd: ni wn am neb.

Helô Bobol!

Cyn diwedd y Saith Degau, gofynnodd Hywel Gwynfryn i mi roi sgwrs, neu ateb cwestiynau, am y gyfraith, am bum munud bob bore Llun ar ei raglen *Helô Bobol!* ar Radio Cymru. Bûm yn gwneud hynny am rai blynyddoedd: weithiau yn ei recordio yn y stiwdio ar y Sul, dro arall yn teithio i Fangor ar y bore Llun. Ar brydiau, os oeddwn yn mynd ar wyliau, medrwn recordio tri neu bedwar talp pum munud yr un diwrnod.

Un tro, a minnau'n eistedd ar y Fainc yn Llys y Goron, Caerdydd, darlledais fy mhum munud yn fyw yng Nghanolfan y BBC yn Llandaf. Roeddwn yn gwisgo fy siwt-ddu-coler-startsh ar gyfer mynd i'r Llys! Bu Hywel wrthi'n tynnu fy nghoes – ar yr awyr! – am grandrwydd fy siwt-llys y bore hwnnw. Doedd y dechneg o sgwrsio ar y radio dros y ffôn o lolfa eich cartref ddim wedi'i pherffeithio, fel y mae hi bellach. Erbyn hyn, pan fydd y BBC eisiau cyfweliad, medraf ei wneud dros y ffôn ac mae'n gamp i neb o'r gwrandawyr sylweddoli nad wyf yn y stiwdio yng nghwmni'r holwr.

Refferendwm '79

Un o ddigwyddiadau olaf y degawd oedd y Refferendwn drychinebus ar Ddatganoli, a gynhaliwyd ym Mehefin 1979. Roedd Margaret Thatcher newydd ddod i rym ym mis Mai. Roeddwn yn disgwyl na fyddai'r canlyniad yn orffafriol ond ni freuddwydiais y byddai mor affwysol o wael ag y bu. Teimlwn ar fy nghalon fy mod yn dymuno gwneud rhywbeth, felly bûm yn canfasio ac yn cario i'r bythau pleidleisio. Trist oedd clywed am un fenyw o'r cylch yma, a fu'n aelod a gwersyllydd gyda'r Urdd o'i sylfaenu yn y Dau Ddegau, yn cyhoeddi ei bod am bleidleisio yn erbyn.

A hwythau wedi bod yn ymhél ers blynyddoedd â'r syniad o annibyniaeth oddi wrth wladwriaeth Canada, yr oedd rhai yn Québec â diddordeb mawr yn ymgyrch y Cymry. Daeth tîm teledu acw, a gwneuthum dri chyfweliad chwarter awr mewn Ffrangeg ar wahanol agweddau yr ymgyrchu yng Nghymru. Er y teimlwn yn besimistaidd, ceisiais roi gwedd mor optimistaidd ag y medrwn ar fy sylwadau. Dyma'r unig dro erioed i mi ymddangos ar y teledu mewn rhaglen Ffrangeg ei hiaith. Mae'n siŵr bod y Cwebeciaid yn bur ddirmygus ohonom ni'r Cymry pan glywsant am ein canlyniad alaethus.

A'r Blaid Ryddfrydol yn broffesedig o blaid Datganoli, cofiaf Dic Ellis-Davies, un o Ryddfrydwyr mwyaf blaenllaw Sir Gaernarfon – a'i ddiweddar dad wedi bod yn AS dros ei blaid – yn dweud ei fod am bleidleisio 'Na'. Pan ofynnais iddo pam, dywedodd nad oedd yn credu ynddo. 'Beth am bolisi eich Plaid?' gofynnais. Atebodd: *'We give it lip service because it's the done thing, that's all.'* Gwn fod yna Ryddfrydwyr glew, megis Hafina Clwyd a'r diweddar Geraint Howells – a gefnogodd Ddatganoli i'r carn – ond wfft i'r gweddill. Yn yr ail Refferendwm, ym 1997, a enillwyd o drwch blewyn, pleidleisiodd Sir Powys yn drwm yn erbyn, a hithau'n sir a chanddi ddau AS Rhyddfrydol.

Roedd y Blaid Lafur, hithau, yn honni ei bod o ddifrif o blaid Datganoli. Eithr ni ddengys dim yn fwy eglur ble oedd ei chalon na'r hyn a ddywedodd Dennis Skinner, AS, am Neil Kinnock:

> Neil Kinnock voted 77 times against a Labour Government, most of them in respect of devolution. He ended up as leader.

Yr wyf o'r farn gadarn ei bod yn ffodus i ni yng Nghymru bod yr Alban wedi methu cael digon o fwyafrif dros ei Datganoli hi ym 1979. Pe bai'r Alban wedi llwyddo i gael ei Senedd y pryd hynny, ni fyddai'r un llywodraeth a ddaeth i rym yn Llundain, wedyn, wedi trafferthu rhoi ail gynnig i Gymru.

Credaf hefyd y bu Cymru'n ffodus mewn tro trwstan arall. Doedd gan lawer ohonom fawr o feddwl o John Major. Ond un peth y llwyddodd Major i'w wneud ydoedd cadw Neil Kinnock allan o

Rif Deg. Byddaf yn dragwyddol ddiolchgar iddo am y gymwynas honno. Clywais unwaith sôn am Neil Kinnock fel un o Gymry mwyaf yr ugeinfed ganrif – do'n wir! Tybiaf ei fod yn osodiad sydd cyn wired â disgrifio Ian Paisley fel un o Wyddelod mwya'r ganrif.

Coelcerthu

O ffenestr fy stydi medraf weld Mynydd Nefyn o un pen i'r llall. Ar ochr y mynydd, wedi'u gwasgaru yma ac acw, mae tua dau ddwsin o dai a bythynnod. Rwy'n cofio teulu o Gymry Cymraeg yn byw ym mhob un. Erbyn hyn, maen nhw i gyd yn dai haf gweigion ac eithrio'r rhai a ddaeth yn dai rownd-y-rîl i Saeson dŵad. Un bore o Ragfyr ym 1979, digwyddais edrych allan, a thua'r Mynydd, lle sylwais fod Tyddyn Gwêr, y bwthyn mwyaf anghysbell o'r cyfan – a thŷ haf gwag – wedi ei ddifa'n ulw gan dân yn ystod y nos. Pan euthum i'r siop bapur, Tyddyn Gwêr oedd testun sgwrs pawb. Ni freuddwydiodd neb nad damwain lwyr oedd wedi digwydd.

Cyn diwedd y pnawn, roedd pawb wedi clywed yr enw 'Meibion Glyndŵr'. Eisteddais yma yn y stydi, tan syllu ar Dyddyn Gwêr drwy'r gwydrau, lle gwelwn niferoedd o gerbydau a phobl yn symud o gwmpas. Erbyn hynny, gwyddwn mai ymladdwyr tân, arbenigwyr fforensig, plismyn-lifrai a'r heddlu cudd oeddynt. Bu'r tanio yn mynd o nerth i nerth am flynyddoedd, a neb yn cael ei alw i gyfrif. Hyd heddiw, bob tro y crybwyllir hanes Meibion Glyndŵr ar y teledu, dangosir llun o'r ochr bellaf o Dyddyn Gwêr, a Nefyn yn eglur yn y cefndir. Medraf weld Dwyryd yn glir, ar gyrion agosaf y dreflan.

Ysywaeth, mae Tyddyn Gwêr yn ôl yn dŷ haf ers blynyddoedd.

YR WYTH DEGAU
(1980-1989)

Sul y Blodau

Ar Sul y Blodau, 30 Mawrth 1980, yn dilyn rhai o weithgareddau Meibion Glyndŵr ac eraill o bosibl, trefnwyd cyrchoedd ledled Cymru gan y gwahanol heddluoedd. Arestiwyd rhagor na 30 o bobl ifanc a lled-ifanc. Aethpwyd â hwy i wahanol swyddfeydd heddlu a'u rhoi dan glo. Gwrthodwyd gadael i'r wasg, i'w teuluoedd na'u cyfreithwyr wybod ym mhle. Yr oedd rhieni Seimon Glyn, bachgen o Nefyn, wedi dod i'm gweld gan fod eu mab 'wedi diflannu'n llwyr' ys dywedodd ei fam, yn ei dychryn a'i dagrau. Yr oedd wedi ei gipio o'i gartref yn oriau mân y bore.

Trwy holi a stilio, ac ar ôl trafferth fawr, perswadiais wahadden o'r heddlu i roi syniad i mi ble oedd Seimon. Ar ôl crefu a chrafu, llwyddais i ddarganfod bod nifer o'r rhai a gipiwyd yng nghelloedd Dolgellau. Digwyddai fod yn un o'r Suliau pan oeddwn yn mynd i Fangor i recordio fy mhwt gyda Hywel Gwynfryn. Roedd stafell newyddion y BBC – a oedd fel arfer yn wag ar bnawn Sul – fel twmpath morgrug o ohebwyr wrthi'n ffonio yma, acw ac i bobman. Rhoddais yr wybodaeth i'r newyddgwn awchus. Tarfwyd ar yr heddlu yn arw pan gyrhaeddodd nifer o ohebwyr gwasg a thonfeddi ar stepen drws Swyddfa'r Heddlu, Dolgellau.

Ar wahân i hynny, fy unig ran i yn y mater fu drannoeth, pan gyrhaeddodd Seimon Glyn acw i'm gweld. Gwisgai esgidiau ei dad – nad oeddent yn ei ffitio – gan fod yr heddlu wedi meddiannu pob pâr a phob cerpyn o ddillad a feddai er mwyn cynnal profion fforensig. Dywedodd wrthyf mai'r hyn oedd yn dân ar groen y plismyn ydoedd clywed nifer o'r rhai a arestiwyd 'yn curo cefn Meibion Glyndŵr, pwy bynnag ydynt.' Dychwelwyd ei esgidiau a'i ddillad iddo dros gyfnod o tua blwyddyn, yn dripych drapach.

Roedd yn amlwg, erbyn gweld, bod rhai wedi'u harestio yn unig am eu bod yn genedlaetholwyr amlwg neu ddinod, yn hytrach na bod gan y glas unrhyw dystiolaeth yn eu herbyn. Arweiniodd y cyrch at feirniadaeth lem o'r heddlu 'am ddefnyddio tactegau a gymharwyd â rhai'r Gestapo'. Bu rhaid iddynt dalu iawndal i ambell un. Roeddent wedi eu harestio ar gam, a'u cadw dan glo am gyfnod, yn hollol ddi-sail. Arweiniodd hyn oll, i'm tyb i, at deimladau gelyniaethus rhwng rhai cenedlaetholwyr ifanc a heddluoedd Cymru: a hynny yn hollol ddiangen. (Gwnaeth y Prif Gwnstabl Richard Brunstrom lawer i geisio cau'r hollt yma: soniaf am hynny maes o law.) Sgrifennodd Michael Povey ddrama deledu bwerus am yr hanes dan y teitl *Sul y Blodau.*

*   *   *   *

Ddiwedd y Saith Degau a dechrau'r Wyth Degau, arferai Jennie Eirian Davies, Golygydd *Y Faner*, gyhoeddi erthyglau gan wahanol fenywod dan y teitl *Bod yn Wraig i …* [hwn a hwn]. Ym mis Hydref 1980 – heb yn wybod i mi – gwahoddodd Gwenan i lunio ysgrif. Felly, yn lle ceisio rhoi fy hanes a'm hargraffiadau fy hun am yr achlysur pan enillais y Fedal Ryddiaith, gadawaf i Gwenan ddweud ei dweud. Ni ddyfynnaf y gweddill: mae'n cynnwys rhestr rhy hir o'm ffaeleddau.

> … Mae Robyn y cyfreithiwr a Robyn yr ysgrifennwr yn ddau berson hollol wahanol. Ym myd y gyfraith mae'n weddol hawdd byw efo fo, ond mae'n stori wahanol iawn pan ddaw'r awydd i ysgrifennu! Aiff wythnosau neu fisoedd heibio heb iddo roi pin ar bapur – mae'n anobeithiol fel sgwennwr llythyrau personol, cardiau Nadolig, pen-blwydd ac ati.
>
> Yna'n sydyn, fe fydd yn aflonyddu drwyddo. Cerdded yn anniddig o gwmpas y tŷ. Methu eistedd yn llonydd am fwy na phum munud. Ac yna, clep ar ddrws y stydi, – a dyna hi! Robyn yn bwrw iddi, fel huddug i botes, gan anghofio am gwsg, bwyd, ac

yn enwedig am ei wraig! Fe ddylwn i fod wedi hen arfer, ond tydw
i ddim ...

... ar ôl i Robyn ysgrifennu erthygl yn *Barn* o dan y pennawd
'*Sgwennu Llyfr? Byth Eto!*' canfûm fod gen i erthygl hefyd, o dan y
teitl '*Bod yn Wraig i Awdur*'. Tydi'r erthygl ddim wedi gweld golau
dydd eto, ac o gofio am bethau cas fel enllib ac athrod, mae'n
debyg mai da o beth yw hynny! ...

... Un o uchelbwyntiau'n bywyd priodasol yn sicr – ac y mae
nifer bellach – oedd iddo ennill y Fedal Ryddiaith eleni. A bod yn
hollol o ddifri am funud, roedd yn brofiad anfarwol, – ond ychydig
iawn o gof sydd gennyf am y seremoni ei hun. Diolch fod cyfeillion
wedi rhoi recordiad tâp-fideo ohoni yn anrheg inni.

Cefais brofiadau fore Mercher yr Eisteddfod nas cefais erioed o'r
blaen. Mae'n anodd credu, ond yr oedd Robyn yn nerfus iawn.
Deffro am bedwar y bore – 'sŵn dŵr yn syn daro' – Robyn yn cael
baddon. Deffro wedyn am chwech a llais yn gofyn 'Gymeri di
baned o goffi?' Codi am saith – gwisgo. Roedd y siwt, y crys a'r tei
allan yn barod. Dim brecwast. Stwna o gwmpas y gwesty drwy'r
bore, – yfed paneidiau o goffi – dim chwant bwyd. Ei berswadio
am hanner awr wedi un fod yn *rhaid* mynd i'r Maes. Galw am
dacsi. Cychwyn allan a sylwi'n sydyn fod ganddo ddwy hosan o
wahanol liwiau ar y naill droed a'r llall!

'*Esgid yn Gwasgu*' wir! – pe meddwn i'r ddawn i ysgrifennu ffârs,
'*Mercher y Gwobrwyo*' fyddai'r teitl.

Ond, heb gellwair, yr oedd yn brofiad bendigedig. Hwyrach mai
un peth sydd yn sefyll yn y cof: Plant Adran yr Urdd, Nefyn a'n
cymdogion yn ein cyfarfod ar waelod y ffordd. Anferth o faner yn
chwifio uwchben gyda'r geiriau 'LLONGYFARCHIADAU
ROBYN' a'r tŷ wedi ei rigio gydag ugeiniau o faneri – Y Ddraig
Goch, wrth gwrs.

(Gan na welodd y gwrthrych yr erthygl cyn ei hanfon i'r wasg,
Madam Golygydd fydd yn rhannol gyfrifol am y canlyniadau!)

Ympryd Gwynfor

Un pnawn, tua diwedd Awst 1980, canodd cloch y drws ffrynt.
Dieithryn o Sais oedd yno. Dywedodd ei fod wedi'i ethol yn AS
Ceidwadol dros un o etholaethau Wolverhampton yn Etholiad '79,
a chyflwynodd ei hyn fel David Kilroy-Bevan, perchen tŷ haf yn
Nefyn. Dymunai gael gair â mi. Gwahoddais ef i mewn gan ddyfalu

tybed pam y dymunai fy ngweld, a beth ar y ddaear a fyddai gennym i ddweud wrth ein gilydd.

Erbyn gweld, eisiau cael gair ynghylch Gwynfor Evans yr oedd. Roedd Gwynfor wedi datgan ym mis Mai y byddai'n dechrau ymprydio oni fyddai'r llywodraeth yn anrhydeddu ei haddewid i sefydlu sianel deledu neilltuol ar gyfer rhaglenni Cymraeg. Eglurodd Kilroy-Bevan nad oedd yn cynrychioli neb ond ef ei hun. Serch fy mod yn aelod o Blaid Cymru, eglurais nad oeddwn yn dal swydd o unrhyw fath ynddi, yn genedlaethol nac yn lleol, ac na welwn unrhyw bwrpas mewn trafod y mater ag ef.

Daliai i bwyso arnaf. Ceisiodd gael fy marn ynghylch y gefnogaeth debygol i ddatganiad Gwynfor. Nid oeddwn yn fodlon datgan unrhyw farn. O'r diwedd dywedais un peth, sef pe bai Gwynfor Evans yn mynd i'r pen ac yn ymprydio hyd farwolaeth, byddai Cymru'n gweld yr angladd mwyaf a welodd erioed. A dyna'r cyfan a ddywedais. Gadawyd y sgwrs yn y fan yna ac aeth Kilroy-Bevan ar ei ffordd, gan ddiolch i mi am ei weld, a than hanner awgrymu yr âi â'm 'cenadwri' yn ei blaen. (Pan gynhaliwyd angladd Gwynfor, chwarter canrif wedi hynny, yr oedd yn sicr y mwyaf – o ddigon – a welodd Gwenan a minnau. Cyffelybwyd ef ar y teledu i'r 'peth agosaf at arwyl gwladwriaethol a welodd Cymru erioed.' O leiaf, tan angladd Ray Gravell yn 2007.)

Rwy'n dal i gofio'r ymweliad, gan ei fod yn ddigwyddiad mor annisgwyl a rhyfedd. Nid bob dydd y bydd ASau Torïaidd yn galw acw am sgwrs. Does gen i ddim eglurhad, ac eithrio dweud ei fod wedi digwydd, ac adrodd sut y bu. (Mae David Kilroy-Bevan wedi peidio â bod yn Aelod Seneddol ers blynyddoedd lawer.)

Uchelwyr
Dim ond unwaith erioed yr oeddwn wedi cyfarfod George Thomas cyn Eisteddfod Machynlleth, 1981. Yn yr hen Gyngor Llŷn y bu hynny. Roedd hi'n adeg pan oedd y Llywodraeth yn rhewi pwerau cynghorau i gynnig morgeisi. Daeth atom i hael-gyhoeddi y caem ddyblu swm ein benthyciadau trwy ei raslonrwydd ef a'r Swyddfa Gymreig. Pwysleisiodd mai yn gymwynas arbennig ar gyfer Cyngor Llŷn y gwnâi hynny. Newydd ddechrau rhoi morgeisi yr oedd y Cyngor, a dim ond wedi gwneud un taliad o £2,000 ar

fenthyg (eu morgais cyntaf erioed). Felly, doedd cael dyblu'r hawl, i'n galluogi i roi £4,000, ddim yn hollol fel manna o'r Nef. Yr argraff a grëwyd ar y cynghorwyr oedd fod Gwir Anrhydeddus Ysgrifennydd Cymru yn ymwybodol o'i aruchel swydd ac o'i bwysigrwydd ei hun.

Digwyddais fod yn aros yn yr un gwesty ag ef adeg Prifwyl Maldwyn. Erbyn hynny, ac yntau yn Llefarydd Tŷ'r Cyffredin – swydd uwch ei phroffil na'r Prif Weinidog, bron – roedd wrth ei fodd pan ddilynid ef ar hyd y Maes gan blantos mân, i gyd yn gweiddi 'Order! Order!'.

Mae'n rhaid i mi gael mynd ar ôl dwy sgyfarnog: maen nhw'n ddadlennol o agwedd rhai o 'uchelwyr' hollol-Seisnigedig Cymru tuag at Gymry eraill. Roedd presenoldeb George Thomas, a'r ffaith ei fod yn gyn-Ysgrifennydd Gwladol, yn f'atgoffa o'r tro y bu rhaid i mi ddelio â'r Arglwydd Davies o Landinam, wrth drafod rhai materion cynllunio ynglŷn â Chanolfan Nant Gwrtheyrn. Yn wahanol i'w daid, David Davies, yr oedd y Trydydd Arglwydd yn Sais rhonc, ac yn gynnyrch Eton neu Harrow – ni chofiaf pa un. Yr oedd acen lleoedd felly ar ei Saesneg, hefyd. Roedd wedi'i orfodi i ddelio'n uniongyrchol â George Thomas. Fedrwn i ddim peidio chwerthin yn fy llawes wrth glywed yr 'uchelwr' hwn, yn sôn yn ei lais taten-boeth-bonheddwr-o-Sais am George, gan ddweud: '*I had to deal with some little man from the Welsh Office.*'

Cefais brofiad cyffelyb, rhyw wythnos ar ôl priodas Charles a Diana, pan oedd yr holl fyd yn canu clodydd yr Athro William Matthias, a gyfansoddodd yr anthem a ganwyd yn Abaty Westminster i ddathlu'r achlysur. Yr 'uchelwr o Sais' y tro hwn oedd Syr Harry Llewellyn, y cyflwynwyd yr Athro Matthias iddo yn un o dderbyniadau'r *Nationwide* ym Mangor. Roedd Syr David am fod yn rhadlon â phob un o'r werin yr hobnobiai â hwy. Gwenodd ar yr Athro, ac meddai, '*Delighted to meet you, Professor Matthias. Tell me, what are you professor of?*'

Bwrdd yr Orsedd

Cyn Eisteddfod Machynlleth, awgrymodd rhywun y byddai'n eithaf syniad i mi sefyll am Fwrdd Gorsedd y Beirdd. Rhoddais fy enw ymlaen, ac roeddwn yn un o'r pedwar a etholwyd.

Gwahoddwyd fi i'r Bwrdd cyntaf wedi'r Brifwyl, ym mis Medi.

Rhwng yr Eisteddfod a'm Bwrdd cyntaf, bu farw'r cyn-Archdderwydd Brinli yn ddisymwth tra oedd ar ei wyliau yn Interlaken, y Swistir. Brinli hefyd oedd Cyfreithiwr yr Orsedd. Felly, ar ôl i'r Archdderwydd Jâms Nicolas dalu teyrnged deilwng i Brinli, cytunwyd bod ar y Bwrdd angen Cyfreithiwr newydd yn ei le. Gan mai fi oedd yr unig gyfreithiwr yno – ar wahân i Huw Tomos, yr Ysgrifennydd Aelodaeth – fe'm penodwyd i'r swydd tan yr Etholiad Swyddogion nesaf, a oedd i ddigwydd yn Abertawe ym 1982. Cefais fy ailethol yn Gyfreithiwr yr Orsedd bob tair blynedd wedi hynny, yn ddiwrthwynebiad. Dyna oedd yr arferiad yn achos pob un o'r swyddogion, er mwyn cadw'r dilyniant.

Rwy'n dal yn y swydd ond newidiwyd ei theitl wedi i mi fynd yn fargyfreithiwr. 'Swyddog Cyfraith yr Orsedd' a ddywedir bellach, disgrifiad sy'n ddigon llydan i gynnwys cyfreithyddion o bob math, yn dwrneiod, bargyfreithwyr, neu hyd yn oed yn farnwyr pe bai angen!

Mod yr Alban

Ym 1982 cefais wahoddiad gan *An Comunn Gaidhealach na hAlba* (Cynghrair Gaeleg yr Alban) i fynd i'r *Mod* – sy'n cyfateb i'n Heisteddfod Genedlaethol ni – i draddodi darlith ar y testun *'The Language of Wales and the Law of England'*. Ni fedrent fod wedi dewis lle mwy anghysbell i deithio iddo o Ben Llŷn na Phorth Rî (*Portree*), ar Ynys Skye. Gyrru i Fanceinion a threfnu parcio tymor-hir; hedfan wedyn i Glasgow, a thin-droi yn fanno am wyth awr cyn dal awyren gyswllt i Skye!

Cyrraedd maes glanio'r ynys, lle oedd yr Archdderwydd Emeritws Geraint a'i briod Zonia a'u car, i'n cludo y deng milltir ar hugain olaf i dreflan Porth Rî. Geraint a Zonia a gynrychiolai'r Orsedd yn swyddogol. Hefyd, wedi dod draw i feirniadu, roedd Hywel D Roberts a Gwynn Tregarth. Yn ogystal, Emyr Jenkins (Prif Weithredwr yr Eisteddfod) a Myra, a'u dwy ferch Manon a Ffion (bellach 'Hague'); a Meri Huws, Cadeirydd Cymdeithas yr Iaith Gymraeg ar y pryd. Roeddem yn teimlo'n eithaf cartrefol ymhlith yr holl Gymry.

Aeth y ddarlith rhagddi'n foddhaol – gyda brawddeg neu ddwy

o Gymraeg (a Gaeleg a sgrifennwyd ar bapur ar fy nghyfer) i dorri'r garw. Ar wahân i'r iaith, un mater y ceisiais ei bwysleisio ydoedd mor ffodus yr oedd yr Alban o fod â'i chyfundrefn gyfreithiol ei hun. Nid ei bod naill ai'n well nac yn waeth na chyfundrefn Lloegr: eithr ei bod yn wahanol. Rwy'n dal yn eiddigeddus o'r ffaith honno – mae wedi gwneud gwahaniaeth mawr i'r math o ddatganoli a gafodd yr Alban, o'i gwrthgyferbynnu â Chymru.

Yn ystod y daith hon, darganfûm ffaith ddifrifol amdanaf fy hun. Roedd tafarnau Porth Rî wedi cael hawl i oriau estynedig (a elwid 'Mod hours' – byddai ynadon Cymru ym 1982 yn cael ffit pe bai rhaid iddynt ystyried y fath estyniadau). Roedd hynny'n golygu aros ar agor tan bedwar o'r gloch y bore! O ganlyniad, a minnau'n westai, yr oedd y Sgotiaid croesawgar, un ar ôl y llall, yn prynu diod ar ôl diod i mi (bu Gwenan yn gallach: roedd wedi mynd i'r gwely). Pob diod yn wahanol fath o chwisgi, wrth gwrs. Gwnaeth hynny fi'n feddw, wrth reswm: nid oeddwn erioed wedi cael y fath swmp o ddiod o'r blaen, yn enwedig gan fod hwnnw y chwisgi gorau (a chryfaf) yn yr Alban!

Ond yn waeth na hynny: hyd yn oed ar ôl i effeithiau meddwol yr alcohol gilio'n llwyr, yr oeddwn i'n sâl. Yn swp o sâl, am ryw wythnos i ddeng niwrnod ar ôl cyrraedd adref. I'r graddau y bu rhaid i mi fynd (gan deimlo cywilydd garw) at y meddyg. Wrth iddo fy archwilio, canfu fod rhyw elfen yn fy nghyfansoddiad a barai fod fy nghorff yn alergaidd i alcohol. Roedd clywed hynny yn sioc, braidd. Felly, nid oedd ond un peth amdani: peidio â chyffwrdd alcohol o gwbl. Ni chymerais lymaid o unrhyw ddiod alcoholaidd hyd heddiw, boed gwrw, boed win, boed wirod – dim hyd yn oed wydraid o sieri adeg y Nadolig. Nid o argyhoeddiad ond o reidrwydd corfforol.

Flynyddoedd wedyn, yn sgîl hyn, cefais brofiad diddorol a doniol, braidd. Ddiwedd y Naw Degau, roeddwn ar y ffordd adref o angladd y Prifathro R Tudur Jones. Wrth i mi yrru trwy Gaernarfon, teimlwn fod rhywun ar fy nghwt. Erbyn i mi gyrraedd Caerau – rhwng y Dre' a Bontnewydd – sylweddolais mai car heddlu oedd yna. Fflachiodd ei oleuadau o'r cefn, felly mi stopiais. Daeth yr heddwas ataf, ac agorais y ffenestr. Mae'n rhaid ei fod wedi arogli'r fferins-gwin yr oeddwn yn eu sugno: gofynnodd a oeddwn wedi bod yn yfed. (Yn yfed: yn angladd Tudur Jones, o bawb!) Atebais nad oeddwn ac ychwanegais na fyddwn i ddim yn yfed.

Nid oedd yn fodlon ar fy ateb, felly dywedodd ei fod am roi praw anadl i mi. Estynnodd yr anadliadur, a chyfarwyddodd fi sut i chwythu iddo. Eglurodd y canlyniadau pe bai'n wyrdd (dim), yn oren (rhybudd) neu yn goch (arestio'n syth bin). Tybiais nad doeth oedd i mi ddweud wrtho y medrwn i adrodd y cyfan fel pader, gan mor aml yr oeddwn wedi eu clywed mewn llys barn. Wrth gwrs, fel y gwyddwn y byddai, roedd y prawf yn negyddol. Gofynnodd i mi wedyn am fy enw a'm cyfeiriad: rhaid oedd cadw cofnod o bawb a gafodd y praw. Rhoddais un o'm cardiau iddo, a nodai gymhwyster a galwedigaeth. 'O', meddai.

Yna gofynnais pam yr oedd wedi gofyn i mi stopio – nid oedd hawl i hynny os nad oedd trosedd symudol yn cael ei gyflawni. Pesychodd. Ymhen eiliad neu ddwy, atebodd, 'Un o'ch goleuadau brecio chi ddim yn gweithio.' Dyma fi allan o'r car. 'Dangoswch i mi, os gwelwch chi'n dda,' gofynnais. Buom yn profi'r ddau olau brecio'n drwyadl: roedd y ddau fwlb coch yn gweithio'n berffaith. 'Maen nhw i'w gweld yn iawn rŵan,' meddai. 'Peth od, yn'te,' me fi, 'pnawn da i chi.'

Colledion

Bu blynyddoedd canol y degawd yn greulon wrthym fel teulu: cawsom bedair profedigaeth. Y gyntaf oedd colli Meri, ym 1983. Yna Mam, ym 1985. Dilynwyd hi gan fy mrawd yng nghyfraith, Wil, yn Ebrill 1986, a Lal, mam Gwenan, ym Mai 1988.

Yr ymgymerwr yn angladd Meri oedd Griffith Roberts, pennaeth gwaith coed enwog Hendre Bach, Y Ffôr. Tad yng nghyfraith y Parch. Harri Parri ac, yn ôl y sôn, sail un o'r cymeriadau yn ei gyfres fendigedig *Hufen a Moch Bach*. Roedd ganddo'r enw yn y parthau hyn o fod yn dipyn o gymêr. Wrth iddo ef a minnau gydgerdded trwy'r fynwent tu ôl i'r elor a gludai Meri druan, dechreuodd ganu clodydd coedyn yr arch. 'Mae hwnna yn goedyn derw mor sbeshial,' meddai, 'fel y medrwch chi fentro y bydd Miss Samuels yn gyfforddus hyd dragwyddoldab!'

Eira ddoe

Nid yn aml y bydd Pen Llŷn yn cael eira – yn sicr, nid bob blwyddyn. Y rheswm am hynny yw fod yr heli môr yn y gwynt, o dri chyfeiriad, yn ein cadw'n gyfan gwbl rydd o eira. Ond tua 1983 cafwyd stormydd eira mor drwm nes bod y ffyrdd i Aberdaron, o bobman, wedi cau am ddeng niwrnod. Bu rhaid i bobl adael eu ceir yn y lluwchfeydd ar ochr y ffyrdd, a ffoi orau medrent, i gysgodi yn y tŷ agosaf. Pan ddechreuodd y dadmer mawr, y cerbyd cyntaf – ar wahân i hofrennydd – i ymweld â phen draw Llŷn oedd un o geir yr Heddlu.

Buont yn archwilio'r rhesi o gerbydau a oedd wedi'u gadael ar ochrau'r lonydd o dan y lluwchfeydd. Yn eu plith yr oedd lori gwrw, a gludai filoedd o boteli ar gyfer yr Aberdaroniaid sychedig. Yr oedd rhywrai wedi llwyddo i gyflawni'r amhosibl, sef wedi cyrraedd y lori lwythog ac yfed cynnwys tri chwarter y poteli cwrw ar ei bwrdd. Roedd y poteli gweigion yno'n dyst, wedi'u gwasgaru yma ac acw ac ym mhobman o fewn cylch o ddegau o lathenni o gwmpas y lori. Gan neb llai nag Uwcharolygydd yr Heddlu ym Mhwllheli y clywais i'r hanes – a chan na fydd plismyn byth yn rhoi stréj ar bethau, mae'n rhaid ei bod yn galon y gwir.

Myfanwy a Lewis

Erbyn canol yr Wyth Degau, roedd yr awdurdodau yn Llundain yn dal yn hwyrfrydig, braidd, i benodi cyfreithwyr – ragor na *bargyfreithiwr* – yn farnwyr llawn-amser. Roedd yn amlwg fod hynny'n rhwym o ddigwydd yn hwyr neu'n hwyrach. Ar yr un pryd, sylweddolwn fy mod innau'n prysur fynd tu hwnt i'r oed penodi. Yr oeddwn yn gywir: nid yw wedi digwydd i raddau sylweddol hyd yn oed eto, â'r ganrif wedi troi ers dros saith mlynedd. Pe bawn ugain mlynedd yn iau, synnwn i ddim na fyddai'r hanes wedi bod yn wahanol. A ydw i'n difaru? At ei gilydd, nac ydwyf – yr oedd gen i fwy na digon o heyrn yn y tân.

Roedd baich y gwaith yn y practis cyfreithiol wedi mynd yn gymaint cruglwyth, fel y bu rhaid i mi ystyried cael cyfreithiwr arall i'r swyddfa ataf. Wrth lwc, yr oedd Myfanwy Morgan, Cymraes Gymraeg o Gaerdydd, wedi sefydlu ei phractis cyfraith ei hun yn Liverpool House, Pwllheli (yr adeilad lle ganed Cynan ym 1895).

Roedd Lewis Roberts, ei gŵr, hefyd wedi sefydlu busnes cyfrifiaduron CPL (Cwmni Peirianneg Llŷn) yn yr un adeilad.

Ar ôl y trafod priodol, daeth Myfanwy ataf, yn bartner iau. Nid yw ei hachau yn berthnasol i'r hanes, ond gall fod o ddiddordeb pan soniaf ei bod yn ferch i Alwyn, brawd Trefor Morgan, a rannodd lwyfan â Gwynfor Evans a minnau yng nghyfarfod cyntaf Cymdeithas yr Iaith ym 1967. Newidiwyd enw'r ffyrm yn '*Mri. Robyn Léwis + Morgan*', ac felly yr arhosodd tan i mi ymddeol. Roedd Myfanwy yn gyfreithiwr praff a gweithgar. (Ymwrthodaf â'r gair mympwyol-ffeministaidd a diangen 'cyfreithreg'; sy'n fater o genedl y gair, nid o ryw yr unigolyn: ni freuddwydiai neb ddweud 'barnreg' am fenyw o farnwr: cytunaf â Geiriadur Briws yn hyn o beth.)

Mae Lewis Roberts yn haeddu gair o sylw. Graddiodd yn MA o Gaergrawnt, ac yn MSc o Lundain. Brodor o Lanengan yn Llŷn ydoedd: clywais gan un a fu'n ei ddysgu yn Ysgol Botwnnog ei fod yn un o'r disgyblion mwyaf disglair a aeth drwy'r ysgol honno yn ystod yr ugeinfed ganrif. Yn wyddonydd, yn beiriannydd, yr oedd yn berfformiwr penigamp ar y Cyfrifiadur, ac wedi sgrifennu llaweroedd o raglenni ar gyfer rhai o'r diwydiannau blaenaf yng Nghymru a Lloegr: gwnaeth y gwaith hwnnw hefyd i'r Eisteddfod Genedlaethol. Ei brif fai oedd ei fod yn ŵr rhy ddiymhongar ar ei les ei hunan. Yr oeddwn i'n hoff iawn o Lewis.

Roedd Lewis hefyd wedi dysgu hedfan, a daliai drwydded peilota: aeth â mi ar daith awyr o gwmpas Pen Llŷn un tro. Fel arfer, mewn jymbo y byddaf yn teithio, mor bell uwchlaw wyneb daear fel na fedr neb weld dim. Y tro hwn, yr oedd ein hediad mor isel fel ag i mi fedru tynnu lluniau. Ysywaeth, gafaelodd gwaeledd ciaidd, creulon a graddol yn Lewis, a bu farw'n llawer rhy gynamserol yn 2006, ac yntau'n ddim ond 52 oed.

Tuag at ymddeol

Aeth y practis yn llawer mwy prysur. Un sgîl-gynnyrch ydoedd y dôi mwy a mwy o waith yn yr iaith Gymraeg i mi. Nid gyda'r nod hwnnw y bûm wrthi'n cyfieithu a geiriadura cyhyd: ni ddaeth erioed fawr ddim elw ariannol o hynny. Sut bynnag, bûm wrthi am dros dri degawd cyn y daeth unrhyw fudd i mi fel cyfreithiwr. Ei wneud am fy mod yn credu ynddo a wneuthum: rwy'n dal i gredu ynddo ac yn dal i'w wneud, serch fy mod wedi ymddeol o bob gweithgaredd cyfreithiol ers blynyddoedd.

Daeth un gŵr – adnabyddus, ond nas enwaf – ataf i wneud ei ewyllys: dymunai sefydlu ymddiried na ddôi i ben am dair cenhedlaeth. Roedd angen sôn am y flwyddyn '1999' yn y ddogfen. Mewn dogfennau cyfreithiol, yr arfer oedd sgrifennu'r dyddiadau mewn geiriau yn lle ffigyrau – mae'n haws osgoi camgymeriadau wrth wneud hynny. Sgrifennais innau 'Mil naw cant naw deg naw'. Ni wnâi hynny mo'r tro. Mynnodd fy mod yn dodi 'Un fil naw cant a phedwar ar bymtheg a phedwar ugain!' Ei ewyllys ef ydoedd, ac a dalo i'r pibydd a ddewis y gân, felly ildiais. Â synnwyr trannoeth, oni fyddai 'Dwy fil namyn un' wedi gwneud y tro yn rheitiach?

Sefydlwyd y gyfundrefn Cyfreithwyr Dyletswydd rhyw dro tua chanol yr Wyth Degau. Golygai fod yn barod i ateb galwad i fynd i swyddfa'r heddlu unrhyw adeg, ddydd a nos, ac ar Sul, gŵyl a gwaith. Am resymau amlwg, yr oedd y galwadau nos yn drymach ar benwythnosau. Cefais weld meddwdod ulw a'i ganlyniadau ar eu gwaethaf. Nid yn unig yn ymddygiad rhai o'r dynion – a merched – a gyfwelais yn y celloedd, ambell un wedi'i anafu'n egr wrth ymladd yn ddireswm. Ond hefyd, yn dilyn gwrthdrawiadau echrydus ar y ffyrdd yn sgîl gyrru dan ddylanwad alcohol.

Nid pregethu yn erbyn diod a wnaf: dim ond dweud bod fy agwedd tuag ato yn rhwym o fod wedi'i liwio gan y profiadau a gefais mewn achosion cyfreithiol. Tra fy mod i wrthi'n sôn, man a man yw i mi grybwyll fy mod o'r farn bod môr o ragrith o du'r Awdurdodau yn ei gylch, o Lywodraeth San Steffan i lawr.

Pan gychwynnais yn gyfreithiwr, roedd tafarnau Llŷn yn cau am naw bob nos, a thrwy'r dydd ar y Sul. Yr oedd un siop win ym Mhwllheli, a dyna'r cyfan. Ceid eithriadau, wrth gwrs, i aelodau clybiau, megis golffwyr Aber-soch a Nefyn, y llengfilwyr Prydeinig a Thorïaid Pwllheli: câi'r rheini yfed faint a fynnent ar y Sul. Erbyn hyn, mae cau ar y Sul wedi hen hen fynd – prin y cofia neb amdano – ac mae'r tafarnau yn cael agor fel y mynnont. Fe gewch chi hyd yn oed brynu'ch diod ar yr un pryd, ac yn yr un siop, â'ch bara beunyddiol. Mae blwch Pandora wedi'i agor led y pen, ac ni wna trethi ar ddiod, hybysebion teledu na chosbau llys byth mo'i gau, ragor.

Ni fyddai'r diweddar Feistr Ustus Stable (barnwr Uchel Lys), gŵr o Bowys, byth yn gadael i beth mor bitw â'r Deddfau cau-ar-y-Sul lyffetheirio'r un iot arno. Cyn ei ginio Sul, arferai gerdded yn dalog i mewn i westy a chyhoeddi ei fod eisiau aros dros nos. Llofnodai'r llyfr, a dweud y byddai'n well ganddo gael ei ginio cyn mynd â'i fag i'w stafell.

Dodai ei allwedd yn ei boced, a cherddai i mewn i'r stafell fwyta, lle câi ef a'i westeion – yn rhinwedd y ffaith ei fod ef yn 'aros' yn y gwesty – eu sieri, eu gwin a'u brandi. Ar gyfer rhai a fynnai fwyta (heb wely) yr oedd gwaharddiad y Sul yn bodoli. Yn ŵr hapus, talai Stable am y bwyd a'r ddiod, cerddai'n ôl at y ddesg, dychwelai'r allwedd a chyhoeddai ei fod wedi newid ei feddwl ynglŷn ag aros dros nos. A oedd hynny'n gyfreithlon? A oedd yn anghyfreithlon? Ni fentrodd Heddlu'r Canolbarth erioed fynd â'r dysgedig Farnwr i gyfraith er mwyn canfod yr ateb. Ond pe na ddigwyddai'r Anrhydeddus Syr Owen Stable fod yn Farnwr Uchel Lys ...!

Fel cyfreithiwr dyletswydd y deuthum ar draws yr ymadrodd rhyfedd hwnnw 'custody suite'. Nid oedd ddim amgenach – na chrandiach – na mwythair am y rhan honno o swyddfa heddlu lle ceid y celloedd. Yr ydym wedi gorfod dysgu byw â mwytheiriau tebyg: 'national service' yn lle 'gorfodaeth filwrol', a 'collateral damage' am fomio sifiliaid a'u tai yn yfflon. A'r gwaethaf o'r cyfan, efallai, 'friendly fire' am lofruddio milwyr eich cynghreiriaid yn lle'r gelyn. Roedd George Orwell wedi rhagweld cymdeithas a ddibynnai ar fwytheiriau tebyg yn ei nofel enwog *Nineteen Eighty-four*. Erbyn hyn bron na fedrwn ninnau deimlo, yn ogystal, fod 'Y Brawd Mawr yn ein gwylio.'

*   *   *   *

Tua diwedd yr Wyth Degau derbyniais wahoddiad gan Radio Cymru i olygu'r papurau dyddiol ar yr amser mwyaf chwithig o'r dydd: saith o'r gloch y bore. Yr arfer oedd pum diwrnod ar y tro, o fore Llun tan fore Gwener, a thrachefn ymhen pum neu chwe wythnos. Roedd yn waith caled a blinderus. Roedd rhaid cyrraedd y stiwdio erbyn chwech, er mwyn darllen pentwr (mwy na throedfedd o drwch) o bapurau mewn awr. Er mwyn cyrraedd Bangor erbyn chwech, roedd rhaid codi am bump. Ar ôl pum diwrnod, byddwn wedi ymlâdd erbyn dydd Gwener. Yn enwedig gan fy mod hefyd yn cyflawni diwrnod o waith yn y swyddfa neu'r llys. Daeth pethau fymryn yn well ar ôl i mi ymddeol ond daliai'n dasg ddigon trom.

Ond serch yr ymdrech a'r lludded, roedd yn waith diddorol. Arferwn weld papurau na fyddwn byth yn arfer eu darllen, megis y *Sun* a'r *Mirror,* papurau a wnaeth fawr les i'm henaid a'm crebwyll, mae'n siŵr. Ceisiwn wthio'r papurau wythnosol Cymraeg i mewn hefyd, yn ogystal ag ambell bapur bro: ystyriwn fod hynny lawn cyn bwysiced â'r wasg Lundeinig. Yn fwy na'r un arall, saif un wythnos yn Nhachwedd 1990 yn y cof. Honno oedd yr wythnos pan ymddiswyddodd Margaret Thatcher ac y gadawodd Rif Deg yn ei dagrau.

Dechreuodd y stori ar y dydd Llun, a gorffennodd ar y dydd Gwener. Ni fedrwn fod wedi amseru pethau'n well pe bawn wedi cael dewis y dyddiau fy hun. Dilynais ei herfeiddiwch a chofnodais ei chwymp. Mae'n rhaid fy mod wedi gwneud hynny ag arddeliad a brwdfrydedd: cafodd y BBC gŵyn gan y Tori amlwg, y diweddar Ddafydd Elwyn Jones. Derbyniais ei feirniadaeth lem ohonof yn brawf fy mod wedi delio â'r holl hanes yn union fel yr haeddai.

Ymhen blynyddoedd, digwyddwn fod yn aelod o banel trafod a gadeiriwyd gan yr hanesydd Maldwyn Thomas. Soniodd am yr honiad cyffredin fod pawb yn cofio yn union ble oedd pan saethwyd John F Kennedy. Yna gofynnodd a fedrem gofio'n union lle oeddem pan ddisodlwyd Margaret Thatcher. Chwarddodd pawb pan atebais fy mod i'n cofio hynny'n well na dim. 'Yr oeddwn i yn y stiwdio yma ac yn eistedd yn yr union gadair hon,' meddwn.

Un bore, a minnau'n dychwelyd o'r stiwdio, yn awchu am blatiaid llwythog o frecwast, cefais fy nal yn gyrru ar gyflymder o 65 m.y.a. ym Mhontllyfni, lle oedd – a lle deil – cyfyngiad o 40: nid oedd cerbyd arall ar y ffordd. Nid oedd camerâu llygadog y Prif Gwnstabl Richard Brunstrom yn britho'r lle yr adeg hynny. Fy nal gan blismon traffig gyda chamera-llaw fu fy hanes, a chostiodd ddirwy o £60 a thri phwynt ar fy nhrwydded. Y bore trannoeth bûm yn fwy cymedrol fy siwrnai. Ond yn ystod y rhaglen, manteisiais ar y cyfle i rybuddio'r genedl fod plismon cudd wrthi ym Mhontllyfni yn ceisio dal modurwyr plygeiniol, diniwed fel fi. Clywais wedyn fod yr Heddlu braidd yn flin. Gwell heddlu amlwg na heddlu cudd, mi dybiaf.

A minnau wedi sôn yn feirniadol am ein 'Prif Gopyn' (ys geilw ei hun yn yr Orsedd), nid yw ond teg i mi ddweud gair caredig amdano. Mae'n destun edmygedd i lawer, am iddo glodwiw-goleddu'r Gymraeg a Chymreigio ein Heddlu, ac yntau'n Sais dŵad. Soniaf fwy amdano yn hyn o beth maes o law. Mor wahanol oedd hi yng nghyfnod y Lifftenant-Gyrnol Syr William Jones-Williams. Roedd Syr William yn Gymro Cymraeg o Ddinas Mawddwy: yntau hefyd yn aelod yng Ngorsedd y Beirdd ('Gwilym Gwynedd') ond roedd defnydd o'r iaith yn ei heddlu ef bron cyn brinned ag eira Mai.

Pennod 11

Y NAW DEGAU
(1990-1999)

Hanner-ymddeol

Ym 1989, ar ôl i mi dderbyn llawdriniaeth a threulio rhai wythnosau gartref yn ei sgîl, rhoddodd Gwenan a minnau ein pennau at ei gilydd, a phenderfynais ymddeol yn gynnar: serch fy mod, trannoeth y drin, yn iach fel y gneuen drachefn. Felly dyma drefnu i drosglwyddo'r practis cyfraith i Myfanwy: gwnaed hynny ym mis Tachwedd. Yr oeddwn i ddal i weithio ar fy liwt fy hun, lle oedd achosion llys a gweithredu'n gyfreithiwr dyletswydd dan sylw. Ac eithrio achosion teulu a phriodasol ni fyddai Myfanwy yn ymhél â gwaith llys.

Doedd y nesaf peth i ddim gwaith papur, a'r fantais oedd y medrwn weithio o'r tŷ. Wrth gwrs, dôi ffeiliau i'w hastudio cyn pob achos ond medrwn eu cau a'u dychwelyd drannoeth. At hynny, roedd Gwasanaeth Erlyn y Goron yn brin o gyfreithwyr i fynd i'r llys ar eu rhan – weithiau ar fater o frys. Gan nad oeddwn yn cario baich swyddfa, medrent fy ffonio y diwrnod cynt a gofyn, er enghraifft: 'Fedrwch chi fynd i Lys Caergybi **yfory**?' Os oedd achos i'w gynnal yn Gymraeg – ac yr oedd mwy a mwy – yr oeddwn ar gael. Rhybuddiais y Gwasanaeth Erlyn ymlaen llaw na fyddwn yn fodlon erlyn unrhyw 'achos iaith'. Nid oedd hynny yn eu plesio ond doedd dim dewis lle'r oeddwn i dan sylw. Weithiau, yn Llys Caernarfon dyweder, lle byddai dwy Fainc yn eistedd mewn dau gwrt gwahanol, medrwn erlyn lladron yn y naill ac amddiffyn sloganwyr yn y llall – a hynny yr un diwrnod! Yn wastad, methai'r heddlu â deall y gwahaniaeth rhwng 'anonestrwydd' ac 'egwyddor'.

Galwyd fi i swyddfa'r heddlu un diwrnod i gynrychioli rêl cnaf o Sais. Roedd wedi llwyddo i godi pensiwn mewn dwsinau o swyddfeydd post wrth gymeryd arno ei fod 'yn yr ardal ar wyliau'. Yn nhrwmbal ei gar darganfuwyd tua phum mil o bunnoedd ac ugeiniau o lyfrau pensiwn wedi'u dwyn. Daliwyd ef yn Llithfaen, lle ceisiodd godi arian yn y Post. Y diwrnod hwnnw, roedd pentref a Phost Llithfaen yn frith o heddlu cudd a *CID*, a hynny am fod Ei Uchelder Brenhinol Tywysog Cymru yn ymweld â Nant Gwrtheyrn. Priod ddyletswydd yr heddlu oedd cadw gwyliadwriaeth am ddihirod megis yr *IRA* ac 'eithafwyr Cymreig' ond ni ddaeth yr un i'r fei. Meddai'r Ditectif-Gwnstabl Huw Vevar wrthyf: 'Mi wneith y pysgodyn yma'r tro!' Ac ebe'r 'pysgodyn' pan glywodd fod y wasg wedi hysbysebu'r ymweliad brenhinol ddyddiau ymlaen llaw, *I'll read the bloody papers next time!* Ni fedrwn beidio â chytuno efo Huw Vevar na fyddai 'tro nesaf' yn achos y pŵr dab hwnnw am amser go hir!

Di-fwg

Un o'm hatgas bethau wrth weithredu'n gyfreithiwr dyletswydd oedd yr ysmygu diddiwedd pan fyddai carcharor dan gyfweliad gan yr heddlu. Oherwydd yr offer recordio, cynhelid cyfweliadau mewn ystafell seinglos, chwyslyd, gyda waliau corcyn, â'i drws wedi'i gau yn dynn. Rhwng dau blismon, y cleient a minnau, byddai pedwar ohonom, yn anadlu ac ailanadlu hynny o awyr oedd yno. Ar ôl dwyawr, â'r tri arall yn smygu un sigarét ar ôl y llall, roeddwn i bron mygu. Pan gyrhaeddwn adref medrai Gwenan arogli drewdod y mwg ar fy nillad bron cyn i mi roi'r car yn y garais!

Roedd pethau'n waeth i mi nag y dylen nhw fod, gan fy mod i wedi bod yn ysmygwr trwm ar un adeg. Maen nhw'n dweud bod cyn-ysmygwr a gafodd 'drôedigaeth' yn fwy afresymol-fileinig yn erbyn yr arfer na'r rhai na fu'n ysmygu erioed: synnwn i ddim nad yw hynny'n wir. Mae ysmygu'n demtasiwn fawr i gyfreithiwr. Os bydd cleient acw am hanner awr, a chanddo broblemau, fel pob cleient, mae'n hawdd cydysmygu ag ef, sigarét am sigarét, wrth geisio eu datrys.

Ysmygwch dair sigarét mewn hanner awr, drwy'r dydd, rydych chi'n ysmygwr trwm, trwm iawn. Yn fy achos i, yr oeddwn i'n tanio cetyn yn ogystal, ac ambell sierŵt ar ben hynny wedyn! Nid oedd modd torri i lawr: ceisiais a methais, dro ar ôl tro. Felly dim ond dau ddewis oedd: ffŵl-sbîd, neu ffŵl-stop. Er mawr syndod i mi fy hun rhoddais y gorau iddi yn hollol ddidrafferth. Nid wyf wedi cael mwgyn ers dros chwarter canrif. Ond mae'r holl arian yr arferwn ei wario ar dybaco yn dal i ddiflannu i rywle!

Pan oeddwn i'n ifanc, roedd pob dyn, bron, yn ysmygwr – a'r anysmygwyr yn eithriadau: fel arall y mae hi erbyn hyn. Bob bore, ar draws y naw, byddaf yn mynd allan i brynu torth. Ar fy ffordd, gwelaf famau ifanc yn troi tuag adref ar ôl mynd â'u plant i'r ysgol. Y peth cyntaf a wna'r mwyafrif yw tanio sigarét. Nid yw'n fusnes i mi, wrth gwrs, ond nid wyf yn hoffi ei weld. Caf ymffrostio wrthyf fy hun nad wyf yn ysmygu mwyach am ei fod yn arferiad 'rhy ferchetaidd'!

Cyfeillion Llŷn

Ffurfiwyd y mudiad rhyfeddol hwn gan Gruffudd Parry ac R S Thomas ddechrau'r Wyth Degau, gyda golwg ar geisio cyflawni tri pheth: (1) gwarchod yr iaith yn Llŷn, (2) cadw harddwch Llŷn, a (3) hybu economi Llŷn. Ffurfiwyd pwyllgor o tua wyth, a gyfarfu bob mis i ystyried beth oedd angen sylw ac i drefnu Darlith Flynyddol ar gyfer trigolion Llŷn yn Ysgol Botwnnog. Y Llywydd cyntaf oedd Gruffudd Parry, a'r Ysgrifennydd unigryw ydoedd RS. Cawswn wahoddiad i ymuno ar y dechrau, ond oherwydd pwysau gwaith, ni fedrwn. Pan oeddwn ar fin ymddeol gofynnais a oedd y gwahoddiad yn dal yn agored, a chefais fy nghyfethol.

Un o lwyddiannau annisgwyl y Cyfeillion (cyn i mi ddod yn aelod) oedd gorfodi Amgueddfa Ashmole, Rhydychen i ddychwelyd hen feini a elwid 'Meini Pemprys' – am iddynt gael eu darganfod ar dir fferm Pemprys, ym Mhentreuchaf yn Llŷn, ganol y 19eg ganrif. Dywed rhai mai gweddillion Gwynhoedl Sant oedd yn y bedd lle cafwyd hwy. Bid a fo am hynny, erbyn heddiw mae'r meini i'w gweld yn Amgueddfa Plas Glyn-y-weddw, Llanbedrog.

Erbyn diwedd y degawd yr oedd RS wedi'n gadael, a Gruffudd

Parry wedi gwaelu. Ar ôl i Gruffudd orfod ymddiswyddo yn Llywydd, daeth yn Llywydd Anrhydeddus, a minnau'n Llywydd gweithredol yn ei le. Ein Hysgrifennydd ar hyn o bryd yw Gillian Walker, Saesnes a ddysgodd Gymraeg, a'r unig un o holl aelodau'r Cyfeillion i sefyll arholiadau Gorsedd y Beirdd (fe lwyddodd, ac urddwyd hi yn yr Wyddgrug yn 2007).

Buom yng nghanol nifer o ymgyrchoedd. Un o'r rhai llwyddiannus – ar y cyd â mudiadau eraill – ydoedd gwrthwynebu ehangu marina Pwllheli. Bu rhaid i ni fynd yn groes i rai o gynghorwyr Plaid Cymru, dan arweiniad Dafydd Iwan, ar Gyngor Gwynedd. Un ymdrech aflwyddiannus fu ymladd yn erbyn sefydlu archfarchnad *Asda* yn y dref. Buom yn ceisio cael mwy o Gymraeg ar y strydoedd ac mewn swyddfeydd a siopau; cawsom ambell lwyddiant ac ambell fethiant. Rwy'n ffyddiog ein bod yn garfan wasgu ddefnyddiol, boed yn erbyn Cyngor, Siambr Fasnach a Chynulliad fel ei gilydd.

'RS'

Fy atgof cyntaf o R S Thomas – yn y cnawd, megis – oedd pan fachodd Sedd wag Aberdaron ar Gyngor Llŷn. Mynnodd ambell gynghorydd agor sgwrs yn Saesneg ond ni chymerai RS unrhyw sylw o neb a geisiai siarad ag ef yn yr iaith fain. Ni siaradais erioed ond Cymraeg ag ef ond roedd hynny'n gryn ymdrech ar brydiau, a chanddo yntau ei fersiwn ei hun o'r iaith. Er enghraifft, un o'i hoff ymadroddion oedd 'y Sais-Gymry'. Roedd y rheini'n cynnwys Cymry di-Gymraeg, a hefyd Gymry Cymraeg (o Lŷn!) nad oeddynt yn gweld pethau drwy'r un gwydr ag RS.

Yng nghyfnod RS yn Ysgrifennydd y Cyfeillion fy ngorchwyl i oedd paratoi adroddiadau i'r wasg. Ni chawn eu paratoi yn ddwyieithog – roedd rhaid iddynt fod yn uniaith Gymraeg. O ganlyniad, ni fyddai'r *Caernarfon & Denbigh Herald* na'r *Daily Post* byth yn eu defnyddio a byddai'r Cyfeillion yn colli cyhoeddusrwydd o'r herwydd. Nid oedd bwrpas ceisio ymresymu ag RS – Cymraeg oedd hi i fod, a dyna ddiwedd.

Roeddwn i ym Mhenýberth pan ddadorchuddiwyd y gofeb i Saunders Lewis, Lewis Valentine a D J Williams, ac RS yn un o'r siaradwyr. Yr oedd ymgyrch losgi Meibion Glyndŵr yn ei hanterth ar y pryd. Rhoddodd RS y llwynog yn y cwt ieir pan gyhoeddodd (1) fod eiddo yn llawer llai o werth nag einioes, a (2) pe bai un Sais yn cael ei ladd, ni fyddai hynny'n ddim o'i gymharu â lladd cenedl y Cymry. Cafodd y sylwadau hynny fwy na digon o gyhoeddusrwydd yn y wasg Saesneg, trwy Loegr yn ogystal â Chymru!

Weithiau, cyd-deithiem i Aberystwyth i bwyllgora, yn fy nghar i: RS ar ran Cyfeillion Llŷn, a minnau ar ran Gorsedd y Beirdd. Golygai hyn ein bod yng nghwmni ein gilydd am bedair awr, yn ôl a blaen: dim ond ni'n dau. Ni ddywedwn fy mod wedi 'mwynhau' ei gwmni. Tybiais i ddechrau ei fod yn ŵr mwy draenoglyd na hoffus. Ond wrth i mi ddod i'w adnabod yn well, medrwn synhwyro – fel y llawn fwriadai – mai ffug-ddraenogrwydd ar-yr-wyneb ydoedd, ar gyfer y byd mawr Saesneg na fynnai RS fod yn rhan ohono. Bu bod yn ei gwmni cyhyd yn brofiad ac yn addysg na fynnwn am bris yn y byd fod wedi ei hepgor.

Ar yr achlysuron prin pan welai RS yn dda i siarad Saesneg neu i ddarllen rhai o'i gerddi, roedd ei acen yn boethach na'r daten boethaf. Ys dywedodd Melvin Bragg am Brian Sewell un tro: '... roedd ei Saesneg mor grand fel ag i wneud i'r Frenhines swnio'n gomon.' Felly hefyd RS. Ac yntau yn Rhydychen un tro yn darllen ei waith, cafodd y cwestiwn gan aelod o'i gynulleidfa uwch-academaidd hollol-Seisnig: *'And who is your own favourite poet, Mr Thomas?'* Ateb RS yn syth bin, er mawr ddryswch i'r gynulleidfa (fel y gwyddai'n dda), oedd: *'Why, Gruffudd ab yr Ynad Coch, naturally!'*

Difrïwyd llawer arno gan y Wasg Seisnig am ei fod y math o ddyn ydoedd ac am goleddu'r syniadau a goleddai a'u mynegi heb flewyn ar dafod. Yn ecsentrig, oedd. Ond roedd hefyd yn fardd a ddisgrifiwyd gan John Betjeman – nad oedd ganddo unrhyw asgwrn Cymreig i'w grafu – yn un o'r chwe bardd mwyaf *erioed* yn yr iaith Saesneg, gan gynnwys Milton a Shakespeare. Mae hynyna'n ddweud go fawr.

Ymlwybrai rhai o bwysigion Stryd y Fflyd at ei ddôr, i'w holi, ac yna i geisio'i fychanu. Meddai'r Prifardd Twm Morys am y driniaeth a dderbyniodd gan ei salach:

Be' welodd yr hac boliog – o Lundain
    A landiodd mor dalog?
Nid brenin ar ei riniog;
Nid dyn trist, a'i Grist ar grog;

Ond dyn gwyllt, fel dewin o'i go, – hyll iawn
    Yw'r lluniau ohono:
R S sych yn ei ddrws o,
Ac R S oer ei groeso.

Bu farw RS ar 25 Medi 2000. Claddwyd ei lwch ym mynwent Eglwys Sant Ioan, Porthmadog.

Y Wladfa

Yr oeddwn bellach yn rhydd o hualau tynnaf yr Alwedigaeth. Felly, daeth cyfle i Gwenan a minnau deithio ymhellach ac i dreulio mwy o amser oddi cartref. Buom ar daith i Batagonia yn yr hydref, 1990 – sgrifennais bedair pennod am ein dwy daith i'r Wladfa yn fy llyfr *Troi'n Alltud* (1996). Bu ein taith gyntaf yn drychinebus i Gwenan. Cychwyn o'r Bala i Bont Hafren mewn bws (Bws y Gogledd). Newid i fws arall (Bws y De) i Heathrow. Trefnwyr y daith yn anghofio trosglwyddo cês dillad Gwenan o'r naill fws i'r llall.

O ganlyniad, glaniodd Gwenan yn Buenos Aires heb ddim ond y dillad a wisgai. Roedd pob cerpyn arall o'i heiddo'n dal yn ei chês, yn ôl yn y Bala! Bu rhaid iddi brynu dillad yn Ariannin. Roedd yn ddewis rhwng dilladau drudfawr ond ffasiynol, a rhai llawer rhatach ond salach. Prynu'r rhai rhataf a wnaeth: dillad a fu'n crebachu a cholli lliw ar ôl pob golch. Oherwydd hyn, a nifer o ddigwyddiadau anffodus eraill ar y daith, penderfynwyd mynd â'r cwmni teithio i gyfraith.

Credaf yn gadarn yn yr hen ddywediad 'Y sawl sy'n cyfreithio drosto'i hun; mae ganddo ffŵl yn gleient.' O ganlyniad, euthum i geisio cyngor gan gyfreithiwr arall: diwedd y gân fu i'r cwmni setlo'r achos allan o'r llys. Cawsom hanner cost taith dramor arall – y tro hwn i'r Dwyrain Pell: Hong Cong (a gwibdaith fer i Tsieina), Singapôr a Gwlad Thai. Ond peidiwch â meddwl, serch popeth, nad oeddem wedi mwynhau'r daith i'r Wladfa. Roedd hi'n cyflawni breuddwyd bore oes i'r ddau ohonom.

Gefeillio

Tua chanol y Naw Degau soniodd Clerc Tref Nefyn, John Griffiths, wrthyf y byddai'n syniad da i Nefyn gael ei 'gefeillio' â rhywle yn y Wladfa. Dinas oedd ganddo dan sylw, sef Porth Madryn (*Puerto Madryn*), enw a ddaeth yn dra chyfarwydd yn ystod Rhyfel y Malfinas. Fe gofiwch Margaret Thatcher yn bygwth ei bomio, yn ôl newyddion Llundain. Ar ôl bod yno ddwywaith, gwyddwn ei bod yn ddinas anferth ag iddi boblogaeth o 70,000 – braidd yn fawr i Nefyn, sydd â phoblogaeth o gwta ddeunaw cant. Y ddolen gyswllt yw mai Love Jones Parry, Castell Madryn (a leolid rhyw dair milltir o Nefyn ond a losgwyd yn ulw rai blynyddoedd yn ôl), a oedd wedi arloesi sefydlu'r Wladfa ar y cyd â Lewis Jones.

Pydrodd John ymlaen, ac ym Medi 1998 daeth dirprwyaeth o ddwsin drosodd i'r seremonïau gefeillio. Daeth Elvey Macdonald a Cathrin Williams draw i'n cynorthwyo gyda'r trefniadau a'r iaith ac aeth popeth yn hynod o rwydd. Dewiswyd fi, ar ran Nefyn, i gyfarch y gwesteion, a chyda fy Sbaeneg prin (ond medraf ddarllen sgript rhywun arall cystal â neb), llwyddais i wneud hynny.

Erbyn hyn, ar y tair ffordd sy'n arwain i Nefyn, mae arwyddion breision yn nodi'r gefeillio. Mae'r Saeson dŵad a'r Saeson preswyl yn methu deall y peth, pan na fo trefi eraill ond yn medru cyrraedd cyn belled â gorllewin Ewrop. Yn ddiweddar cefais ffotograff gan gyfaill a fu draw yn y Wladfa. Ym Mhorth Madryn, erbyn hyn, mae stryd o'r enw *'Ciudad de Nefyn'*, sy'n trosi yn *'Dinas* Nefyn'. Dyna beth *yw* dyrchafiad!

Mae Gwenan a minnau'n aelodau o Gymdeithas Cymru-Ariannin, sy'n arfer dathlu 'Gŵyl y Glaniad' bob blwyddyn yn Neuadd y Cyfnod, Y Bala. Gwladfäwyr sydd ar ymweliad â Chymru, ynghyd â llaweroedd o Gymru a fu 'draw', fydd yn arfer dod at ei gilydd, er mwyn rhoi'r byd yn ei le, a hynny o'i ddeupen.

Teithiau Sulwyn

Yn ddiarwybod i ni, yr oedd Sulwyn Thomas wedi dechrau trefnu teithiau 'Cymraeg' i bedwar ban byd. Ystyr 'Cymraeg' yn y cyswllt hwn oedd fod pawb o'r fintai yn Gymry Cymraeg. Bu eu taith gyntaf, i ddwyrain Canada, tra oedd Gwenan a minnau yn y Wladfa. O eildro Sulwyn ymlaen, buom ninnau ar y teithiau hynny

– nid ar bob un, ond yn sicr ar y rhan fwyaf. Daethom i adnabod llawer a gwneud ffrindiau newydd ac adnewyddu sawl hen gyfeillgarwch. Dywedodd Sulwyn unwaith wrth Gwenan ei bod, o reidrwydd, yn santes, gan iddi lwyddo i fyw cyhŷd efo fi. Ar ôl i mi ddod i adnabod y pâr fymryn yn well, medrwn innau ddweud yn union yr un peth am Glenys Thomas!

Ar wahân i Ewrop, dros y pymtheng mlynedd diwethaf cawsom ymweld ag Awstralia, Bali, Indonesia, De Affrica, Ffiji, gorllewin Canada a mynyddoedd y *Rockies*, Hawaii, Hong Cong (ein hail ymweliad), Seland Newydd, Yr Unol Daleithiau a'r Wladfa (y ddwy am yr eildro). Medrwn sgrifennu llyfr am y teithiau hyn yn unig ond mae'n rhaid i ambell stori wneud y tro ar ran y cyfan.

Pe bawn yn cyfrif Ewrop – naill ai gyda Sulwyn, neu dim ond ni'n dau – yna, o'r holl wladwriaethau, byddai'n haws enwi'r rhai *na* fu i ni ymweld â hwy. Ond ailbwysleisiaf nad teithlyfr y bwriadwyd i'r gyfrol hon fod. Byddaf yn aml yn cael y cwestiwn: 'O'r holl leoedd yn y byd y buoch ynddyn nhw, ym mha un y carech chi orau fyw ynddo?' Yn ddieithriad, byddaf yn ateb: 'Yn Dwyryd, Rhodfa'r Môr, Nefyn, lle'r ydw i yn byw!'

Un o fanteision teithiau Sulwyn oedd eu bod yn ein galluogi i gyfarfod â Chymry yn y gwahanol wledydd hyn, ledled y byd. At ei gilydd, cawsom groeso cynnes iawn ym mhobman. Arferai pob un ohonom gario dau neu dri llyfr Cymraeg neu ddisgiau neu gasetiau o ganeuon Cymraeg. A ninnau'n fintai o tua saith neu wyth deg, roedd y cyfanswm yn sylweddol.

Cawsom brofiad chwerw yn Christchurch, Seland Newydd. Ymffrost Chistchurch yw ei bod 'y ddinas Seisnicaf yn y byd y tu allan i Loegr.' Yn anffodus, ceisiai ei chymdeithas 'Gymreig' ymddwyn yn unol â'r ymffrost hwnnw. Ar wahân i'r Cadeirydd, a fedrai ychydig o'r iaith, doedd gan neb arall air o Gymraeg. Roedd cais wedi ymddangos yn *Yr Enfys* (cylchgrawn *Undeb Cymru a'r Byd*) ychydig cyn i ni adael cartref, yn gofyn yn benodol am lyfrau at ddefnydd Cymdeithas Chistchurch. Ein hymateb fu rhoi ein nifer sylweddol o lyfrau iddynt yn anrheg. Ar ôl gadael y ddinas clywsom fod y cyfan wedi eu lluchio ar y domen sbwriel gan nad oedd yno neb a fedrai eu darllen. Roedd y sefyllfa'n hollol wahanol yn Auckland. Yno, roedd y Gymdeithas Gymreig – a Chymraeg –

yn ysu am ddeunydd darllen yn yr iaith. Ysywaeth, roedd y cyfan wedi eu bwrw i ebargofiant ar domennydd Christchurch.

Yn fuan ar ôl dychwelyd adref, cefais gais gan Olygydd *Yr Enfys* am erthygl yn adrodd hanes taith Seland Newydd, a Christchurch yn arbennig. Dywedais y sgrifennwn erthygl, â chroeso, yn adrodd yr hanes llawn, ar yr amod na fyddai yn ei sensro mewn unrhyw ffordd. Gofynnodd beth a olygwn wrth ddweud hynny. Dywedais wrtho beth oedd wedi digwydd yn Christchurch. Yn hytrach na chaniatáu i mi adrodd yr hanes – a bwrw bod copi o'r cylchgrawn yn cyrraedd Christchurch – penderfynodd y byddai'n well ganddo hepgor fy sylwadau na'u cyhoeddi.

*   *   *   *

Ar ymweliad â Philadelphia, cawsom ein tywys o amgylch y ddinas gan Americanes a'n cyfeiriodd at bob cerflun dan haul, o George Washington, Thomas Jefferson, Abraham Lincoln a'r gweddill, a hyd yn oed at gerflun o Jeanne d'Arc! Pan ddaeth y sesiwn gwestiynau, gofynnais ble oedd cerflun Philadelphia i Joseph Parry. *'Joseph who?'* gofynnodd. Pan eglurais mai ef oedd cyfansoddwr mwyaf Cymru yn y 19eg ganrif, eglurodd bod yn rhaid i wrthrych pob cerflun fod â chystylltiad closiach â Philadelphia nag eiddo Joseph Parry. 'Os felly,' daliais i holi, 'fedrwch chi ddweud wrthyf pa bryd, ac am ba hyd, y bu Jeanne d'Arc yn Philadelphia?'

*   *   *   *

A thros drigain ohonom yn Johannesburg, De Affrica, cawsom ein hunain yn eistedd mewn grwpiau o wyth o gwmpas byrddau crynion mewn anferth o stafell fwyta. Ar y naill ochr i ni yr oedd grŵp o tua'r un nifer o Saeson ac, ar yr ochr arall, grŵp cyffelyb o Almaenwyr. Wrth i bawb fynd at y bwffe, cafwyd cyfle i sgwrsio ag aelodau o'r ddau grŵp arall. Er syndod i ni, roedd y Saeson a'r Almaenwyr, yn annibynnol ar ei gilydd, wedi dod i'r casgliad mai Affricaans oedd yr iaith a siaradem, a'n bod, gan hynny, yn treulio gwyliau yn ein gwlad ein hunain!

Cafwyd profiad doniol arall â'r iaith Affricaans. Dywedodd un o'r gyrwyr bws, a oedd yn *Afrikaaner* ei hun – â'r Saesneg yn ail iaith iddo – na fedrai neb ar wyneb daear ddynwared yr iaith

176

Affricaans oni fedrai ynganu'r gytsain 'ch'. Cofiais linellau a ddysgais yn yr ysgol 'slawer dydd, a dyma fi'n eu hadrodd:

Iach y bôch, chwi a'ch bychain – yn wychach
Eich iechyd na'ch ychain.
Heb och a chur y boch, a chain:
Chwi a'ch achau, ewch uwch ochain.

Roedd wedi'i syfrdanu: roedd fy nghyd-Gymry hefyd. Bu'r gyrrwr yn fy nhrin â pharchedig ofn weddill ein harhosiad yn ei wlad!

*　*　*　*

A ninnau yn Fienna un tro, cyhoeddai posteri ym mhobman fod Bryn Terfel ar fin dod yno i berfformio yn y Tŷ Opera. Yn anffodus, yr oeddem bythefnos yn rhy gynnar ond roedd 'mawr sôn amdano cyn ei ddod'. Yng nghyntedd y Tŷ Opera roedd gwisg, anferth ei maint, yn ei aros ar gyfer *Falstaff*. Gwn fod Bryn deirgwaith cyn lleted â mi – weiren gaws ag yr wyf – ond roedd y wisg hon deirgwaith cyn lleted â Bryn Terfel! Dyma'r nesaf peth a welais erioed i siwt *Monsieur Michelin*.

Coffia
Un o bleserau ymddeoliad yw cael boreau rhydd – o leiaf pan na fyddaf yn sgrifennu – i hamddena a gweld cyfeillion. Un o'r cylchoedd sydd at fy nant yw'r 'Criw Coffi' sy'n ymgynnull bob bore yng Nghaffi Gwalia, Pwllheli. Chwech ohonom, i gyd wedi ymddeol. Bu ambell fynd a dod o bryd i'w gilydd ond dyma'r cnewyllyn. Owen ('Now') Cowell, deintydd – ŵyr i'r hen Ddoctor Mela – gŵr â holl hen hanes Nefyn a Phwllheli ar flaenau'i fysedd. Osian Ellis, y telynor byd-enwog, sy'n gwybod am Lundain a nifer o ddinasoedd cyffelyb fel cefn ei law ac a fu unwaith yn cydletya â Richard Burton a Hugh Griffith. Mae straeon Osian am gampau'r ddau yn werth eu clywed. Weithiau daw Renée, ei wraig – cerddor arall at flaenau ei bysedd – gydag ef. Goronwy Jones, cyn-blismon, sy'n gwybod clecs a misdimanars yr heddlu a dihirod y fro bron cyn iddyn nhw ddigwydd. Huw Roberts, y dramodydd, cyn-athro Cemeg ym Motwnnog, sy'n Llywydd Anrhydeddus Cymdeithas Theatr Cymru. A Fred Buckingham, cyn-athro arall ym Motwnnog

a fu'n beilot awyrennau bomio adeg y Rhyfel ond a arhosodd yn hollol ddiymhongar yn eu cylch. Bu 'Buck' hefyd yn lleygwr arweiniol gyda'r Wesleaid Cymraeg, a hyd yn oed yn aelod o'r Cyngor Wesleaidd Prydeinig. Bydd y lleill, sy'n Galfiniaid, ac eithrio Osian a minnau, yn tynnu ei goes am hynny: rwy'n methu â llawn ddeall pam. Gyda llaw, mae Osian, Huw a 'Buck', ill tri, hefyd yn aelodau yng Ngorsedd y Beirdd.

Cwest drysor

Tua chanol y Naw Degau, cynhaliwyd cwest anghyffredin ym Mhwllheli. Fel arfer, er mwyn ymchwilio i achos marwolaethau y cynhelir cwestau, ond roedd hwn yn gwest arbennig: cwest drysor. Fy hen gyfaill Robert (Dixie) Price oedd y Crwner. Allan o chwilfrydedd yn fwy na dim yr euthum yno. Maes yr ymholiadau oedd hanes breichled a ddarganfuwyd ar draeth y Pistyll, y bae sy'n gorwedd rhwng baeau Nefyn a Nant Gwrtheyrn. Cyflwynwyd tystiolaeth gan arbenigwr o'r Amgueddfa Genedlaethol, Caerdydd. Yr oedd yn freichled aur. O brofi cyfartaledd y copor yn yr aur hwnnw, canfyddwyd ei bod yn dyddio o'r nawfed ganrif cyn Crist. Dyma brawf unwaith eto y bu mynd a dod rhwng y Penrhyn hwn ac Iwerddon yn y dyddiau hynny. Roedd yn cadarnhau casgliadau'r haneswyr ynglŷn â Thre'r Ceiri a Garn Boduan, lle ceir olion a elwir 'Cytiau'r Gwyddelod'.

Dal i lenydda

Yr oedd yr hanner-ymddeol wedi fy rhyddhau i lenydda a geiriadura mwy. Ym 1992 ymddangosodd *Geiriadur y Gyfraith* – ysywaeth, flwyddyn cyn *Deddf yr Iaith Gymraeg 1993*. Ond ym 1996 llwyddais i gyhoeddi *Atodiad* a gynhwysai'r Ddeddf honno, ynglŷn â *Chanllawiau Bwrdd yr Iaith Gymraeg, 1995*.

Bu fy niddordeb mewn termau ac ymadroddion cyfreithiol Cymraeg mor ysol fel nad yw'n ormodiaith honni iddo ddod yn rhan o'm buchedd. Seiliwyd fy nhraethawd doethuriaeth dwy gyfrol a 1500 tudalen ar y gwaith: mae fy niolch i'r Athro Gwyn Thomas, fy Nghyfarwyddwr Ymchwil, yn drwm a diffuant. Cyhoeddwyd y gyfrol ddiweddaraf: *Geiriadur Newydd y Gyfraith*, yn 2003 ac mae ynddo dros 1200 tudalen. Bûm yn cario llyfr nodiadau ac yn taro pob gair neu gysyniad newydd i lawr, trwy gydol y degawdau. Dyna'n union a wneuthum ar gyfer yr hunangofiant hwn – o'r diwrnod y cytunais â chais Geraint Lloyd Owen i ddechrau ei sgrifennu.

Derbyniodd y *Geiriadur Newydd* sêl bendith y Sefydliad Cyfreithiol yng Nghymru: bu hynny o gymorth mawr iddo. Cafodd ei lawnsio'n swyddogol yn y Llysoedd Barn, Caerdydd, a daeth Barnwr Llywyddol Cylchdaith Cymru, Meistr Ustus Roderick Evans (barnwr Uchel Lys), yno i draddodi'r prif anerchiad. Daeth Arglwydd Ustus John Thomas (barnwr Llys Apêl) yno hefyd i gefnogi'r gyfrol. Bu Syr Roderick a Syr John yn ddylanwadol iawn ym mhob ymdrech i hyrwyddo a lledaenu'r defnydd o'r Gymraeg yn yr hyn a eilw Syr Roderick, yn hollol addas: 'Cymru'r Gyfraith'. Llwyddodd y ddau i gyflawni llawer mewn cymharol ychydig amser – a lle bo materion malwennaidd y Gyfraith dan sylw, mae hynny'n cyfateb i weithredu 'cyflym' mewn unrhyw faes arall.

Un nodwedd o fathiad effeithiol yw: cyn gynted ag y bydd term newydd wedi'i amgyffred a'i sawru unwaith neu ddwy, daw ei ystyr yn amlwg a derbyniol i bawb. I'r graddau na fydd neb byth wedyn yn meddwl am ei darddiad, ei grëwr nai'i glyfrwch. Dim ond yn ei dderbyn yn rhan o'u geirfa feunyddiol a naturiol – yno, wrth law, at ddefnydd pan fo'i angen. Wedi'r cyfan, *ars est artem celare* (celfyddyd yw celu ceflyddyd) meddai'r hen air – a chan mai yn y Lladin y cofnodwyd ef gyntaf, dyna brawf ei fod yn wireb mor bell yn ôl ag oesau'r cynfyd, mi dybiaf. Difyr yw medru meddwl fod niferoedd o fathiadau wedi plwyfo yn ein hisymwybod ninnau fel nad oes prin neb yn sylwedoli mai creadigaeth fwriadus oedd pob un ohonynt yn y lle cyntaf.

Cofiaf glywed am gyfansoddwr yn cael boddhad mawr o glywed postmon, wrth iddo ddosbarthu llythyrau, yn chwibanu un o'i donau. Yna, artist yn cael gwefr o wylio dyluniwr palmant yn copïo un o'i gampweithiau yntau mewn sialc ar goncrit. Dyna hefyd, siŵr o fod, yw profiad bardd o glywed llefaru neu ganu ei waith. Teimlad felly a gaf innau, wrth glywed rhai o'm bathiadau yn llithro i mewn i sgwrs radio, bwletin newyddion ar y sgrîn neu anerchiad mewn llys barn. Hefyd pan ddarllenaf ambell fathiad o'm heiddo mewn dogfen gyfreithiol neu hyd yn oed o du'r Cynulliad Cenedlaethol.

Ond mae'r Gyfraith yn bythol newid a geirfa'r Gyfraith yn newid i'w chanlyn. Profiad rhwystrus i eiriadurwr yw hyn o beth. Mae'n gwneud y dasg o eiriadura yn gyffelyb i beintio Pont y Borth: cyn gynted ag y cyrhaeddwch chi'r ochr draw, mae'n rhaid i chi ailddechrau yr ochr yma drachefn.

Serch bod y Gyfraith yn bwnc arbenigol iawn, ac astrus ar brydiau, dylai pawb gofio ei bod, rhyw fodd neu'i gilydd, yn cyffwrdd â bywydau pob un ohonom. Felly, rwy'n ystyried y ffaith fod geiriadura cyfreithiol wedi effeithio i'r fath raddau ar fywydau Gwenan a minnau yn werth yr holl amser a'r holl ymdrech a fuddsoddwyd yn y fenter. Mawr hyderaf y bydd rhywun, rhyw rai neu ryw gorff yn ymorol yr â'r gwaith yn ei flaen. Serch ei fod mor ddiddiwedd – a diddiolch ar brydiau, credwch fi – mae'n werth ei wneud.

*　　*　　*　　*

Sgrifennais nifer o lyfrau eraill hefyd, rhai yn fwy gwamal na'i gilydd. Bûm yn sgrifennu tudalen fisol i'n papur bro, *Llanw Llŷn,* ers dros ugain mlynedd erbyn hyn, ac rwy'n dal i wneud hynny. Bu Alun Jones, y llyfrwerthwr a'r nofelydd, wrthi o'r dechrau – ddeng mlynedd cyn i mi gychwyn. Ar y dechrau, pynciau cyfreithiol oedd gennyf dan sylw ond erbyn hyn byddaf yn dilyn fy ffansi i ble bynnag y mynn fynd, ac yn trafod y byd a'r betws. Cytunaf gant y cant â barn y diweddar John Roberts Williams mai sefydlu'r papurau bro fu un o'r camau pwysicaf ym myd cyhoeddi yn Gymraeg yn ystod yr ugeinfed ganrif.

Bûm hefyd yn sgrifennu colofn wythnosol Saesneg i'r *Daily Post* am ddwy flynedd. Roeddwn wedi sicrhau addewid gan y Golygydd, cyn i mi ymgymeryd â'r gwaith, na fyddai'n sensro'r un gair o'm heiddo, ni waeth pa mor annerbyniol fyddai fy syniadau iddo. (Ac eithrio enllib, wrth gwrs: ar un achlysur bu rhaid i mi ymddiheuro i Farnwr nid anenwog yn y Gogledd 'ma am fod yn rhy finiog fy sylwadau amdano.)

Cadwodd Golygydd y *Post* ei air na fyddai'n sensro dim, a chefais y fantais o fod wrthi dros gyfnod pwysig Refferendwm Ddatganoli

1997. Efallai fod rhywfaint o'r had wedi syrthio ar dir ffrwythlon: gobeithio, wir. Ond ar ôl dwy flynedd penderfynodd gael gwared ohonof am fy mod 'yn mynegi syniadau rhy eithafol'. Ar yr un pryd, cafodd wared â'i golofnydd Cymraeg, y Doctor Aled Lloyd Davies: ni wn pa esgus a roddodd i Aled.

Y dasg fwyaf anodd o sgrifennu a gyflawnais erioed oedd yr erthygl ynghylch Canlyniad y Refferendwm Ddatganoli. Yr oedd y *Post* am ei chyhoeddi drannoeth y Canlyniad: ond nid oedd modd ei llunio mewn pryd. Erbyn y deuai'r Canlyniad, byddai'n rhy hwyr i mi fedru ei sgrifennu a'i hanfon. Yr unig ateb, gan hynny – a dyma y cefais gais i'w wneud – oedd llunio *dwy* erthygl, y naill i'w chyhoeddi pe bai **IE** yn ennill, a'r llall pe gorchfygai'r **NA**. A dyna a wneuthum. Y *Post* a ddewisodd y pennawd, ac ymddangosodd fy llith 'buddugol' dan y teitl: 'THE VITAL FIRST STEP ON A LONG JOURNEY'. Deil y ddwy erthygl yn fy meddiant.

Cynnwys y naill y geiriau: '*Despite the prophets of doom and gloom, we did it*'; a'r llall: '*Alas, the prophets of doom and gloom were right – we failed.*' Mae'r llith a gyhoeddwyd yn gorffen: '*Henry VIII annexed Wales "forever as part of England". Well, Wales has just shown that King Henry was wrong.*' Gorffennodd y llith nas cyhoeddwyd yn llythrennol-ddagreuol (fel y teimlwn wrth ei sgrifennu): '*The heartache is that Blair could have achieved it without a referendum and the heartache it left behind. Take heart therefore – it **will** come, in time. But for today?   I weep for thee, my country.*' Fel arfer, byddaf yn hoffi sgrifennu a defnyddio fy nychymyg a'm cof. Roedd yn atgas gennyf sgrifennu'r naill a'r llall o'r darnau hyn. Bûm wrthi am oriau lawer. Ys gwn i beth fyddai'r *Post* wedi ei ddewis yn bennawd i'r llith 'anfuddugol'? Na, mae'n well gennyf beidio â gwybod.

Arferai'r *Daily Post* fwydo fy erthyglau i'w peiriant gwirio sillafu (neu'r '*spellchecker*', yn ôl fy ngliniadur i). Llwyddwyd i droi un erthygl resymol a rhesymegol o'm heiddo yn rwtsh llwyr, am iddynt fethu ei darllen ar ôl ei 'chywiro'. Llith ydoedd am yr Arlywydd Pinochet o Chile yn ymweld â Lloegr ym 1998 ac am ei apêl i Dŷ'r Arglwyddi ar ôl iddo gael ei arestio. Un o'r Arglwyddi hynny, fe gofiwch, oedd Arglwydd Hoffman. Ar ôl i beiriant cywiro'r *Post* fod wrthi, cyhoeddwyd fy sylwadau gyda 'Pinochet' wedi ei newid yn '*Pinch me*', a 'Hoffman' wedi ei drosi'n '*Half moon*'.

Bûm hefyd yn cyfrannu'n achlysurol i *Taliesin*, gan gynnwys adolygu ambell gyfrol yn ôl y galw. Fy adolygiad mwyaf uchelgeisiol a chynhwysfawr erioed fu hwnnw ar gampwaith y Doctor Bruce Griffiths a Dafydd Glyn Jones, *Geiriadur yr Academi*. Darllenais ef o glawr i glawr. Roedd yn brofiad megis y dychmygwn y byddai cerdded ar draws yr Unol Daleithiau, 'o fôr i ddisglair fôr'. Cymerodd chwe wythnos o ddarllen, fwy neu lai drwy'r dydd, bob dydd. Gorffennais fy adolygiad trwy ddatgan fy marn fod cyfraniad y Doctor hwn i'w genedl yn gyfuwch ag y bu eiddo'r Esgob Morgan, yntau, yn ei ddydd. Yr oedd hynyna yn ddweud go fawr, fel y llawn fwriadwn iddo fod. Ar ôl i'r Geiriadur hwnnw fod yn nwylo'r genedl – a'm dwylo byseddog-brysur innau – ers dros ddeuddeng mlynedd erbyn hyn, hyfryd yw cael y cyfle i ailadrodd y farn yr wyf yn dal i lynu wrthi.

Tua dechrau'n Naw Degau byddai *Pobol y Cwm* hefyd yn ffonio'n achlysurol i geisio barn ynghylch rhyw olygfa gyfreithiol neu'i gilydd a oedd yn yr arfaeth. Weithiau, byddent yn derbyn fy nghyngor: dro arall, yn ei anwybyddu'n llwyr. Ar brydiau, gallai derbyn ambell gyngor gennyf olygu rhoi mwy o actorion-llanw mewn golygfa – ac roedd pob cymeriad ychwanegol yn costio arian. Yn gymharol ddiweddar, tua 2006, ac yn sicr, nid gyda chyngor gen i, buont mor wirion bost â pheri i Gwnsler mewn llys barn gyfarch y Barnwr fel 'Eich Mawrhydi': teitl na wyddwn o'r blaen fod gan neb yr hawl iddo ac eithrio Brenhines Lloegr!

Llandeilo '95

Ym 1995 bu'r Orsedd draw yn Llandeilo'n cyhoeddi Eisteddfod Bro Dinefwr. Ychydig ddyddiau ynghynt yr oeddwn wedi agor fy mys wrth ddefnyddio rhaw yn yr ardd ac mae'n siŵr fy mod i heb olchi'r toriad yn ddigon glân. Teithiais i'r De yng nghar Gwyn Bangor ac, ar ôl Bwrdd yr Orsedd, arhosodd nifer ohonom dros nos mewn gwesty yn y dref. Erbyn y bore Sadwrn, roeddwn yn teimlo braidd yn ddi-hwyl a di-ffrwt ac erbyn y pnawn roeddwn i'n teimlo'n waeth. Ceisiais anwybyddu'r anhwylder ac euthum i stafelloedd newid yr Orsedd i ymwisgo ar gyfer yr orymdaith a'r seremoni. Cofiaf fy mod wedi rhoi fy ngwisg wen amdanaf, a dyna'r peth olaf a gofiaf: mi lewygais.

Y peth nesaf oedd fy mod yn gorwedd ar fy hyd yng nghefn ambiwlans ac yn rasio draw i Ysbyty Glan Gwili, Caerfyrddin. Cefais fy archwilio a dyfarnwyd fy mod yn dioddef gan septisemia, neu wenwyn gwaed. Chwistrellwyd y cyffuriau priodol i'm gwythiennau, ac erbyn diwedd y pnawn, teimlwn yn fwy tebyg i mi fy hun. Roedd rhywun wedi ffonio Gwenan, ac roedd hi ar ei ffordd o Nefyn i Landeilo. Erbyn hynny, roedd un o'r cleifion eraill wedi clywed fy mod i yno: neb llai na Norah Isaac. Daeth draw i edrych amdanaf ac wrth erchwyn fy ngwely yr oedd hi, yn siarad pymtheg yn y dwsin, pan gyrhaeddodd ymwelydd i edrych amdani *hi*: y Tra-Pharchedig George Noakes, Archesgob Cymru. Yr oeddem yn gyfoeswyr yn Aberystwyth. Felly, a minnau yn ôl yn fy hwyliau – cefais sgwrs ddifyr â'r ddau.

Yr ymwelydd nesaf, ar ôl iddo gwblhau ei ddyletswyddau Gorseddol, oedd yr Archdderwydd John Gwilym. Ar ôl clywed beth oedd wedi digwydd, prysurodd draw i edrych amdanaf ac i weld sut yr oeddwn. Mae John, ac yntau'n gaplan yn Ysbyty Gwynedd, wedi hen arfer ymweld â chleifion. Ymhen yrhawg, cyrhaeddodd Sulwyn Thomas, sy'n byw ar bwys Ysbyty Glan Gwili, a Gwenan, hithau, ar ôl ei thaith faith ac annisgwyl. Roedd yn gyd-ddigwyddiad fy mod wedi cael ymweliad gan *Arch*esgob ac *Arch*dderwydd ond, diolch byth, nid gan yr *Arch*angel.

'Galw i'r Bar'
Tua 1996 rhoddais y gorau i bob gwaith llys a phenderfynu ailymgymhwyso'n fargyfreithiwr. 'Cael fy ngalw i'r Bar' yw'r ymadrodd ffurfiol am y broses. Golygai hynny roi heibio pob gweithgaredd cyfreithiol a chael tynnu fy enw oddi ar Rhôl y Cyfreithwyr. Yna ymaelodi yn un o Letai'r Llysoedd (*Inns of Court*) yn Llundain, a threfnu i fynd yno i 'fwyta'm ciniawâu', ys gelwir. Ymunais â Llety Gray (*Gray's Inn*), lle bûm – yn llythrennol – yn ciniawa gyda'r nos. O'r pedwar Llety (*Gray's, Lincoln's Inn,* yr *Inner Temple* a'r *Middle Temple*) ystyrir fod gan Gray's gryn fwy o gysylltiad â Chymru, a hynny ers canrifoedd. Cefais fy eithrio rhag yr arholiadau yn rhinwedd y blynyddoedd y bûm yn gyfreithiwr ac, yn bennaf, am fod gennyf y profiad angenrheidiol o'r llysoedd uwch trwy weithredu'n ddirprwy-farnwr.

Trwy gyd-ddigwyddiad, a heb yn wybod i'n gilydd ymlaen llaw, bu Elfyn Llwyd, AS, hefyd yn bwyta'i giniawâu yr un pryd â mi. Roedd Elfyn, yntau, wedi bod yn gyfreithiwr ym Meirionnydd ac wedi penderfynu cael ei alw i'r Bar. Cawsom y pleser o gwmni'n gilydd yn ystod y gwledda, ac at hynny, gwahoddodd fi i ginio canol dydd yn Nhŷ'r Cyffredin, ac i wrando ar ddadl yn y Tŷ wedi hynny. Yr oeddwn yn dotio ar y ffaith fod Elfyn yn adnabod pob Cymro a Chymraes, boed blismon neu weinyddes, ym Mhalas San Steffan ac yn cynnal sgwrs â phob un ohonynt mewn llond ceg o Gymraeg.

Yr oeddwn wedi cael gwahoddiad sefydlog gan Dafydd Wigley i ginio yn y Tŷ ond nid oeddwn erioed wedi manteisio arno: ni fyddwn – ac ni fyddaf – byth yn tywyllu Llundain os nad oes rhaid. Yn eironig braidd, cofiwn yr unig dro blaenorol i mi fod yn San Steffan: yng nghwmni Goronwy Roberts. Rhyw dro yn y Pum Degau cynnar y bu hynny. Cafodd Elfyn a minnau ein 'galw' i'r Bar yr un noson ym 1997, gan Bennaeth Llety Gray, y Barnwr o Gymro, Esyr Lewis, CF. Pan ddaeth fy nhro i, 'galwodd' fi yn Gymraeg, gan drosi'r fformiwla arferol: *'Yr wyf yn dy alw i'r Bar ac yn dy gyhoeddi'n Fargyfreithiwr.'*

Refferendwm '97

Rhan fechan iawn fu gen i yn Refferendwm Ddatganoli 1997. Ailddechreuodd yr hen ymgecru ac ymrannodd Cymru yn ddwy garfan fel o'r blaen. Cyhoeddwyd y cynhelid Cynhadledd 'Ie dros Gymru' yn Llandrindod, a dewiswyd fi – ei Swyddog Cyfraith – i gynrychioli Bwrdd yr Orsedd yno. Llwyddais i awgrymu i'r Gynhadledd mai buddiol fyddai dodi stondin go sylweddol ar y Maes yn Eisteddfod Meirion a'r Cyffiniau, a oedd i'w chynnal yn y Bala ddechrau Awst '97. Roedd rhai braidd yn amheus, gan ddadlau y byddai gan y pleidiau gwleidyddol eu stondinau eu hunain; eithr credwn y gallai rhai Eisteddfod-wyr deimlo braidd yn lletchwith yn mynd i mewn i stondinau pleidiau 'eraill'. Derbyniwyd yr awgrym. Erbyn gweld, roedd y garfan *'Just say "No!"'* hefyd wedi cael yr un syniad: eithr dim ond am ddeuddydd y buont hwy yno. Yn wyneb y fuddugoliaeth 'trwch blewyn' a gafwyd, tybed a fu presenoldeb stondin 'IE' ar Faes y Brifwyl o fudd? Pwy a ŵyr?

Bûm hefyd yn canfasio yn Llŷn. Ar y pnawn Mercher olaf safai tua dwsin ohonom ar y Maes, Pwllheli, lle cynhelid y Farchnad wythnosol arferol. Roedd gennym stondin ar y cyrion lle safem yn rhannu taflenni. Cawsom chwe adwaith gwahanol. Yn gyntaf, Saeson a oedd yma ar wyliau, naill ai (1) yn ein hanwybyddu, neu (2) yn dweud *'We don't live in Wales, but good luck, anyway'*: (3) Saeson Llŷn, a ddatganai gefnogaeth (*'Since we're living here, it's our country too'*) neu (4) wrthwynebiad (*'It's people like you who ...'*). Wedyn (5) Cymry Pen Llŷn ('Hyfryd eich gweld chi: daliwch ati ...'), a (6) Cymry eraill Pen Llŷn ('I be ydan ni isio'r hen nonsans Assembli 'na: rydan ni am fotio "Na"!') Er bod y rhan fwyaf o ddigon o Gymry Llŷn o'n plaid, y Cymry gwrthwynebus oedd yn ein tristáu, bron hyd ddagrau. Mawr ofnem fod y canlyniad yn mynd i ddilyn patrwm 1979.

Un o'r pethau mwyaf calonnog a ddigwyddodd i mi ar ôl canlyniad clós ond bendigedig y Refferendwm oedd fy mod i, ymhen tua deng niwrnod, wedi derbyn llythyr gan Luned Vychan Roberts de Gonzalez o'r Wladfa, yn amgáu tudalen flaen y papur dyddiol *El Chubut*, dyddiedig 10 Medi 1997 (trannoeth y canlyniad). Roedd darlun o dair Cymraes ifanc yn dawnsio gan lawenydd ac yn chwifio Draig Goch enfawr. Y pennawd oedd *'LA AUTONOMIA LLEGO A GALES!'* (Ymreolaeth yn dod i Gymru!). Ac yna:

Por escaso margen triunfó el 'Sí'. El Principado de Gales, tercera mayor región de Gran Bretaña, aprobó la creación del Parlamento por una ajustada mayoría del 50,3 por ciento con una differencia de tan sólo 6.621 votos.

Trwy fwyafrif main, mae 'Ie' wedi trechu. Mae Tywysogaeth Cymru, trydydd rhanbarth mwyaf Prydain Fawr, wedi cymeradwyo creu Senedd gyda mwyafrif tynn o 50.3 y cant gyda gwahaniaeth o ddim ond 6,621 pleidlais.

Tynnaf eich sylw at ddau beth yn yr adroddiad. Sef, yn gyntaf, nad oes geiriau Sbaeneg yn bod am na 'datganoli' na 'chynulliad'. Gan hynny maen nhw'n defnyddio *'autonomia'* (ymreolaeth) a *'Parlamento'* (Senedd). Ac yn ail, cyfeirir at Gymru fel 'trydydd rhanbarth mwyaf Prydain Fawr'. Felly, yn ôl yr un diffiniad, nid yw Lloegr ond yn *'rhanbarth* mwyaf Prydain Fawr'!

A dyma ôl-nodiad, megis: y bore trannoeth, roeddwn yn teithio trwy bentref Llithfaen ar odre'r Eifl. Yno, newydd ei osod mewn cae, yr oedd andros o arwydd mawr, â'i baent yn dal yn wlyb. Meddai, mewn llythrennau breision: 'DIOLCH I BAWB A FOTIODD IA'. Wrth lwc, roedd gennyf gamera wrth law. Tynnais ei lun yn syth bin ar gyfer *Llanw Llŷn*. Credaf ei fod yn werth ei atgynhyrchu yma hefyd. Roedd ewfforia Ifan Jones Parry, Cilia, yn werth ei roi ar gof a chadw.

Eisteddfod Môn

Pan ddychwelodd y Brifwyl i Fôn ym 1999 penderfynodd Gwenan a minnau y carem gyflwyno gwobr lenyddol. Er cof am fy holl deulu a fu'n byw ar yr Ynys gynt ac a gladdwyd yn ei phridd. Yn naturiol ddigon, o ystyried fy hanes, ein dewis cyntaf oedd y Fedal Ryddiaith ond roedd honno 'wedi mynd'. Ymddengys bod rhaid cystadlu i gael cyflwyno gwobrau yn yr Eisteddfod Genedlaethol! Felly, Gwobr Goffa Daniel Owen fu ein dewis. Am nofel heb ei chyhoeddi y dyfernir y wobr hon yn ddieithriad. Yn swyddogol, roedd y wobr *'er cof am deulu Tŷ'r Ysgol, Y Gaerwen; Tŷ'r Ysgol, Tynygongl; a Llyndŵr, Amlwch'*. Fel y soniais, bu i'r tri chyfeiriad eu lle yn hanes fy mywyd bore oes.

Traddodwyd y feirniadaeth gan Manon Rhys ar ei rhan ei hun a'i dau gydfeirniad, John Owen ac Aled Islwyn. Roeddynt yn gytûn mai 'Methu Maddau', gan *Pry Cop* oedd piau'r wobr. Galwyd ar *Pry Cop* i sefyll. Er syfrdan a boddhad i ni'n dau, merch o Nefyn oedd yr enillydd, sef Ann Pierce Jones, sydd â'i chartref yn Botacho Wyn, cwta filltir o Dwyryd, a ninnau'n ei hadnabod hi a'i theulu yn dda.

Arglwyddi

Ym 1999 bu cynnwrf yn y Blaid ynghylch Cynnig a oedd i'w roi gerbron y Gynhadledd Flynyddol, i ganiatáu i Bleidwyr dderbyn eu henwebu i Dŷ'r Arglwyddi. Mae'n wir y dyrchafwyd Dafydd Elis-Thomas yn Arglwydd yn fuan wedi iddo roi'r gorau i fod yn AS Meirionnydd Nant Conwy ym 1992. Nid gyda bendith Plaid Cymru y digwyddodd hynny. Gwn fod llaweroedd yn flin iawn ynghylch ei benderfyniad i ysgwyddo'r blew carlwm. Ond o wybod pa fath rebel idiosyncratig oedd Dafydd Êl, doedd neb yn synnu rhyw lawer. (Ni welodd yn dda i roi 'Arglwydd' ar ei bapur etholiad pan safodd i'w ailethol i'r Cynulliad yn 2007. Ar y llaw arall, bu'r papur yn ymffrostio cyhyd y bu'n Aelod Seneddol dros Feirionnydd Nant Conwy.) Yr wyf wedi sylwi, hefyd, nad yw Dafydd Êl yn aelod yng Ngorsedd y Beirdd, serch y buasai ei raddau prifysgol disglair yn y Gymraeg wedi rhoi rhwydd-fynediad iddo.

Erbyn 1999, serch fy mod i'n aelod o'r Blaid, doeddwn i ddim yn weithgar iawn. Ond penderfynais y byddwn yn cychwyn ymgyrch i drechu'r Cynnig hwn i ddyrchafu Pleidwyr yn Arglwyddi. Ystyriwn y cynnig yn un gorffwyll ac yn groes i holl draddodiadau'r mudiad cenedlaethol. Felly, dyma fynd ati i lunio deiseb, i'w harwyddo gan gant o Aelodau'r Blaid. Cafwyd croestoriad o'r aelodaeth, hen ac ifanc, dynion a merched, Cymraeg a di-Gymraeg, o bob rhan o Gymru ac o bob math o alwedigaeth.

Cafwyd ymateb eiddgar gan rai, megis y Barnwr Dewi Watkin Powell a'r Doctor Eirwen Gwynn. Ond nid pawb. Gwrthododd un gŵr, y byddwn wedi disgwyl yn bendant iddo arwyddo ag arddeliad, tan ddweud, 'Yr ydw i wedi gwneud llawer dros y Blaid ar hyd y blynyddoedd; efallai y bydd fy enw i yn dod gerbron i'm dyrchafu'n Arglwydd.' Dywedodd hynny mewn sobrwydd. Mae'n anodd i'w gredu ond fe ddigwyddodd. Fe synnech pe bawn i'n datgelu'r enw – mae'n ŵr adnabyddus – ond cadwaf ei gyfrinach.

Er na fûm mewn Cynhadledd ers blynyddoedd, euthum draw i Landudno ym 1999. Cefais dragwyddol heol gan y Cadeirydd, Marc Phillips, i draethu yn erbyn y Cynnig. Nid oedd Arglwydd Elis-Thomas yn bresennol. Wrth annerch, cefais ychwanegu gair am fy agwedd tuag at y Goron yn ogystal. Cafwyd cymeradwyaeth a chwerthin pan ddyfynnais gwpled Dafydd Dafis, Castell Hywel:

> Ble'r aeth parch y monarch mawr?
> Darfu mewn amarch dirfawr.

Trechwyd y Cynnig â mwyafrif llethol, o tua pum cant yn erbyn deuddeg. Roedd y Blaid wedi datgan ei barn yn hollol bendant ac roeddwn innau'n ŵr dedwydd.

Y dyddiau hyn, mae sôn am sawl cynllun i ddiwygio Tŷ'r Arglwyddi. Mae'n amlwg na fydd modd plesio pawb. Eithr bydd angen dôs gref o ddemocrateiddio, a dileu teitlau anrhydedd, cyn y

medraf fyw gyda'r syniad o greu Cymry da yn rhan o'r
bendefigaeth.

Pennod 12

DWY FIL A MWY
(2000-   )

Ticio dros Gymru

Fel ym mhob degawd newydd, un o orchwylion cyntaf y ganrif hon oedd cyfrif pennau. Gwneir hyn mewn Cyfrifiad Swyddogol, ac mae'n rhaid i bawb ddodi tic yn y blychau priodol. Bu amser pryd y gofynnid i ni'r Cymry a oeddem yn medru Saesneg ai peidio. Fy ateb, bob amser oedd *na fedrwn*, a hynny am ddau reswm. Yn gyntaf, pwy ydw i i ymffrostio yn fy ngwybodaeth o'r iaith fain? Onid 'canmoled arall dydi' y dylai fod? Ac yn ail, nid yw'n ddim o fusnes Llywodraeth Llundain a fedraf siarad Saesneg ai peidio; ei dyletswydd hi yw cyflenwi pob gwasanaeth drwy'r Gymraeg.

Ond yn 2001 doedd dim cwestiwn ynghylch ein gwybodaeth o'r Saesneg – roedd y Llywodraeth yn credu fod pawb yn medru honno, bellach. Yn lle hynny, gofynnwyd i ni nodi ein cenedligrwydd trwy ddewis rhwng 'Prydeinig', 'Gwyddelig', neu 'unrhyw gefndir gwyn arall'. Cynddeiriogwyd llaweroedd gan y dewis hwn. Gwrthododd rhai lenwi'r ffurflen. Rhoddodd eraill eu ffurflenni mewn 'arch' a aeth o gwmpas Cymru, ac a gladdwyd mewn man anhysbys. Llanwodd eraill, wedyn, ffurflen a ddyfeisiwyd gan Blaid Cymru, a ychwanegai'r dewis 'Cymreig'. Trefnodd y *Western Mail* ddeiseb trwy ddalennau'r papur. Bu Cyfeillion Llŷn yn casglu enwau ar y ddeiseb honno. Cawsom dros fil o lofnodion mewn pedwar diwrnod – digon i'n rhoi ar ben rhestr casglwyr yr WM. Ticio 'Cymreig' ar ffurflen 'wneud' y Blaid a wnaeth Gwenan a minnau.

Ar y ffurflen ei hun, ymddangosai'r geiriau hyn:

> Mae llenwi'r ffurflen Gyfrifiad yn orfodol dan y Ddeddf Cyfrifiadau 1920. Os gwrthodwch gydymffurfio, neu os rhowch wybodaeth anwir, gellir eich dirwyo.

Ni chafodd neb mo'i erlyn; ni chafodd neb mo'i ddirwyo. Yn lle hynny, cawsom 'addewidion' am bethau gwell i ddod erbyn y Cyfrifiad nesaf yn 2011. Cawn weld.

Un cwestiwn fydd yn fy nghorddi mewn holiaduron yw hwnnw ynghylch fy 'lliw'. Ni welaf unrhyw reswm dros dderbyn fy mod yn wyn na du, yn Garibïaidd na Tsieineaidd. Gan hynny byddaf bob amser yn llenwi'r blwch 'Arall', trwy ddweud y gwir llythrennol, sef 'pinc yn y gaeaf: pincach yn yr haf.'

Cymunedu

Bnawn Sadwrn, 7 Gorffennaf 2001, roedd Neuadd Mynytho yn orlawn. Pobl Llŷn a thu hwnt – rhai o gyn belled â Chaerdydd ac ambell un o'r tu hwnt i'r ffin – wedi dod yno i lawnsio mudiad newydd o'r enw Cymuned. Yr oeddwn innau yno. Ni fu cyfarfod tebyg yn ystod y blynyddoedd diwethaf: yn sicr dim un yn ystod y ganrif hon. Os caf ddefnyddio ansoddair hen ffasiwn, roedd yn gyfarfod 'gwlithog'. Anerchwyd gan wŷr ifanc a lled-ifanc, megis Seimon Glyn (ie, y Seimon hwnnw a ddaeth i'm gweld yn esgidiau ei dad ugain mlynedd ynghynt) ac Aran Jones, un o ddysgwyr yr iaith. Soniodd rhai amdano wedyn ei fod 'bron fel cyfarfod Diwygiad'. Yr oeddem ni, aelodau Cyfeillion Llŷn, yn falch iawn o weld ei sefydlu. Safai dros yn union yr un gwerthoedd ar lefel genedlaethol â'n polisïau ninnau ar lefel Llŷn. Ymunais â Chymuned y pnawn hwnnw: rwy'n dal yn aelod. Droeon yn ystod y blynyddoedd diwethaf bu'r Cyfeillion yn gweithredu ar y cyd â Chymuned.

Ar wahân i'w cyfarfod sefydlu, hoffwn sôn am un cyfarfod arall o Cymuned y bûm ynddo, sef eu Cynhadledd Flynyddol yn Ebrill 2007 ym Mhenrhyndeudraeth. Y prif siaradwr oedd neb llai na'r Prif Gwnstabl Richard Brunstrom, a oedd yno yn 'swyddogol', yn ei lifrai. Siaradodd am tua hanner awr yn Gymraeg, ei ail iaith, a dyfynnodd o 'Hon', gan T H Parry-Williams, a *Buchedd Garmon* Saunders Lewis. Galwodd am i'r Gymraeg gael statws 'normal' yn y gymdeithas a phwysleisiodd y pwysigrwydd i bob uwch-swyddog cyhoeddus yng Nghymru ei dysgu, heb sôn am y rhai sy'n dewis dod yma i fyw. Cafodd gymeradwyaeth fyddarol a chododd y gynulleidfa ar eu traed. Doeddwn i erioed wedi dychmygu y gwelwn i byth mo'r fath beth. Dywedodd amryw a oedd yno na fyddant byth yn anghofio'r wefr a grëodd ei araith: na minnau chwaith. Roedd 'Prif Gopyn' wedi mwy na chyfiawnhau ein penderfyniad i'w urddo i'r Wisg Wen yn Abertawe yn 2006.

Y pabi gwyn

Bu Nhad yn y Rhyfel Mawr, lle collodd lawer o'i gydnabod. Ar un adeg, tua dechrau'r Chwe Degau, arferwn fynd gydag ef i Eglwys Nefyn ar Sul y Cadoediad. Nhad fyddai'n darllen y llith Cymraeg: pan wanychodd ei iechyd, gwahoddwyd fi i'w ddarllen yn ei le. Ond un Sul Cadoediad, wrth wrando'r bregeth, cythruddwyd fi pan gyhoeddodd y Ficer (a oedd hefyd yn Gaplan i'r Lleng Brydeinig) mai 'da o beth oedd fod y ddau Ryfel Byd wedi digwydd er mwyn i'r dynion ifanc gael y cyfle i brofi eu bod yn genhedlaeth mor ddewr.' Yn dilyn y gwasanaeth, euthum i weld y Ficer er mwyn protestio ynghylch yr hyn a ddywedodd ond nid oedd hyd yn oed yn cofio ynganu'r fath eirian Nid oeddynt yn ei nodiadau, meddai. Bu ond y dim i mi fynd at yr Esgob i gwyno. Yn lle hynny, penderfynais na fyddwn byth wedyn yn mynychu gwasanaeth Cadoediad.

Un tro, a ninnau ym Melbourne, Awstralia, ar Ddydd Anzac (25 Ebrill), buom yn gwylio seremonïau'r Cadoediad ar y teledu. Er mawr syndod i ni, yr oedd yno gynrychiolwyr o Dwrci, Siapan a'r Almaen – hen elynion, neu'n hytrach cyn-elynion. Ni chlywais erioed achlust am ddod â neb ond o'r 'Ymerodraeth' i Whitehall ar 11 Tachwedd: dim hyd yn oed yr Americanwyr, y Ffrancwyr na'r Rwsiaid a fu'n gynghreiriaid â Phrydain yn yr Ail Ryfel Byd. Deuthum i'r casgliad mai gorchest brenhinol a Phrydeinllyd, yn hytrach na choffáu'r meirwon a cheisio heddwch, yw gwir bwrpas y sbloet. Un ymadrodd sy'n merwino fy nghlust yw 'rhoddasant eu

191

bywydau'. Rheitiach fyddai bod yn eirwir, a dweud 'rhwygwyd eu bywydau oddi arnynt'.

Am hynny, ers tua dechrau'r ganrif, byddaf yn gwisgo'r pabi gwyn yn lle'r pabi coch. Maent i'w cael – â'r gair 'HEDD', yn Gymraeg, ar y botwm canol – gan y *PPU* (*Peace Pledge Union*) yn Llundain ond mae'r siop lyfrau Cymraeg, Llên Llŷn, Pwllheli, hefyd yn eu gwerthu. Bydd amryw yn gofyn pam rwy'n gwisgo'r gwyn ac nid y coch, a phan ddywedaf wrthynt, bydd rhai yn deall ac weithiau yn mofyn pabi gwyn eu hunain. Ni synnwch glywed mai'r rhai sydd fwyaf gwrthwynebus yw aelodau mwyaf jingoistaidd y Lleng Brydeinig nad ydynt am i neb gofio rhyfeloedd ond â baneri a gorymdeithiau seindyrf milwrol. Yn lle ceisio dod â'r brwydro parhaol i ben, y cyfan a wnânt yw ychwanegu mwy a mwy o enwau lladdedigion ar y meini oer. Hyd yn oed heddiw, pan nad oes ystyr – os bu erioed ystyr – i'r ymadrodd gwag 'Dros Frenhines a Gwlad', mae'r llanciau'n dal i farw dros gelwyddau Blair a Bush.

Dywedir mai ystyr y pabi gwyn yw: 'Ymladdwch Ryfel ei hun, nid rhyfeloedd!' Os felly, rwy'n methu deall pam mae rhai pobl mor sarrug a gelyniaethus eu hagwedd tuag atom, ac yn anfoddol i ni ei wisgo. Nid gan y Llengfilwyr Prydeinig y mae'r monopoli ar Gofio, does bosib? Medraf gofio fy nghefnder-yng-nghyfraith Laurie Cryderman heb na baner na seindorf na gorymdaith.

Pan oeddwn yn arfer sgrifennu i'r *Daily Post* lluniais un o'm herthyglau yn egluro pam y gwisgwn y pabi gwyn yn hytrach na'r pabi coch. Ymddangosodd ar y 6ed o Dachwedd. Y *Post*, ac nid fi, fyddai'n llunio'r penawdau, a'r un a ddewiswyd, i'w argraffu mewn llythrennau breision, coch ar y dudalen flaen, oedd *'WHY I COULD NEVER WEAR A POPPY, by Robyn Lewis – Page 6'*. Cododd nyth cacwn. Bu llithoedd mileinig yn y wasg a daeth nifer o lythyrau personol, blagardiol i mi. Rhai yn ddienw, wrth gwrs. Cefais ugeiniau – os nad cannoedd – o lythyrau dienw yn f'amser: aeth pob un i'r tân. Ond cefais hefyd fy siomi o'r ochr orau gan y gefnogaeth sylweddol a fynegwyd i'm safbwynt innau.

Arian Wimbledon

Tua throad y ganrif, galwodd gŵr barfog acw, a gofyn ai fi oeddwn i. Gŵr prin ei Gymraeg ar y pryd, ond roedd yn gwybod fy hanes i gyd. Erbyn gweld, ei enw oedd John Lloyd, ŵyr i'r diweddar Gapten John Lloyd, Cynlas, tŷ sydd union gyferbyn ag Uwch-y-Don. Arferai ddod i Nefyn ar ei wyliau pan oedd yn fân iawn. Dyna sut yr oeddem yn cofio'n gilydd. Yr oedd John wedi dod i chwilio am ei deulu a'i wreiddiau, a daeth o hyd iddynt. Mae'n byw yn Wimbledon, nid nepell o'r cyrtiau tennis byd-enwog.

Pan fydd y gornestau tennis yn eu hanterth bydd John yn troi ceiniog daclus trwy godi ar gefnogwyr y gêm am barcio yn ei ddreif. Ers amser, mae'n defnyddio'r arian parcio i anfon cyfraniad eithaf teidi bob blwyddyn i Gyfeillion Llŷn. Mae 'arian Wimbledon' yn swnio'n gyfraniad rhyfedd ac annisgwyl iawn tuag at wireddu amcanion y Cyfeillion, ond mae'n dderbyniol dros ben, ac mae'n diolch yn fawr iddo.

Mae John hefyd yn derbyn *Llanw Llŷn* drwy'r post, a thros y pedair neu bum mlynedd diwethaf, mae wedi gloywi ei Gymraeg yn arw. Wrth ei alwedigaeth, bu'n gyfieithydd Almaeneg, Ffrangeg a Rwseg yn y Cenhedloedd Unedig – a medr nifer o ieithoedd eraill. Dywedodd wrthyf unwaith mai'r dasg gyfieithu feithaf a mwyaf anodd a gafodd erioed – â chyd-gyfieithydd yn absennol – ydoedd gorfod cyfieithu araith awr a mwy gan Mícháil Gorbatsioff yng Ngenefa, i raglen deledu *ABC* o'r Unol Daleithiau. Ni fu ailddysgu'r Gymraeg yn dasg anodd iddo gan ei fod eisoes yn meddu ar grap bore oes. Ers i mi ei gyfarfod gyntaf, byddaf wastad yn gohebu â John yn Gymraeg yn unig – ar ei gais ef.

Colli Gruffudd

Ar ddechrau 2002 bu farw Gruffudd Parry, 'deon llenorion Llŷn', ys galwodd Saunders Lewis ef un tro. Ar un adeg, medrid dweud y digwyddai'r trigair 'Sgript: Gruffudd Parry' yn amlach mewn llyfr a llais yn llên Cymru na 'sgript' gan neb arall. O ddyddiau hen Noson Lawen y '40au ymlaen, Gruffudd fyddai'n sgriptio monologau doniol y 'Co' Bach'. At hynny, roedd ei glasur *Crwydro Llŷn ac Eifionydd* wedi parhau'n glasur am hanner canrif. Gydol y blynyddoedd y bu'n llenydda, medrech fod yn siŵr y byddai pob morthwyliad gan y crefftwr geiriau hwn yn taro pob hoelen ar ei phen yn ddi-feth. Mae'r cyfnod hir y bu'n gynhyrchiol yn dechrau cyn yr Ail Ryfel Byd ac yn gorffen ar ddechrau'r ganrif bresennol.

Serch fy adnabyddiaeth hir ohono, roedd yn ŵr mor ddiymhongar fel na wyddwn ei fod wedi dod yn ail am Goron Ystradgynlais ym 1954 nes gwelais hynny mewn teyrnged iddo gan Emyr Pritchard. Ei waith olaf fu drama gerdd *Dot. Com.*, a befformiwyd yn Neuadd Dwyfor, Pwllheli, ychydig wythnosau cyn ei farw. Gwelais lawer mwy arno yn ei ddegawd olaf, pan oedd yn Llywydd Cyfeillion Llŷn. Yn ystod blynyddoedd y machlud, arferwn alw'n achlysurol ym Mhencraig Fawr, lle caem seiadau hyfryd. Gofynnais iddo unwaith pam yr oedd wedi dewis graddio mewn Saesneg, ac nid Cymraeg, ym Mhrifysgol Bangor. Synnwyd fi gan ei ateb: 'Am fod fy mrawd mawr, Thomas, yn ddarlithydd yn yr Adran Gymraeg.' O feddwl dros ei ateb, wedyn, efallai na ddylai fod yn gymaint syndod wedi'r cyfan.

Archdderwydda

Gan mai hunangofiant yw hwn, ni synnwch pan ddywedaf mai prif garreg filltir y degawd, i mi, oedd cael fy ethol yn Archdderwydd Cymru. Sgrifennais eisoes am hynny, felly ni soniaf ond am rai agweddau a digwyddiadau nas crybwyllais o'r blaen. Roedd Nhad, o'r dechrau cychwyn, yn ddigon craff i weld fy mod i'n giamstar ar wisgo i fyny. Mae fy llythyr, yn chwech oed, at Siôn Corn yn gofyn am 'posman set a plysman set a red indian set' yn brawf o hynny.

At y rheini, gwisgais yn f'amser, siwt llongwr, cowboi a thocynnwr bws, lifrai'r Urdd a'r Sgowtiaid, heb sôn am gôt streips coch-a-gwyrdd myfyrwyr Aberystwyth. Sylw Nhad ar yr holl wisgoedd hyn oedd: 'Iwnifform arall!' – yn ddigon caredig, ond â mymryn o goegni hefyd. Medraf ddychmygu ei glywed yn dweud yr un peth amdanaf pan ymwisgais yn dderwydd, yn ddirprwy-farnwr ac yn ddoethur. Pa faint yn uwch, tybed, y byddai wedi gweiddi o'm gweld yng Ngwisg yr Archdderwydd? Ond, ar yr un pryd, rwy'n drist o feddwl na chafodd Nhad, na Mam chwaith, fyw i weld hynny.

Ar ôl iddo fy ngwylio'n Archdderwydda unwaith neu ddwy, clywais Dylan Iorwerth yn dweud amdanaf, ar raglen deledu: 'Mi fedra i ddychmygu Robyn Léwis, pan oedd o'n hogyn bach, yn dweud mai'r hyn oedd o isio, ar ôl tyfu i fyny, oedd cael bod yn

Archdderwydd.' Medrwn glywed eco o Nhad yn ei eiriau: roedd Dylan wedi rhoi ei fys ar fy man gwan.

*   *   *   *

Pan orseddir Archdderwydd newydd, yr arfer oedd i ddau Brifardd neu Brif Lenor 'hebrwng' y darpar-Archdderwydd digoron yn yr orymdaith at Borth Cylch yr Orsedd. Yn wahanol i'r arfer yma, dewisais Jennifer Evans (Awel Dulais), Gorseinon, a Stanley Jones (Stan o'r Mynydd), Nefyn. Roedd gennyf gysylltiad â'r ddau ohonynt, er eu bod yn hollol wahanol i'w gilydd. Mae Awel Dulais yn gantores o'r De, wedi ei hurddo i'r Wisg Werdd trwy anrhydedd yr un diwrnod â mi ym 1974. I'r gwrthwyneb, mae Stan o'r Mynydd yn Ogleddwr, wedi ei dderbyn i Urdd Bardd Ofydd trwy arholiad, a thrwy arholiad pellach i'r Wisg Las. Daeth Stan a minnau i adnabod ein gilydd pan weithiai ef yn yrrwr, a minnau'n docynnwr, ar fysiau'r *Crosville* 'slawer dydd.

*   *   *   *

Tyddewi, 2002, oedd fy Eisteddfod gyntaf yn Archdderwydd. Ymhlith nifer o weithgareddau, cefais wahoddiad i De Swyddogol Cymdeithas Cymru a'r Byd. Rhoddwyd fi i eistedd ar bwys y Parchedig Ddoctor I D E Thomas, y Gweriniaethwr o Amerigo-Gymro, y byddwn yn ei glywed yn darlledu yn lled aml. Digwyddodd ein sgwrs gyrraedd George W Bush, nad oedd wedi bod yn y Tŷ Gwyn yn hir iawn (ni ddigwyddodd 9/11 tan y mis wedyn, Medi 2002). Gofynnodd y Dr Thomas fy marn amdano. Gofynnais innau pryd yr oedden nhw'n mynd i gael gwared â'r *lunatic* yr oeddynt newydd ei ethol i'r Tŷ Gwyn. Gwylltiodd y Doctor a'm hysbysu'n gwta fod Bush yn ŵr mawr iawn a'i fod 'wedi uno'r genedl'. Ymatebais trwy grybwyll fod Hitler wedi 'uno'r genedl' yn yr Almaen hefyd. Ni fu fawr ddim Cymraeg rhwng y Doctor da a minnau wedyn.

Yn fy seremoni gyntaf yn yr Eisteddfod honno hefyd, sef y Coroni ar y dydd Llun, roedd Alwyn Humphreys yn sylwebu i S4C wrth i'r Orsedd orymdeithio i'r Pafiliwn. Pan anelodd y camerâu tuag ataf, meddai (a medraf gadarnhau hyn am fy mod i wedi gwylio'r tâp wedyn): 'A rŵan dyma'r Archdderwydd newydd,

Robyn Llŷn, y cyntaf i fod yn Brif Lenor, a'r cyntaf i gael ei orseddu yn yr Unfed Ganrif ar *Bymtheg*.' Siawns na wyddai Alwyn pa ganrif oedd hi: llithriad Ffreudaidd, ys gwn i?

Yng Nghylch yr Orsedd ar y bore Gwener ym Meifod, 2003, cefais ddyletswydd trist. Un o'r rhai oedd wedi cael cynnig Gwisg Wen, ac wedi ei derbyn, oedd yr Athro Dr Phil Williams. Roeddwn wedi edmygu Phil ers blynyddoedd. I'm tyb i, ef oedd y praffaf a mwyaf disglair oll o wleidyddion Plaid Cymru yn fy nghyfnod i, gan gynnwys, ar un olwg, Saunders Lewis, Gwynfor Evans a Dafydd Wigley. Bu farw'n ddisymwth, ac roeddwn newydd fod draw yn Aberystwyth yn ei angladd. Roedd yn drueni na lwyddodd i gael ei ethol i San Steffan mewn ymgyrchoedd yn erbyn rhai llawer llai galluog nag ef ei hun.

Mewn amgylchiadau o'r fath, yr arfer yw i ni ddodi llinell ddu o gwmpas yr enw yn Rhaglen yr Eisteddfod (weithiau bydd y farwolaeth yn rhy agos at yr Eisteddfod i ni fedru gwneud hynny, ond yn achos Phil, cael a chael fu hi). Yna, ar ôl gair gan yr Archdderwydd, byddir yn cyfrif y sawl a fu farw yn aelod cyflawn o'r Orsedd, a bydd cofnod i'r perwyl. Digwyddodd yr un peth yn dilyn marwolaeth annhymig Ryan Davies cyn Prifwyl Wrecsam ym 1977. Gorchwyl anodd ydoedd talu teyrnged i Phil, a minnau yn ei adnabod cystal. Yn enwedig o orfod ei gywasgu i ryw ddau funud pan oedd cymaint am y polymath hwn o wleidydd yn haeddu ei ddweud.

*　　*　　*　　*

Mae pawb wedi gweld y dirprwyon Celtaidd yn annerch yr Eisteddfod, yn union cyn y Coroni ar y dydd Llun. Byddwn ninnau, yn ein tro, yn ymweld â'r gwledydd Celtaidd. Ar un olwg, mae'n drist gweld mor lleiafrifol yw'r ieithoedd hynny yn eu gwledydd eu hunain. Hyd yn oed yn Iwerddon, y Weriniaeth lewyrchus, annibynnol a hunanhyderus a ddatblygodd yn y blynyddoedd diwethaf. Yn wir, i'r Celtiaid eraill, Eisteddfod y Cymry yw'r 'brawd mawr, pwerus'. Cynhelir ein Prifwyl ni ar raddfa sy'n peri dychryn i'r Celtiaid gwadd: mae hi'n anferth, o'i chymharu â'u gwyliau hwy.

Er y disgwylir iddo ymweld â phob un o'r gwledydd Celtaidd

eraill yn ystod ei dymor, ni chyfyngir y teithiau hyn i'r Archdderwydd. Ymwelais â phob un ac eithrio'r Alban, lle bu rhaid i mi dynnu'n ôl ar y foment olaf. Yr arfer yw i ddau gynrychiolydd o'r Orsedd fynd. Caiff y 'prif' gynrychiolydd ddewis ei gydymaith ei hun. Ar gyfer Ynys Manaw dewisais Gwyn Bangor (BBC gynt) gan ei fod yn dra chyfarwydd â'r Ynys, a hefyd yn gyfaill clós â'r diweddar Gwyn Price, Cymro Cymraeg o Stiniog, un o hoelion wyth *Yn Chruinnaght*, yr ŵyl Fanaweg.

Ar gyfer taith Llydaw, gofynnais i Madge Huws – bellach Prif Ddistain yr Orsedd – a'i gŵr, Gwilym. A minnau'n gorfod mynd â'r wisg archdderwyddol, gymhleth a throm, i'm canlyn, bu Madge yn hynod garedig yn gweithredu'n Feistres y Gwisgoedd am y tro. Cafodd Gwilym y fraint o gario ymbarél yr Archdderwydd, a'i benodi'n dynnwr lluniau. Dylwn bwysleisio nad gwamalu yr wyf ynghylch yr ymbarél. Lle bo cawodydd glaw dan sylw, mae'r Orsedd wastad wedi gweithredu ar y dybiaeth fod gwisg yr Archdderwydd yn llawer pwysicach na'i groen. Yn fwy o lawer na'r ddefod, yr hyn a saif yn y cof yw eu bod wedi rhostio mochyn cyfan ar gyfer ein cinio wedi'r seremoni. Serch mai canol Gorffennaf oedd hi, daliais annwyd trwm a chollais fy llais. Cael a chael fu i mi ei gael yn ôl erbyn yr Eisteddfod.

I fynd i Iwerddon, gwahoddais Huw Rheinallt (Huw Roberts). Wrth i ni groesi yn y *Jonathan Swift*, cawsom sgytwad brawychus pan drawodd y llong yn erbyn morfil – ym Môr Iwerddon o bobman! Roedd bron fel taro wal frics: gofynnodd grŵp o bedwar Americanwr mewn braw, *'What was that?'* Atebodd rhywun, *'Osama bin Laden.'* Diflannodd yr Americanwyr o dan y bwrdd. Ond erbyn gweld, morfil ydoedd. Roedd y llong wedi lladd y bwystfil ond roedd darnau o'r corff wedi eu sugno i grombil y peiriannau nes eu tagu'n gorcyn. Bu'r *Jonathan Swift* mewn doc sych am ddeng niwrnod yn cael unioni'r difrod.

Dathlodd Gorsedd Cernyw ei thri chwarter canmlwyddiant yn 2003. Sefydlwyd hi gan yr Archdderwydd Pedrog ym 1927. Bu'r tywydd yn garedig ar gyfer pob cynulliad, ac eithrio un, o'r cyntaf hyd heddiw – y Brenin Arthur sy'n cael y clod am hynny. I gynorthwyo Dathliad 2003, cefais wahoddiad i arwain mintai o tua hanner cant o Orseddogion Cymru, heb sôn am gyfeillion a theuluoedd, i Lanson (*Launceston*). Bu'n Orsedd i'w chofio, serch bod y daith fws mor hir.

Yng nghanol Mehefin 2005, fy ngorchwyl olaf oll tra oeddwn yn Archdderwydd ydoedd mynd i Lundain i draddodi darlith: 'Gwrhydri Iolo: (Trem ar Hanes Gorsedd y Beirdd)'. Hon oedd darlith Gymraeg Flynyddol Anrhydeddus Gymdeithas y Cymmrodorion. Cadeiriwyd hi gan fy hen gyfaill, Elfyn Llwyd, AS, a'm cyflwynodd trwy weithredu un o egwyddorion sylfaenol y Gyfraith, a dweud 'y gwir, yr holl wir, a'r gwir yn unig' amdanaf. Efallai y byddai llai o wirionedd a mwy o drugaredd wedi gweddu'n well. Ddechrau Gorffennaf, gorseddais fy olynydd, y Prifardd Selwyn Griffith (Selwyn Iolen), yn Archdderwydd yn fy lle a deuthum innau'n gyn-Archdderwydd.

*   *   *   *

A minnau wedi llunio darlith ar gyfer y Cymmrodorion, euthum ati i'w throi yn llyfr. Erbyn Cyhoeddi Eisteddfod yr Wyddgrug yng Ngorffennaf 2006, roedd wedi ymddangos o'r wasg, dan y teitl *A Fu Heddwch?* Ynddi, ceisiais fwrw cip ysgafn ar Orsedd y Beirdd a'r Eisteddfod, trwy gychwyn gyda'r 'athrylith boncyrs' hwnnw, Iolo Morganwg. Ac yna gwau fy ffordd yn igam-ogam trwy ddethol a dewis 'y synhwyrol, y dagreuol, y doniol a'r absẃrd' (braidd fel y dewisais sgrifennu'r hunangofiant hwn).

Yn ystod fy nhymor yn Archdderwydd derbyniais nifer o lythyrau 'gwneud' o fannau megis Cwlen yn yr Almaen, Rhufain, Catalunya a hyd yn oed Taiwan, i gyd yn fy ngwahodd 'draw' i sefydlu gorseddau newydd. Ni wn eto, i sicrwydd, gwaith pwy oeddynt. Bûm yn drwgdybio nifer, o Eirug Wyn i Twm Morys. Roeddent wedi eu llunio mor gywrain, ac yn llenyddiaeth frathog, llawn-hiwmor a oedd gymaint at fy nant, nes i mi eu cynnwys yn fy llyfr. I'm tyb i, yr oedden nhw'n haeddu gweld golau dydd mewn print.

Yn sgîl eu cyhoeddi, derbyniais gawodydd o gardiau a llythyrau pellach, o bob rhan o'r byd (pob un wedi ei stampio'n briodol a'i bostio yn y wlad yr honnai ddod ohoni). Gan bobl megis *Brochwel Santiago; Curig Xanung Prydderch; Gianfranco Botticelli ap Caradog Gwynedd; Robyn Ddiog, brawd-Robyn-sy'n-swil; Adolf Shicklgruber o'r*

Bwncer, Berlin; Hwfa Môn; Siôn Korn; Oel Morus Ifans; Eginfardd o
Eifionydd; de Gaulle (lle gorwedd llwch holl saint yr oesau); Brenin Enlli;
Syr Iolo Morganwg; Prescott y Prydydd; Chang Kai ond heb y Shek;
Lewsyn yr Heliwr; George Washington Bush; Jim Cro Crystyn; Twm Siôn
Cati; Sam Tân, a'r Doctor Coch. A ydw i fawr callach? Beth
feddyliwch chi?

'Hurtrwydd ysbrydoledig'
Mae'n rhaid fod A Fu Heddwch? wedi cael peth llwyddiant, gan i
neb llai na Hywel Teifi, a'i hadolygodd yn Saesneg ar gyfer Cambria,
gloi ei sylwadau â'r ymadrodd Cymraeg hynafaidd: 'Diolwch,
Robyn Léwis.' Mewn man arall yn yr un adolygiad, mae Teifi'n
cyfeirio at fy etholiad yn Archdderwydd. Yn wyneb dull unigryw ei
fynegiant, ni fedraf lai na'i ddyfynnu:

> He finally served his three-year stint from 2002 to 2005, having got
> himself elected after canvassing with all the zeal of a Texas congressman.
> In his Archdruidic rôle he disported himself as became 'The last of the
> Pharaohs', entertained us with flashes of inspired daftness and drove the
> 'National''s officers often to distraction. I treasure the memory of his
> female supporters embracing him on the Maes following his election with
> all the fervour of Temple maidens on a furlough. How he enjoyed his
> elevation!

Cyfeiria Hywel Teifi at 'flashes of inspired daftness' ar fy rhan.
'Fflachiadau o hurtrwydd ysbrydoledig' – a yw'r ymadrodd yna'n
drosiad cywir? Sylw digon teg, a disgrifiad cystal â'r un ohonof, am
wn i. Mae'n wir fy mod wedi ceisio tynnu coes (ynteu hanner ei
thynnu? – dewiswch chi) sawl tro o bryd i'w gilydd. Dyma ambell
enghraifft. Pan ddaeth y Pab Ioan Pawl II i Gymru ym 1982,
awgrymais mai syniad da fyddai ei wahodd i'r Eisteddfod: roedd
ganddo ei Wisg Wen ei hun eisoes, ychwanegais. Bachodd Iorwerth
Roberts o'r Daily Post ar y syniad.

Awgrym arall o'm heiddo oedd symud Côr y Cewri (Stonehenge)
yn ôl i Sir Benfro pan fyddid yn dychwelyd Marmorau Elgin i Wlad
Groeg: llyncodd llaweroedd fy sylwadau o ddifrif, gan gynnwys y
Sulynnau trymion Saesneg. Bu nifer o Saeson candryll yn gohebu'n
ffyrnig a chynddeiriog yn erbyn fy syniadau 'gorffwyll'.

Mae'n ymddangos fy mod hefyd wedi codi nyth cacwn pan leisiais farn ar *Radio Canterbury* wrth iddynt fy holi ynglŷn ag urddo'r Doctor Rowan Williams i'r Orsedd yn 2002. Gan fod Casnewydd newydd ei dyrchafu'n ddinas yr un flwyddyn, awgrymais ym mhob sobrwydd mai'r rheswm am y dyrchafiad oedd y bwriad i symud pencadlys yr Eglwys Anglicanaidd Fydeang o Gaer-gaint i Gasnewydd, a datgysylltu Eglwys Loegr yn sgîl hynny. Bu bron i'r holwr dagu.

Ar achlysur arall, gwrthododd sianelau teledu gorllewin Lloegr hysbysebion dwyieithog yr Eisteddfod Genedlaethol 'am mai'r iaith Saesneg yn unig a ymddangosai ar eu tonfeddi'. Llwyddais i'w perswadio i newid eu meddyliau pan ofynnais pa fath 'Saesneg' oedd yr hysbysebion a ddangosid eisoes: *'Vorsprung durch Technik'* a *'Les Français adorent le Piat d'Or'*.

Ar ôl dwys ystyried disgrifiad gwreiddiol Hywel Teifi, gofynnais i mi fy hun tybed oni fyddai *'HURTRWYDD YSBRYDOLEDIG'* wedi gwneud rheitiach teitl i'r hunangofiant hwn. Ar un gwastad, mae'n debyg y byddai wedi gweddu llawn cystal, os nad gwell, yn nhyb ambell un o'm darllenwyr.

*   *   *   *

I'r rhai ohonoch sydd â diddordeb mewn ystadegau o'r fath, efallai y carech wybod mai fi oedd 27fed Archdderwydd Cymru – neu'r 28fed, o gyfrif Cynan yn ddau. Ugain o'u plith yn weinidogion ac wyth yn lleygwyr. Mae hynna'n hen ddigon, mi gredaf, ynghylch fy nhymor yn Archdderwydd.

'O' am 'Olympaidd'

Mae amcangyfrif cost Gemau Olympaidd Llundain, 2012, yn dal i godi a chodi – naw *biliwn* (ie, *biliwn* efo 'b') yw'r swm diweddaraf. Dyma un hanes ynghylch ein taith efo Sulwyn Thomas i Tallinn, Estonia, yn 2005. Dim ond ym 1991 y cafodd Estonia ei hannibyniaeth, pan aeth yr Undeb Sofietaidd ar chwâl. Mae ewfforia'r Estoniaid yn dal i fyrlymu. 'Wythnos gwas newydd', meddwch: efallai'n wir. Dywedwyd wrthym mai prif nodwedd annibyniaeth yng ngolwg rhai Estoniaid yw cael gorymdeithio, *fel Estoniaid*, tu ôl i faner eu Gwlad yn y Gemau Olympaidd, yn hytrach nag fel talaith, tu ôl i Faner Goch yr UGSS (megis y gorymdeithia athletwyr Cymru tu ôl i'r Jac). Grŵp cymysg o tua 30 o'n llong deithio ni, y *Westerdam*, a wrandawai ar yr eglurhad yma gan ein tywysydd yn Tallinn. Americanwyr oedd y rhan fwyaf o'r grŵp. Adroddodd y tywysydd stori ddoniol, braidd, ond gwir-bob-gair serch hynny.

Pan gynhaliwyd y Gemau Olympaidd ym Moscaw ym 1980 – ac Estonia, ar y pryd, yn rhan o'r Undeb Sofietaidd – cynhaliwyd y seremoni rwysgfawr arferol i'w hagor. Daeth rhedwr yn cario'r ffaglen-dân i mewn i'r stadiwm i gynnau'r Fflam Olympaidd. Y sawl oedd i agor y Gemau, a hynny yng ngolwg camerâu teledu'r holl fyd, oedd Leonid Bresnieff, Arlywydd y Sofiet. Ymddengys iddo fod braidd yn hael gyda'r botel fodca yn y cinio swyddogol a gynhaliwyd yn union cyn yr Agoriad. Hebryngwyd ef, yn simsan braidd, i'r llwyfan i draddodi ei Anerchiad Agoriadol. Gosododd ei sbectol yn ofalus ar ei drwyn. Estynnodd ei ysgrifennydd sgript yr araith iddo. Edrychodd Bresnieff yn feddw-bwyllog arni. Dechreuodd ddarllen: *'O!'*, meddai. Ac yna, *'O! O! O! O!'* Plygodd yr ysgrifennydd ymlaen a sibrydodd yng nghlust yr Arlywydd – sibrydiad a glywyd drwy'r meicroffonau gan bobloedd y byd: 'Syr! Yr ydych newydd ddarllen y Cylchoedd Olympaidd!'

Pan glywsom y stori yna, chwarddodd pawb. Ond, heb gofio ym mha fath gwmni yr oeddwn, ychwanegais innau fy nghynegwerth: 'Mae hi'n swnio'r union fath o stori y medrech chi ei chredu am George W Bush.' Cynddeiriogodd rhai o'r Americanwyr a buont yn eithaf cas am fy mod, yn eu tyb hwy, wedi sarhau eu Harlywydd medrus, duwiol ac athrylithgar. Yn wir, aeth pethau'n reit hyll am sbel: mae'n dda nad oedd neb o'u plith yn cario gwn. Ond roeddynt wedi gwylltio'n gudyll wrthyf am ryfygu dweud y fath bethau cableddus am y Gŵr yn y Tŷ Gwyn. Y gŵr hwnnw, ys dywedodd ef ei hun wrthym beth amser yn ôl, sy'n gymaint o fêts efo Duw.

'Finlandia'

O Tallinn aethom ymlaen i Helsinci, prifddinas y Ffindir. Parodd i mi feddwl am fy nghydefrydydd Islwyn ('Gus') Jones yn llunio Englyn y Dydd. Eisteddfod 1952, mi gredaf, oedd hi, a'r Gemau Olympaidd yn eu hanterth yn Helsinci ar y pryd. Roedd y Cymro, y Cyrnol Harry Llewellyn, newydd ennill y Fedal Aur ar ei geffyl

Foxhunter. Euthum draw yng nghwmni Gus, a gwelais ef yn derbyn teitl yr englyn, *'Helsinci'.* Yr oedd teitl-gosod gwahanol bob bore. Mewn llai na phum munud, roedd ei englyn byrfyfyr yn barod. Seriwyd ef ar fy nghof, nid yn unig oherwydd ei glyfrwch, ond oherwydd chwimder meddwl a hiwmor Gus. A dyma fo – rwy'n dal i'w gofio:

> Dros y drinc, i Helsinci – yr heliodd
> Yr Heliwr a'i Jî-jî.
> Gleidiodd dros ddeg o glwydi
> I ddwyn aur heddiw i ni.

Un o brif atyniadau Helsinci yw Parc Sibelius, a enwyd ar ôl Johan Sibelius (1865-1957), cyfansoddwr enwocaf ei wlad: ef biau'r dôn *Finlandia.* Wrth osod geiriau Lewis Valentine, *'Dros Gymru'n Gwlad ...'* iddi, daeth *Finlandia* bron yn ail anthem genedlaethol i Gymru, ar ôl *Hen Wlad fy Nhadau.* Arferwn sythu 'nghefn wrth glywed *Rhyfelgyrch Gwŷr Harlech* ond mae seindorf y Gwarchodlu Cymreig wedi'i gor-Brydeineiddio i mi wrth iddynt ei chwarae hyd syrffed. Po fwyaf y clywaf *Finlandia,* mwyaf yn y byd yr hoffaf hi: mae'n alaw gofiadwy a bachog.

Rhyw ddwy neu dair blynedd yn ôl, digwyddwn wylio *Songs of Praise,* ag Aled Jones yn cyflwyno. Un o'r emynau a ganwyd oedd trosiad Saesneg o *Dros Gymru'n Gwlad* ar y dôn *Finlandia.* Gan fod geiriau pennill cyntaf Valentine ar fy nghof, gwyddwn ar unwaith mai trosiad llythrennol bron oedd y geiriau Saesneg. Soniwyd yn llaes am Sibelius, wrth gwrs: ni fu unrhyw sôn am Valentine, nac am y ffaith eu bod yn drosiad o'r Gymraeg. Ac i roi halen ar y briw, roedd y geiriau *'Dros Gymru'n gwlad'* wedi'u trosi yn *'For this our land'.* Tynnwyd allan bob sôn am Gymru. Gwnaeth y BBC gam â ni, trwy anwybyddu Lewis Valentine. Dinistriwyd holl bwrpas a chalon ei emyn, a oedd wedi ei gyflwyno, yn Gymraeg, i *'Gymru'n gwlad'.* Wrth hepgor Cymru roedd y BBC Philistaidd wedi hepgor popeth.

Sillaf neu ddwy

Cefais ymweliad annisgwyl gan yr Athro Anne Beer, o Brifysgol Québec, yn ystod haf 2006. Yn Nant Gwrtheyrn yn dysgu Cymraeg yr oedd hi, a galwodd acw am fy mod i newydd adolygu llyfr gan ei gŵr, Mark Abley, *Spoken Here*. Llyfr am ieithoedd lleiafrifol y byd ydyw ac mae ynddo bennod ddiddorol a bachog am Gymru a'r Gymraeg. Roedd yr awdur wedi ymweld â sefydliad hollol annisgwyl i un fel fo: Ysgol Gynradd Tre-garth. Nod yr ysgol honno yw ymorol fod pob plentyn yn ddwyieithog. Ymddengys fod cyfartaledd sylweddol yn dod o gartrefi Saesneg eu hiaith, a'u rhieni'n fewnfudwyr. Cafodd Abley gyfle i holi rhai o'r plant o'r cartrefi hyn. Gofynnodd: 'Yn eich barn chi, beth yw'r peth gorau ynghylch dysgu Cymraeg?'

Cafodd sawl ymateb gwahanol: 'Mae hi'n hen iaith ac iddi lawer o hanes'; 'Hon ydi iaith yr ardal lle'r ydan ni'n byw', a sawl ateb disgwyliedig arall. Ac yna, yr ateb a'i lloriodd, gan fachgen naw oed, 'Mae hi'n llawer iawn haws i'w sillafu na Saesneg.' Byddai'r ateb yna yn llorio'r rhan fwyaf o Saeson: fe'm synnodd innau'n arw. Ond o'i ystyried, mae'n ateb perffaith resymegol. Meddyliwch am y geiriau Saesneg, *crow, dough, foe, no, oh, sew, low, whoa*. Ac am Saeson bach eraill megis *cough, tough, though, through, Slough, enough, plough* ac ati, ac ati. Sut yn y byd mae didoli'r fath wahaniaethau erchyll mewn sillafu ac ynganu i blantos mân? Mae'n resyn na fyddai pob un o'n cymdogion o'r tu hwnt i'r Clawdd yn bwrw talm yn Ysgol Tre-garth cyn ymgartrefu yng Nghymru.

Llythyrau

Ers blynyddoedd lawer, arferais sgrifennu llwythi o lythyrau. Roedd llythyrau twrnai yn talu, wrth gwrs ond mae llythyrau i'r wasg yn llawer mwy o sbort. O bryd i'w gilydd, pan fydd y dwymyn yn gafael, byddaf yn bombardio pob papur a chylchgrawn sy'n cyrraedd y tŷ 'ma – ac maen nhw'n gryn nifer – yn Gymraeg a Saesneg fel ei gilydd. Dim ond pan fyddaf wrthi'n sgrifennu llyfr (fel ar hyn o bryd) yr ymataliaf yn llwyr. Ni thrafferthaf gadw ond ambell lythyr prin gan fod fy nghyfundrefn ffeilio ymhlith y mwyaf anniben.

Bu rhaid i mi ymdopi heb ysgrifenyddes ers i mi ymddeol. Does waeth i mi heb â cheisio cadw llythyrau, gan na fedraf fyth ddod o hyd i'r un angenrheidiol pan fyddaf yn chwilio amdano. Ond ers pan ddechreuais ddefnyddio prosesydd geiriau – y peiriant ufuddanufudd hwn a elwir yn gyfrifiadur – medraf fod yn siŵr fod y llythyrau i gyd yna, yn ei grombil, yn rhywle. Dewisais un llythyr, a dim ond un, i'w gynnwys air am air; ac yna adroddaf hanes un llythyr arall.

Pan oedd Sven-Göran Eriksson yn hyfforddwr tîm pêl-droed Lloegr, byddai'n siarad ar y teledu yn aml. Byddai David Beckham, hefyd, yn bwrw drwyddi. Yr hyn fyddai'n creu argraff arnaf bob amser ydoedd meistrolaeth Sven o'r iaith Saesneg. I'r gwrthwyneb, pan fyddai Beckham yn siarad ei iaith ei hun yr oeddwn yn teimlo bod angen is-deitlau, bron, er mwyn i mi fedru deall beth oedd yn ceisio'i ddweud.

Mae gan y *Sunday Telegraph* golofnydd o'r enw Oliver Pritchett. Penderfynodd hwnnw sgrifennu ei golofnau mewn ffug-Saesneg, wedi'i sillafu fel y byddai Swediad fel Sven (yn nhyb Pritchett) yn ei ynganu. Corddwyd fi wrth eu darllen, yn enwedig o ystyried sut y bydd ambell Sais yn synied am y Gymraeg. Sgrifennais y llythyr a ganlyn, a gwelodd y *Telegraph* yn dda i'w gyhoeddi:

SIR –

Some of us find Oliver Pritchett, purporting to write as Sven-Göran Eriksson, patronising in the extreme. Mr Eriksson speaks excellent, perfectly intelligible English – his third or fourth foreign language – on all occasions.

In contrast, when David Beckham is interviewed in his own language, he is so unintelligible that we often feel his remarks ought to be subtitled. I wonder what sort of real Swedish Mr Pritchett can write (or speak), as opposed to English in supposedly Swedish spelling.

We Welsh are quite used to writing English in Welsh spelling: it is a form of amusement in which we indulge from time to time to ridicule both ourselves and our neighbours across the border. Here is an example:

Wî, in Wêls hiyr, âr cweit iwsd to reiting owyr ôn langwij un ddy wê iw reit iwyrs: wî âr olso ebl tw reit iwyr langwij un the wê wî reit owyr ôn. Ddêr us nything clefer abowt ut; ut us mîrli e matyr of ffon-etics, ddats ôl. Suns, un Ingland, iw ownli haf won tyng, whitsh sym pipl ddêr spîc feri badli (wher-as wî haf tŵ tyngs whitsh wî spîc feri wel), iw cânt resiprocêt. An ddat's e feri grêt piti, rîli. Wdnt iw agrî?

(Dr) Robyn Léwis,
Nefyn, Gwynedd.

Yr hyn oedd yn hynod am gyhoeddi'r llythyr oedd fod rhyw is-olygydd wedi ychwanegu ei bennawd ei hun ato, sef: '*UTS DDY WÊ IW TEL DDEM*'. Dim ond Cymro Cymraeg a fedrai fod wedi dyfeisio'r fath bennawd!

Ond ni orffennodd yr hanes yn y fan'na. Mae'r Doctor Richard Glyn Roberts yn ŵr ifanc aml-dalentog o Abererch, ger Pwllheli, a enillodd ei ddoethuriaeth yn y Gymraeg ym Mangor yn 2005. Treuliodd flwyddyn yn ddarlithydd llanw yn Ysgol Astudiaethau Celtaidd Prifysgol Dulyn, yn dysgu Cymraeg i'r Gwyddyl. Yno, darganfu, ymhlith 'yr hen ymarferion dysgu' yn Nulyn, ddarn o ryddiaith wedi'i gyfansoddi yn yr un dull â'r uchod. Dyma ddarn ohono:

AN INGLISH STÔRI RITYN IN 'WELSH'

Ai hâf bîn wyndring wat tw dŵ with awyr beibi wen ut's taim ffor him tw gow tw sgŵl. Ai am Welsh byt ai lefft sgŵl yrli and cânt sbîc Welsh propyrli ...

... Ai am lwcing ffor symwyn tw cym widd mi to cîp mi cympyni. Ut wil bi nais to haf y nait awt.

Cefais gais gan Richard yn gofyn am gopi o'm llythyr uchod i'r *Telegraph* ac am ganiatâd i'w ddefnyddio'n gymorth dysgu yn Nulyn. Byddai'n hyfryd meddwl fy mod wedi helpu rhyw bŵr dab o Wyddel i ddysgu siarad Cymraeg heb ormod o acen ei famiaith arni.

*　　*　　*　　*

Un tro – yn hollol fwriadol, yn nhyb ambell un – tynnais ddyrnaid o flew o drwynau rhai o'r di-Gymraeg yn ein plith. Sgrifennais lythyr yn gofyn pam yr oedd yn anoddach i Sais uniaith i ddysgu Cymraeg nag ydoedd i Gymro uniaith ddysgu Saesneg. Awgrymais nad oedd ond pedwar rheswm posibl dros i neb a oedd wedi byw am bum mlynedd yn y Fro Gymraeg lwyddo i aros yn ddi-Gymraeg. Sef (1) haerllugrwydd, (2) diogi, (3) twpdra, a (4) swildod. Rhag gwneud cam â neb, gofynnais i'm darllenwyr, a fedrai unrhyw un ohonynt awgrymu rheswm ychwanegol, y byddwn yn ddiolchgar iawn pe cawn wybod beth ydoedd.

Cefais fy mlagardio o bob cyfeiriad a'm cyhuddo o fod yn bopeth o 'anghwrtais' i 'hiliol'. O ystyried fy nghefndir gwleidyddol a chyfreithiol, mae gen i gefn digon llydan a chroen fel rheino. Fûm i ddim yn anghwrtais – roeddwn wedi ymorol geirio fy sylwadau mewn modd a fyddai'n glod i'r *Mikado*. Fûm i ddim yn hiliol, chwaith: roeddwn wedi egluro na fedrai neb newid lliw ei groen na'i batrwm *DNA* ond y gallai pawb ddysgu iaith. Roeddwn wedi sôn am un cyfaill o Sais, a fu'n byw yma am hanner canrif, ac a ddysgodd ddweud 'Bore da'. Gobeithiwn, ymhen hanner canrif arall, y byddai wedi dyblu ei eirfa nes medru dweud 'Nos da'.

I'w ychwanegu at y nodweddion a restrais, un – a dim ond un – awgrym adeiladol a ddaeth i law. A hwnnw oedd: *dyslecsia* neu *geirddallineb*. Nid wyf yn siŵr a yw'n ffitio, ond os ydyw, yna medraf ei dderbyn yn llawen. Gan eithrio Lloegr, euthum ati i nodi pobl o wledydd eraill a ddysgodd Gymraeg: Lieven Dehandschutter (Fflandrys); Kestel Kentek (Llydaw); Jochen Eisentraut a Helga Martin (Yr Almaen); Leon Fleuriot (Ffrainc); Morwenna Jenkin (Cernyw); Chris Schoen (Yr Iseldiroedd); Hiroshi Mizutani (Siapan); Phyllis Kinney (UDA); Proinsias Mac Cana a Daniel Mullins (Iwerddon); Ruth Thomas (*née* Lehmann, Y Swistir); Tim Rishton (Norwy); Amnon Shapira (Israel); Colin Spencer (Yr Alban), a Casimir Miarcsynski (Pŵyl).

Mae peth wmbredd o Gymry di-Gymraeg hefyd wedi meistroli'r iaith. Dyna i chi Gwynfor Evans, Ffred Ffransis, Aran Jones, Bobi Jones, Jan Morris, Robat Powel, R S Thomas, a Chennydd Traherne. Heb sôn am Saeson megis Zonia Bowen, Richard Brunstrom, Brenda Edwards, Janet Charlton, John Gillibrand, Eric Skaife a Gillian Walker.

Ymddengys mai'r Eingl-Americanwyr – yn ôl eu hymffrost(!) eu hunain – yw ieithmyn gwaethaf y byd. Ni welaf pam na fedr y rhai sy'n ymwladychu yn ein plith ddangos y mân gwrteisi o gyrraedd bras-wybodaeth, oni fedrant anelu at ruglder cyflawn.

Gadael y Blaid
Nid oeddwn yn ŵr hapus ar Ddydd Calan 2006 pan welais fod Elinor Wigley wedi gweld yn dda i dderbyn *OBE* am ei bod yn delynores o fri rhyngwladol. Roeddwn i'n synnu, a hynny am ddau

reswm. Yn gyntaf oll, os oedd Elinor i gael 'anrhydedd' cymesur â'i haeddiant, ni fyddwn yn ystyried *OBE* yn hanner digon iddi: wedi'r cyfan, yr *OBE* yw'r ail isaf o'r holl anrhydeddau brenhinol. Diddymwyd y *BEM* (*British Empire Medal*) gan John Major ar y sail ei fod mor ddistadl a disylw yn ei farn ef fel nad oedd yn werth ei gyflwyno. Mae hyd yn oed cantorion pop digon 'bethma' yn cael eu dyrchafu'n Farchogion. Dylai Elinor fod wedi derbyn anrhydedd llawer uwch nag *OBE* ceiniog a dimai. Roedd hi'n haeddu gwell.

Yn ail, wrth gwrs, roeddwn i'n drist o weld gwraig Llywydd Anrhydeddus Plaid Cymru, o bawb, yn derbyn unrhyw anrhydedd ar law'r Frenhines Elizabeth (neu Tony Blair, fel y gwyddom, bellach, ar ôl randibŵ mawr yr 'anrhydeddau'). Yr unig sylw pellach a wnaf ynghylch hyn yw na fedrwn i ddychmygu Rhiannon Evans, gwraig Gwynfor, yn derbyn unrhyw anrhydedd o'r fath am bris yn y byd.

Felly, cofnodais fy mhrotest wantan yn yr unig ffordd y medrwn: ymddiswyddais o Blaid Cymru. Nid yng ngoleuni llachar cyhoeddusrwydd y gwneuthum hynny, chwaith. Ni soniais wrth y wasg na'r cyfryngau. Ymhen pythefnos – yn anorfod, 'debyg – diferodd y stori i afael y *Daily Post* ac roedd y gath o'r cwd. Gwelodd y *Post* yn dda i'w chyhoeddi ar 16 Ionawr. Teimlwn eironi'r dyddiad yn egr, gan fod Rhiannon Gwynfor newydd ein gadael, ers tridiau, ar 13 Ionawr. Dywedodd Elfyn Llwyd, yntau, ei fod yn credu mai anrhydeddau Gorsedd y Beirdd yw'r unig anrhydeddau teilwng i'r Cymry – dyfynnodd y *Post* ei eiriau. O hyn ymlaen, ystyriaf fy hun yn 'Genedlaetholwr Annibynnol'. Serch hynny, mi bleidleisiaf i Elfyn Llwyd â phleser a brwdfrydedd pan ddaw'r Etholiad: i'r Blaid hefyd y bwriais fy nwy bleidlais yn Etholiad y Cynulliad, 2007.

Cwmnïaeth ceir

Tua'r Pum- neu'r Chwe Degau, cynhaliwyd arolwg – pan oedd bri ar drên a bws a dim ond ychydig yn berchenogion ceir – i ddarganfod ym mhle oedd y ganolfan orau a mwyaf cyfleus i gynnal cyfarfodydd Cymru-gyfan. Aethpwyd ati i astudio amserlenni trafnidiaeth gyhoeddus o bob math. A'r lle delfrydol?

Nid Aberystwyth; nid Llandrindod; nid hyd yn oed Amwythig; ond Llundain. Ond gan fod ein rheilffyrdd wedi prinhau, a char gan bawb ers degawdau, Aberystwyth yw'r dewis gan bob mudiad yr wyf fi'n gysylltiedig ag ef. Yn amlach na heb, byddwn yn cyddeithio o Lŷn ac Eifionydd, yn ddau neu dri mewn car, nid yn unig i arbed arian ond er mwyn y cwmni difyr.

Soniais eisoes am deithio yng nghwmni R S Thomas. Dros y blynyddoedd, cefais hefyd deithiau difyr i Aber yng nghwmni Huw Davies (Huw Tegai), Meirion Lloyd Davies, Madge Huws, Selwyn Griffith, T Gwynn Jones (Gwynn Tregarth), Handel Morgan, Geraint Lloyd Owen, Gwyn a Rhian Parry Williams a Gwyn Williams (BBC gynt). Ond mae'n debyg na chefais daith mwy anarferol – hyd yn oed yng nghwmni R S Thomas – na honno a gefais yng nghwmni Richard Glyn Roberts, y soniais amdano eisoes.

Roedd Richard wedi astudio'r Ffrangeg 'arferol' (sef y nesaf peth i ddim) a dim mwy, yn ei ddwy flynedd gyntaf yn Ysgol Glan y Môr, Pwllheli. Yna, ymhen blynyddoedd, ymrôdd i ddysgu'r iaith ar ei liwt ei hun. Llwyddodd i dreulio tymhorau yn Toulouse a Besançon yn dysgu Saesneg i Ffrancwyr, tra – chwedl Parry-Williams – bu'n lleibio mwy a mwy o Ffrangeg i'w gyfansoddiad ei hun. Arferai chwilio am gyfleon i'w siarad. Un tro, a ninnau wedi trefnu i deithio i Aber gyda'n gilydd, gofynnodd a fyddai modd i ni gynnal ein hymgom yn gyfan gwbl mewn Ffrangeg ar y daith yno ac yn ôl, sef pedair awr o amser. Cytunais, ac felly y bu. Roedd rhuglder ei ymadrodd yn ddigon i'w ryfeddu.

A Richard yn ddarlithydd llanw ym Mhrifysgol Dulyn, gwahoddwyd ef i gyflwyno papur mewn cynhadledd dan nawdd y *Centre de recherche bretonne et celtique* (Y Ganolfan ymchwil Lydewig a Cheltaidd) yn Brest. Yr oedd nifer o academwyr o'r gwledydd hyn i gyflwyno papurau: yn Saesneg y siaradodd pob un. Ac eithrio Richard. Ei ddewis bwnc oedd *'Réflexions sur une égalité superficielle: la traduction au Pays de Galles'* (Sylwadau ar gydraddoldeb arwynebol: cyfieithu yng Nghymru). Paratôdd ei bapur a'i draddodi mewn Ffrangeg perffaith:. Mae'n wir ei fod wedi ei lunio ymlaen llaw – papur academaidd ydoedd – a bod cyfaill o Ffrancwr wedi bwrw golwg ar ei sgript. Hyd yn oed wedyn, roedd hi'n gryn wrhydri. Credaf y bydd Richard yn gwneud marc o bwys ym mywyd academaidd Cymru.

Bryn Cynan

Soniais eisoes am yr Archdderwydd Cynan. Mae tafarn o'r enw 'Y Bryncynan' ym Morfa Nefyn. Dridiau wedi'r Pasg 2007, cafodd arwydd newydd sbon danlli sef llun o Gynan ei hun yn gwisgo'r goron Archdderwyddol a llawysgrif 'Mab y Bwthyn' yn ei law. Tu ôl iddo gwelir y Garn, Pwllheli – safle meini'r Orsedd adeg Eisteddfod Pwllheli, 1925. Gan i'r portread fy swyno gymaint, tynnais ei lun ar gyfer y gyfrol hon.

Cefais air ag Eleri, merch Cynan, ac anfonais gopi o'r ffoto iddi. Roedd wedi dotio'n lân. Wedi'r cyfan, fe gredir mai ar ôl Gruffudd ap Cynan y dewisodd y Prifardd Cynan ei enw yntau. Yn ôl y *Bywgraffiadur*, 'bu traddodiad ymysg beirdd Cymru i Gruffudd ap Cynan wneud trefn a dosbarth ar gerdd dafod, a defnyddiwyd ei enw er rhoi awdurdod i'r "ystatud" neu reolau, a luniwyd ynglŷn ag Eisteddfod Caerwys 1523.' Y diweddar Syr Thomas Parry biau'r cofnod, ac mae'n ymhelaethu ar y thema hon. Mae'n rhesymol credu mai ar ôl bryn mwnt a beili'r castell Normanaidd yn Nefyn a ddarostyngwyd gan Gruffudd ap Cynan ym 1094 yr enwyd rhyw godiad tir – ei safle gwreiddiol efallai – yn 'Bryn Cynan': mae'n cyfiawnhau enw'r dafarn. O leiaf (gyda rhawiaid o halen) dyna yr hoffwn ei gredu.

Ond cafwyd cwyn gan golofnydd yn y *Cambrian News*. Bachodd y rhaglen radio 'Taro'r Post' ar hyn gan wahodd y cwynwr i draethu ar eu 'Bocs Sebon'. Gofynnwyd i mi gyfiawnhau fy marn mai amheuthun o beth oedd dodi llun yr Archdderwydd Cynan ar arwydd tŷ tafarn. Wedyn, cafodd y teledu afael yn y stori a bu rhaid ailadrodd y cyfan ar y sgrîn. Oni welid llun rhai fel y *Lord Nelson* â'r *Duke of Wellington* – arwyr mawr i'r Saeson – ar arwyddion tafarnau yn Lloegr? Fe wn am o leiaf ddwy *Queen Vic* yn Llŷn – ym Mhwllheli ac yn Llithfaen. Gwnaeth yr holl gyhoeddusrwydd fyd o les i dafarn Y Bryncynan, yn enwedig pan welwyd nifer o Gymry ifanc, a oedd yn gwsmeriaid, yn canmol yr hyn a ddigwyddodd. Storm mewn cwpan de fu'r cyfan yn y pen draw – ynteu a ddylwn i ddweud 'storm mewn glasiad peint'?

Darlithio ...

Un o'm pleserau mewn bywyd yw gwrando ar ddarlith dda. O bryd i'w gilydd byddaf hefyd yn darlithio fy hun i gymdeithasau llenyddol neu hanes. At ei gilydd, darlithoedd yn ymwneud â hanes Gorsedd y Beirdd, buchedd yr Archdderwydd Pedrog (yr Archdderwydd 'coll' o Lŷn) neu – yn lled-gyfreithiol – hawliau merched mewn cyfraith a llên fydd fy rhai i.

Ond mae fy awch am wrando darlith dda yn gynhwysfawr-gatholig. Bûm, ers blynyddoedd, yn aelod o Gylch Llenyddol Llŷn, Cymdeithas Bob Owen, Cyfeillion Llên (gynt Undeb Awduron Cymru) a'r Academi. Weithiau, derbyniaf wahoddiad draw i Goleg Bangor i wrando darlith. Ond nid yn aml y caf fwynhau un o ddarlithiau wythnos yr Eisteddfod gan fod ei hamserlen mor driphlith-draphlith a gweithgareddau Gorseddol yn rheoli fy nhabl-amser innau.

Yn anaml y clywaf ddarlith wael, ond rwyf wedi cael mwynhad ac wedi dysgu llawer wrth wrando ar arbenigwyr yn trafod eu pynciau. Mae rhyw hanner dwsin neu fwy ohonynt yn aros yn y cof, ac fe'u disgrifiwn â'r ansoddair prin 'penigamp'. Mae gan Gymry'r 'Pethe' le i ddiolch i'r Academi am eu grantiau, a'i gwnaeth yn llawer haws i drefnu'r darlithoedd hyn.

Sut bynnag, y mae un ddarlith sy'n haeddu sylw arbennig, nid yn gymaint er ei mwyn ei hun, eithr am y trobwynt mewn hanes a gynrychiolai. A Darlith Sefydlu Adran y Gyfraith ym Mhrifysgol Cymru, Bangor oedd honno. Traddodwyd hi yn 2004 gan yr Athro newydd ei benodi, Thomas Watkin. Yn ystod fy nyddiau coleg i, dim ond un Adran Gyfraith oedd yng Nghymru gyfan – Aberystwyth. Roedd iddi enw rhagorol yn ei byd, ar ôl iddi fod dan ofal, yn gyntaf, yr Athro Thomas ('Tomi') Levi ac wedyn yr Athro D J Llywelfryn Davies. Nid oedd modd astudio'r Gyfraith yn Abertawe na Chaerdydd. Erbyn y Naw Degau yr oedd adrannau cyfraith yn y ddeule ond daliai Bangor heb yr un.

Bûm yn ymwybodol o'r diffyg hwn ar hyd fy ngyrfa broffesiynol. Canys yn lle mynd i Aberystwyth, tueddai llawer o Gymry'r gogledd i fynd i astudio'r Gyfraith yn Lerpwl, sy'n llawer nes i Fangor ac i Fôn. Pan oedd yr Athro Dewi Seaborne Davies, o Bwllheli, yn ei fri, llwyddai i berswadio llaweroedd o Gymry i astudio draw yn Lerpwl yn ei Adran: nid wyf yn ei feio am hynny – dyna oedd ei ddyletswydd. Ond roedd stamp Seisnig a Saesneg Lerpwl i'w theimlo'n drwm ar yr Alwedigaeth yn y Gogledd: mae hynny'n dal i fod. Yr oeddwn – ac yr wyf – yn mawr obeithio y bydd dylanwad Cymreicach Bangor yn treiddio trwy'r Alwedigaeth yn y blynyddoedd i ddod. Mae rhai o'r modiwlau hyfforddi eisoes yn Gymraeg. Mae i'r iaith ei lle canolog yn yr Adran. Graddiodd y genhedlaeth gyntaf erioed yn LLB ym Mangor yn 2007.

... a darllen
Bûm yn ddarllenwr catholig fy chwaeth erioed: ar draul chwarae neu wylio chwaraeon. Rwy'n dal i fod, a byddaf fel arfer yn darllen dau lyfr (ac weithiau tri) gyda'i gilydd, gan symud o un i'r llall bob rhyw bennod neu ddwy neu dair – cyfrolau 'trwm' ac 'ysgafn' bob yn ail. At ei gilydd byddaf yn prynu'r llyfrau Cymraeg, ac yn cael benthyg y rhai Saesneg o'r llyfrgell – gydag ambell eithriad yr ystyriwn yn werth eu prynu, megis *The Man who went into the West* (bywgraffiad R S Thomas) gan Byron Rogers a *Neighbours from Hell* (agweddau Saeson at y Cymry) gan Mike Parker. Hefyd gyfrolau rhai megis Tony Conran, Trevor Fishlock, Emyr Humphreys, Jan Morris, R S Thomas neu Harri Webb. A llyfrau am Iwerddon, ei gwleidyddiaeth a'i hanes.

Yn achlysurol hefyd, mi ddarllenaf lyfr Ffrangeg – nofel neu stori dditectif, dyweder – rhag i'm gallu i ddarllen yr iaith gancro. Byddaf wastad yn cario llyfr i'w ddarllen naill ai ar y bws (mae gen i docyn am ddim erbyn hyn) neu ar drên neu awyren, ac yn stafelloedd neu arosfeydd meddyg, optegydd, deintydd a siop Alan 'Gwallt', Pwllheli; porthladdoedd môr ac awyr a gorsafoedd bws a thrên fel ei gilydd. Llwyddais i ddarllen *Y Gaer Fechan Olaf* (hanes y Brifwyl, 1937-1950) gan Alan Llwyd o glawr i glawr wrth ddychwelyd adref o Eisteddfod Abertawe, 2006, ar fws Y Seren Arian.

Nid yw'r tŷ acw eto yn gwegian gan lyfrau fel y dywedir yr oedd cartref Bob Owen Croesor. Ond mae llyfrau yn y lolfa, y stydi, y stafelloedd gwely a'r groglofft, ac ambell un yn y garais hyd yn oed. Bu rhaid i ni gael llorio'r groglofft yn arbennig i ddal y pwysau ychwanegol!

Yr iaith a'r llys

Bu creu Ysgol Gyfraith Bangor yn gyson â'r newid diweddar a fu i Gylchdaith Llysoedd Cymru a Chaer. Ar 1 Ebrill 2007 tynnwyd dinas Caer allan o Gylchdaith Cymru, a'i gosod yn ei lle priodol gyda Lerpwl a Manceinion. Estynnai 'Caer' fel ag i gynnwys llysoedd Runcorn a Warrington yn ogystal. Bellach, nawr bod yr hen Sir Fynwy wedi ei thorri oddi wrth Gylchdaith Rhydychen a'i dychwelyd i Gymru ers y Saith Degau, a Gogledd a De wedi uno, mae Cylchdaith Cymru yn gyflawn Gymreig. Mae'n cynnwys Cymru gyfan, a dim modfedd tu hwnt i'r ffin. Mae hyn yn fater i'w groesawu'n fawr. Y frwydr nesaf fydd honno i sicrhau y gellir dewis rheithgorau dwyieithog, rhag gorfod cyfieithu tystiolaeth. Dan arweiniad medrus a brwdfrydig ein Barnwr Llywyddol, Meistr Ustus Roderick Evans, mae hyn wedi cael sylw gan yr Alwedigaeth yn ogystal.

Cyn *Deddf Llysoedd Cymru 1942* yr oedd rhaid i unrhyw un a siaradai Gymraeg mewn Llys dalu ffi'r cyfieithydd. Rhoddodd Deddf '42 yr hawl i'w siarad os byddai 'anfantais' wrth siarad Saesneg. A'r Llys, nid yr unigolyn, oedd piau'r gair olaf ar hynny. Rhoddodd *Ddeddf yr Iaith Gymraeg* 1967 y 'ffernol i fynnu tâl, a hawl absoliwt i bawb siarad Cymraeg, heb fod rhaid wrth unrhyw 'anfantais'. Erbyn hyn mae bythau gwydr ar gyfer cyfieithu mewn nifer o gyrtiau yng Nghymru. Rai blynyddoedd yn ôl, pan osodwyd y bwth cyntaf o'r fath yn un o gyrtiau Llys y Goron, Caerdydd, dywedodd rhywun mai hwnnw oedd yr unig un a fodolai rhwng dinasoedd Québec a Brwsel.

Gan fy mod, ers rhai blynyddoedd, wedi ymgymhwyso'n aelod o Gymdeithas Cyfieithwyr Cymru, dewisais weithio'n gyfieithydd yn achlysurol ar ôl i mi ymddeol. Roedd pawb yn hapus gredu bod y Gymraeg wedi ennill hawliau cyflawn a chyfartal yn y llysoedd barn ers blynyddoedd. Un diwrnod, dysgais wers ymarferol a chwerw. Tua 1996 oedd hi. Roeddwn yn cyfieithu mewn achos 'priodasol' gerbron llys ynadon. Hynny yw, nid achos troseddol eithr achos sifil. Roedd y wraig yn Gymraes Gymraeg, a'r gŵr yn ddi-Gymraeg. Dymunai hi roi ei thystiolaeth yn Gymraeg, felly roedd rhaid ei throsi er mwyn i'r gŵr ei deall. Eglurodd Clerc y Llys y byddai rhaid iddi dalu am gyfieithu ei thystiolaeth i'r Saesneg gan fod holl hawliau'r iaith Gymraeg wedi eu cyfyngu i achosion troseddol yn unig. Wrth lwc, roedd y wraig yn derbyn Cymorth Cyfraith, felly y wladwriaeth ac nid hi oedd yn gyfrifol am y tâl.

Ystyriwch afresymeg y sefyllfa. Nid er mwyn y wraig yr oedd y cyfieithydd yno o gwbl ond er mwyn ei gŵr di-Gymraeg! Dygais y ffaith honno i sylw'r Clerc, sef os mai er mwyn y gŵr yr oedd y cyfieithu onid y gŵr a ddylai dalu am y gwasanaeth? Yr unig ateb a gefais oedd mai dyna oedd y drefn a dyna oedd cyfraith gwlad. Hyd y gwn, dyna'r drefn hyd heddiw a does neb wedi codi llais i unioni'r cam. Dychmygwch y sefyllfa yna o chwith: pe bai Sais mewn achos sifil yng Nghymru yn gorfod talu am gyfieithu'r dystiolaeth i'r Saesneg byddai'r wasg Lundeinig yn taranu, a chwestiynau pigog a chyson yn Nhŷ'r Cyffredin. Byddai'r fath anghysonder ac 'anghyfiawnder' wedi ei gywiro ers blynyddoedd.

Carwn gau pen y mwdwl ar y Gyfraith. Rwy'n dal i dderbyn rhai o gylchgronau'r Alwedigaeth, ac rwy'n darllen tudalen ddysgedig Joshua Rozenberg am y Gyfraith yn y *Telegraph* bob dydd Iau ac atodiadau cyfreithiol y *Times.* Mae'n ymddangos i mi fod y Gyfraith yn newid bob pum munud, bron. Erbyn hyn, dagrau pethau yw nad newid er mwyn gwella y maen nhw eithr newid er mwyn newid.

Lle bo statws y Gymraeg dan sylw, cofiaf y Doctor Alwyn Roberts yn dweud, ragor na chwarter canrif yn ôl, na fyddai'n synnu gweld yr iaith wedi ennill statws llawn erbyn diwedd yr ugeinfed ganrif. Hynny yw, fe fyddai ei hawliau yn gyflawn, ond, proffwydai Alwyn, byddai llai a llai yn ei siarad. Daethom ran o'r ffordd yn y ddeubeth: mae i'r iaith hawliau ehangach nag a fu ganddi ers dyddiau Harri VIII. Ond, ysywaeth, mae tuedd iddi gael ei boddi, nid am na ddysgir mohoni i'r plant – er bod elfen o hynny – ond oherwydd y cynnydd llamsachus mewn ymfudwyr i Gymru o'r tu hwnt i'r Clawdd. Hyd y gwelaf, y mae'n ras rhwng ennill mwy o bwerau ymreolus ar y naill law a tswnami'r mewnfudiad ar y llall.

'... am 'mod i'n Gymro, siŵr iawn!'

Medrai Cymru orfoleddu i'r entrychion pan enillodd ei Thîm Rygbi y Goron Driphlyg yn 2005. Gorfoledd arwynebol ydoedd i'm tyb i. O fewn deufis, collodd Plaid Cymru seddau Môn a Cheredigion yn

San Steffan. Mae Gwenan a minnau'n bâr od lle bo Rygbi dan sylw. Mae hi'n hoffi'r gêm er ei mwyn ei hun, yn deall y rheolau ac yn gwerthfawrogi pob symudiad. Rydw innau'n gefnogwr Rygbi yn unig pan fydd Cymru'n chwarae, yn enwedig yn erbyn yr Hen Elyn. Bron na roddwn innau yr un ateb ag a roddodd Wil Napoleon pan ofynnwyd iddo pam yr oedd o am 'fotio i'r Blaid bach'. 'Am 'mod i'n Gymro, siŵr iawn!'

Pan oeddwn i'n blentyn, a thrachefn yn ŵr ifanc, Cymraeg oedd y brif iaith yn Nefyn a Llŷn. Ond ni *welid* odid byth yr un gair o Gymraeg yn unman. Erbyn hyn, nid yw'n destun syndod – er ei fod yn destun diolch – ei gweld yn lled-gyffredin. Ond mae'r iaith lafar wedi encilio dros arwynebedd mawr o'n gwlad, serch yr ymwybyddiaeth Gymreig sydd wedi tyfu. Mewn geiriau eraill a symlach, mae Cymru'n fwy Cymreig ond yn llai Cymraeg. Mae'n berthnasol dyfynnu geiriau enwog Saunders Lewis, ym 1936, am y penrhyn hwn:

> Y mae Llŷn ac Eifionydd yn gysegredig Gymreig ac yn arbennig yn holl hanes Cymru. I ni y mae traethau dihalog Llŷn, Ynys Enlli a Ffordd y Pereinion yn ddaear santaidd ... Y mae eu hedd a'u tawelwch yn dreftadaeth. Nid hap na siawns a gyfrif am brydferthwch a thangnefedd Llŷn. Y mae hi'n wlad santaidd drwy holl ganrifoedd ein cenedl ni. Gwlad y mil saint a ffordd y pererinion oedd hi yn yr oesoedd cynnar, ac o'u dyddiau hwy ... bu tangnefedd Duw yn gyfran Llŷn, a bu ei thraddodiad yn ddi-dor.
>
> Ystyriwn hefyd ran Llŷn yn niwylliant Cymru. Yno y cafodd llenyddiaeth Gymraeg ei Mabinogi, ac o ddyddiau'r Mabinogi hyd at oes Eben Fardd a Robert ap Gwilym Ddu bu bywyd gwledig Llŷn a Chymreigrwydd pur y fro a'i thraddodiad llenyddol cyfoethog yn rhan o gadernid Gwynedd ac yn rhan o gadernid yr iaith Gymraeg. Yno, o leiaf, gellid tybio hyd yn ddiweddar iawn, fe gedwid purdeb yr iaith Gymraeg er gwaethaf pob cyfundrefn addysg estron. Tra byddai Llŷn yn Gymraeg, ni ddarfyddai am genedl y Cymry.

Rhaid cofio mai ym 1936 y sgrifennwyd y geiriau yna. Ond nid yw'r llenni wedi'u cau eto, yn y penrhyn hwn o Gymru. Rwy'n ymwybodol pa mor ffodus yr wyf o gael byw yng Ngwlad Llŷn a chael siarad Cymraeg â'm cyd-dreflanwyr bob dydd. Ys dywedodd

Gruffudd Parry un tro, 'Mae Llŷn yn medru dal'i afael fel cranc mewn pobol.' Wannwl, ydi!

Amser

Dyma ddirwyn hyn o hunangofiant i ben. Am resymau hollol artiffisial, ond cyfleus i awdur, ceisiais ei rannu – yn fras – yn ddegawdau, gan mai felly y rhennir amser. Ond nid yw bywyd neb yn ffenomen mor daclus â degawdau. Pe baech yn gofyn 'beth yw amser?' ni fedrwn ond cynnig un diffiniad, sef 'yr amhendant barhad o'r gorffennol, y presennol a'r dyfodol o'u hystyried yn eu crynswth.' Diffiniad nad yw'n dweud dim ac eithrio egluro amser mewn termau ohono'i hun.

Yn ei gerdd 'Yr Enaid Rhydd', mae gan Islwyn ddisgrifiad byw o'r hyn yw Amser, sef: 'cysgod colfennau eiddil ar y bythol lif' – mae'r pellter rhwng cysgodion coeden a choeden yn fesuradwy, ond nid yw mesur pitw-gysgodion yn mennu nac yn arafu iot ar lifeiriant tragwyddol y dŵr. Yn y pen draw, 'digwyddodd, darfu, megis seren wib' fydd hanes pob un ohonom. Pwy a wad y trawodd Williams Parry yr hoelen ar ei phen? Ond diaist i! – roedd o'n ddiddorol! Mawr ddiolch i ti, Geraint, am brocio nes fy ngalluogi i'w ail-fyw.